KB006294

오규찬, 강서희, 오지연, 이영석, 한승배, 현선주 지음

(주) 삼양미디어

"선생님! 저는 제가 뭘 좋아하는지 모르겠어요."

이 말은 학과나 진로 탐색 과정에서 학생들이 자주 하는 질문입니다. 이 질문의 해결 방법을 찾기 위해 많은 학교나 단체에서 진로심리검사를 합니다. 진로심리검사에는 흥미나 적성, 가치관 등을 알아보는 여러 검사가 있지만 대부분의 중 · 고등학교에서는 학생의 흥미를 알아보는 홀랜드 검사를 많이 실시하고 있습니다.

홀랜드 검사는 사람의 성격과 흥미 특성을 6가지 유형으로 구분하고, 이와 관련된 직업을 선택할 수 있게 한 검사입니다. 물론 홀랜드 검사를 했다고 해서 자신의 흥미를 다 알게 되거나 나아갈 분야를 곧바로 결정할 수 있는 것은 아닙니다. 때론 뜻밖의 검사 결과가 나와 '내가 이런 흥미가 있었나?' 생각하게 될 때도 있습니다. 검사 결과를 무조건 믿고 따르는 것도 좋은 방법은 아닙니다. 그렇다면 진로심리검사가 의미가 없는 걸까요? 그렇지는 않습니다. 검사를 하는 과정에서 자신에 대해 좀 더 생각해 보게 되고, 검사 후에는 나온 결과를 바탕으로 진로를 탐색하는 과정을 거치도록 동기를 부여하기 때문입니다.

진로심리검사는 참고 자료로 보는 것이 좋습니다. 중요한 것은 검사 결과를 보는 것이 진로 탐색 과정의 '끝'이 아니라 '시작'이라는 것입니다. 하지만 많은 학생들은 자신의 흥미 유형과 추천 직업을 확인하고는 그냥 지나쳐 버립니다. 정작 흥미와 관련한 직업을 알아보는 진로 탐색 활동을 하지 않고 있습니다. 수업이나 진로 상담을 통해 관련 직업을 살펴보기도 하지만 시간이 부족하여 깊이 있게 다루지 못하는 한계가 있습니다.

대안으로 학생들에게 책을 추천하려고 해도 홀랜드 유형으로 직업을 구분하여 설명한 책은 찾기가 어렵습니다. 홀랜드 유형으로 직업을 구분해야 해당 유형의 직업을 다양하게 살펴볼 수 있고 2, 3순위로 나온 유형과 관련한 직업도 함께 탐색할 수 있습니다. 이러한 문제를 조금이나마 해결하기 위해 진로 선생님들이 모여 '홀랜드 유형별 유망 직업 사전'을 쓰게 되었습니다.

이 책에는 홀랜드 검사의 6가지 유형별로 유망 대표 직업 20개를 뽑아 총 **120개**의 직업을 안내하고 있습니다. 해당 직업이 어떤 직업인지, 하는 일은 무엇인지, 필요한 능력은 무엇인지, 미래의 직업 전망은 어떠한지, 어떤 자격증이 있어야 하는지 등을 상세히 풀어놓았습니다. 또 그 직업인이 되는 경로인 **'커리어 패스'**도 있어서 **진학 설계**에 도움을 받을 수 있고, 직업과 연관성이 큰 대학의 대표 학과에 대한 소개도 상세히 넣었습니다. 무엇보다 "이 분야로 가려면 중·고등학교 시절부터 뭘 준비해야 하나요?"라는 물음에 답할 수 있도록 '학교생활 포트폴리오'에 동아리·봉사·독서 활동, 교과 공부, 교외 활동 시 준비할 것을 정리하였습니다. **'학교생활 포트폴리오'**를 통해 **'학교생활기록부'**를 잘 관리한다면 **'학생부 종합전형'**을 대비하는 데 많은 도움이 될 것입니다.

'진로'나 '꿈'이 곧 '직업'은 아닌데 꿈을 이루기 위한 수단인 '직업'에 주목하다 보면 직업이 인생의 '목표'나 '꿈'이 되어 버리거나 생각의 폭이 좁아질 수 있다는 우려도 있습니다. 맞는 말입니다. 그럼에도 '직업'에 관심을 가지는 것은, 학생들은 '꿈'을 쉽게 체감할 수 없고 먼 미래의 일이라 생각하여 자신의 꿈을 위해 체계적으로 준비하지 못하는 경우가 많기 때문입니다.

자신의 진로를 결정하는 데 도움이 되는 방법은 여러 가지가 있지만 무엇보다 자신이 직접 겪은 경험만큼 확실한 것은 없습니다. 의미 있는 시행착오를 겪을수록 자신의 진로를 분명하게 알 수 있습니다. 학생들에게 꿈을 직업으로 정했을 때의 문제와 한계를 알게 하고, 그럼에도 직업으로 접근하는 이유를 제대로 알린다면 크게 걱정할 필요는 없다고 생각합니다.

끝으로, 이 책이 자신의 진로를 찾아 행복한 삶을 살아가는 데 조금이나마 도움이 된다면, 나아가 진로 탐색의 길잡이 역할을 할 수 있다면 더할 나위 없겠습니다.

지금 이 순간에도 자신의 진로에 대한 건강한 고민을 하고 있을 수많은 학생 여러분! 여러분의 꿈을 응원합니다.

– 저자 일동

구성과 특징

COMPOSITION

1

1 관련 학과
소개된 직업과 관련성이 높은 대학의 학과 정보가 궁금하다면 해당 페이지에서 확인할 수 있습니다.

2 직업의 세계
해당 직업과 관련된 시사성이 큰 이슈나 뉴스, 해당 직업인으로 활발하게 활동한 사람의 일화 등을 소개하여 그 직업의 세계를 개략적으로 이해할 수 있게 하였습니다.

3 직업 관련 사진
직업을 대표하는 사진으로 시작하여 흥미를 유발하였습니다.

4 그것이 알고 싶다
직업과 관련된 여러 가지 정보나 용어, 흥미로운 이야깃거리 등을 소개하였습니다.

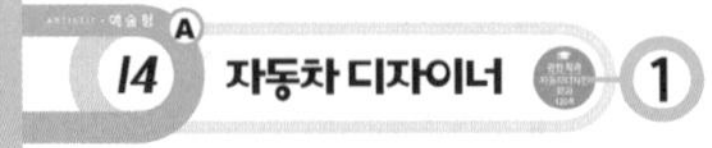

1. 자동차 디자이너의 세계

[illegible]

114 ★ 플랜드 직업 사전_예술형

주도하기도 했다. 이 외에도 재규어의 선임 디자이너 박지영 씨, 포드 링컨의 인테리어 총괄 수석 디자이너 강수영 씨, 푸조로 유명한 PSA그룹의 신용욱 씨가 있다. BMW그룹의 디자인스튜디오에는 강원규 씨가 외관디자이너로 있으며, 메르세데스-벤츠의 북경 디자인스튜디오에는 휴버트 리가 디자이너로 일하고 있다.

자동차에 있어서 사람들의 시선을 사로잡고 판매량을 결정짓는 가장 중요한 요소는 바로 디자인이다. 사람들이 자동차를 처음 만났을 때 사람들의 감성을 자극하여 자동차를 상품 이상의 가치로 만들어 주는 것이 디자인이다. 소비자의 요구와 트렌드에 맞추어 전기 · 전자 장치를 갖춘 기계 덩어리에 감성을 넣어 예술적으로 승화시키는 사람들이 바로 자동차 디자이너이다.

자동차 디자이너는 핸들, 시트, 조명, 실내 장식, 계기판 등 자동차 내부를 디자인하는 인테리어 디자이너와 범퍼, 라디에이터 그릴, 몰, 가니시(Garnish), 마크 등의 외부를 디자인하는 익스테리어(Exterior) 디자이너로 크게 나눌 수 있다.

우리나라에서 처음으로 만든 자동차는 '시발(始發)' 자동차이다. 1955년 미군에게 받은 지프 엔진과 변속기에 드럼통을 재활용하여 만든 6인승 자동차였다. 이후 이탈리아에서 디자인을 구입하여 만든 고유 모델은 1976년에 등장한 현대자동차의 '포니'였다.

자동차 산업이 먼저 시작된 독일, 영국, 이탈리아 등의 유럽 국가와 미국에서는 자동차 디자인과 관련 산업이 20세기 이전부터 발달하였다. 세단형, 컨버터블형, 스포츠카, 쿠페, SUV 등 다양한 형태의 자동차들이 멋진 디자인을 뽐내며 막강한 산업으로 자리 잡으면서, 자연스럽게 자동차 디자이너의 인기도 상승하였다.

세단, 왜건, SUV의 차이는 무엇일까?

자동차는 용도에 따라 승용차, 승합차, 화물차 등으로 나누기도 하고, 크기에 따라 소형, 중형, 대형으로 구분하기도 한다. 다음은 자동차의 형태에 따라 분류한 것이다.

- 세단(Sedan): 자동차의 3개 공간(엔진룸, 승차 공간, 트렁크) 구분이 확실하며, 좌석은 2열이고 4도어형 자동차이다.
- 쿠페(Coupe): 일반적으로 2인승의 2도어인 자동차를 가리키며, 세단보다 천장이 낮아 날렵한 느낌을 주기 때문에 보통 스포츠카가 쿠페 형태를 띤다.
- 해치백(Hatchback): 뒷좌석 의자에 의해 트렁크와 분리되는 형태의 자동차이다.
- 왜건(Wagon): 차 높이가 세단과 비슷하지만 일반적으로 3열의 좌석을 트렁크 공간으로 사용할 수 있는 자동차이다.
- SUV(Sport Utility Vehicle): 레저, 스포츠 활동에 적합하도록 개발된 자동차로 도심형도 있으나 원래 오프로드나 4륜 구동을 목적으로 탄생한 자동차이다.

14 자동차 디자이너 ★ 115

2. 자동차 디자이너가 하는 일

자동차 디자이너가 하는 일은 새 자동차[illegible] 위해 자동차의 외부 디자인이나 실내 모습을 연구하고 개발하는 것이다. 물론 현재 판매되고 있는 자동차를 업그레이드하기 위해, 이미 개발된 자동차의 디자인을 연구하고 개선하는 일도 함께 할 수 있다. 디자이너가 자동차를 디자인할 때 가장 중요한 작업은 스케치와 색 입히기이다. 자동차가 추구하는 트렌드와 스타일을 적극 반영하여 자동차의 종류, 크기, 목적 등에 맞게 아이디어를 스케치한 후 색을 입혀 구체적으로 표현하는 것이다. 이 과정이 끝나면 자동차 디자인의 70% 이상이 결정되었다고 볼 수 있다.

- 회의와 시장 조사를 통해 생산할 자동차의 종류와 크기를 결정한다.
- 경쟁 회사의 차량 등을 조사하고 소비자의 욕구와 시장 상황 등을 분석하여 기초 자료를 생산한다.
- 기초 자료를 바탕으로 아이디어를 스케치하여 그림으로 나타내며, 색연필, 마커펜, 각종 그래픽 프로그램을 이용하여 구체적으로 그림을 그린다.
- 자동차의 내 · 외장에 쓰이는 섬유, 플라스틱 등의 재료에서부터 시트, 조명 등에 대해 연구 · 개발한다.
- 자동차의 원활한 판매를 위해 대량 생산 이전의 단계에서 디자인이 완성된 차량의 각종 사양과 모양을 검토한 뒤, 신차나 개량된 차가 각 국가의 규정을 준수하였는지 여부를 판단한다.
- 인체 공학, 유체 공학과 같은 각종 공학적 측면에서 적합한지 검토하여 상품화 이후에 발생할 수 있는 문제점에 대해 미리 대비한다.
- 평가단으로 구성된 품평회를 열어 최종 확정한 후 관련 자료를 기술진에게 통보한다.

스케치한 자동차에 색을 입히고 구체적으로 표현하는 과정을 렌더링(Rendering)이라고 한다. 이를 바탕으로 1:1 크기의 테이프 드로잉(Tape Drawing)을 한다. 이것은 라인테이프로 자동차 모양과 외관을 평면에 표현하는 작업이다. 컴퓨터 프로그램을 이용하여 3차원의 자동차 모형을 만들고 공기 저항 등의 가상 시험도 함께 한다. 이렇게 디

자동차 디자이너와 관련 있는 직업

자동차 디자이너와 관련 있는 직업으로는 제품 디자이너, 가구 디자이너, 보석 디자이너, 신발 디자이너, 조명 디자이너, 패션 디자이너, 인테리어 디자이너, 디스플레이어, 시각 디자이너, 광고 디자이너, 일러스트레이터, 포장 디자이너, 웹 디자이너, 게임 그래픽 디자이너, 캐릭터 디자이너, 컬러리스트, 플로리스트 등이 있다.

116 ★ 플랜드 직업 사전_예술형

진짜로 자동차 모형을 만들어 볼까?

3. 자동차 디자이너에게 필요한 능력

[illegible]

14 자동차 디자이너 ★ 117

2

5 하는 일
직업이 하는 일을 쉽게 이해할 수 있도록 설명하였습니다.

6 관련 있는 직업
실제 일하면서 만나게 되는 관련 분야의 직업인이나 진출 가능한 직업을 소개하였습니다.

7 필요한 능력
해당 직업인에게 필요한 능력을 소개하여 장차 그 직업인이 되기 위해 갖추어야 할 것이 무엇인지 알 수 있게 설명하였습니다.

ARTISTIC

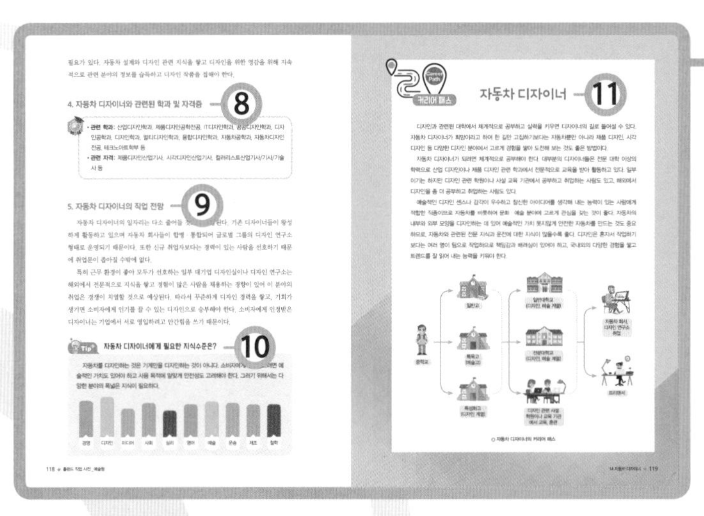

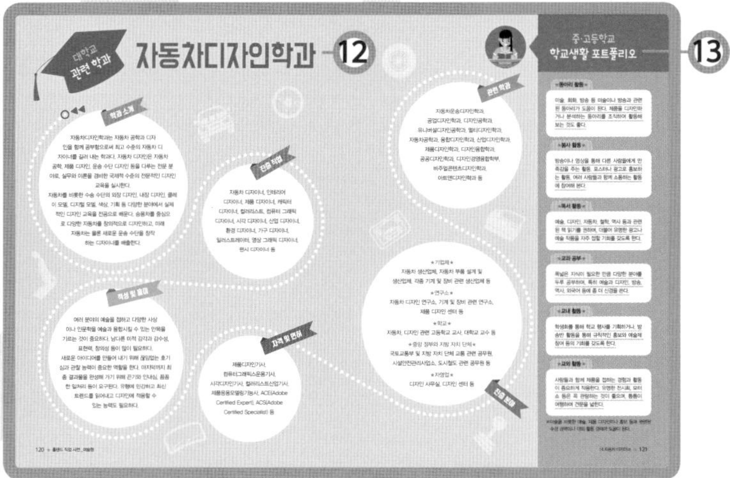

8 관련 학과 및 자격증
해당 직업과 관련된 대학의 학과와 필요한 자격증을 제시하였습니다.

9 직업 전망
해당 직업의 현재 상황과 미래의 전망을 사회의 변화나 경제 상황, 기술의 발전 등을 고려하여 예측해 보았습니다.

10 TIP 필요한 지식수준
해당 직업인에게 필요한 다양한 분야의 지식수준을 한눈에 보기 쉽게 표현하였습니다.

11 커리어 패스
해당 직업인이 되기 위한 다양한 중 · 고등학교와 대학교 진학 및 이후 진로 경로를 상세히 소개하고, 한눈에 이해할 수 있게 그림으로 표현하였습니다.

12 대학교 관련 학과
해당 직업과 관련성이 높은 대학교의 학과를 소개하였습니다. 학과에 적합한 적성과 흥미, 관련 자격증이나 면허, 관련 학과, 진출 가능한 직업, 진출 가능한 직장의 분야 등을 상세히 소개함으로써 직업과 학과를 폭넓게 이해할 수 있게 구성하였습니다.

13 학교생활 포트폴리오
해당 분야의 직업인이 되기 위해 중 · 고등학교 시절부터 준비하면 큰 도움이 될 학교생활 포트폴리오를 제시하여 상급 학교 진학에 도움이 될 수 있게 하였습니다.

홀랜드 검사란?

세상에는 수많은 직업이 있고, 사람들은 다양한 직업에 종사하며 살아갑니다. 그런데 직업을 가진 사람들 중에서 자신이 정말 원하는 직업을 갖고 있는 경우는 의외로 드물다고 합니다. 자신의 적성과 능력에 잘 맞는 직업을 선택하여 살아간다면 즐겁게 일할 수 있고, 능력을 발휘할 기회도 많아져서 삶 자체가 더욱 행복해질 수 있겠지요. 그렇지만 자신의 적성과 흥미에 맞는 직업이 무엇인지를 아는 일은 쉽지 않습니다. 이럴 때 도움을 받을 수 있는 것이 적성 검사나 흥미 검사입니다. 이러한 검사를 통해 자신이 좋아하고 관심 있는 분야에 대해 알 수 있고, 자신의 성격과 장점을 보다 잘 파악할 수 있습니다.

오늘날 진로와 적성을 탐색하는 검사 방법이 많이 개발되어 있는데, 그중에 이 책에서 소개하고자 하는 것은 홀랜드 검사 방법입니다.

홀랜드 검사는 미국의 저명한 심리학자 존 홀랜드가 사람의 직업적 성격 이론에 근거하여 만든 진로 및 적성 탐색 검사입니다. 홀랜드 검사에서는 이 세상에 존재하는 모든 직업을 특성이나 종사하는 사람들의 성격에 따라 6개의 유형으로 구분하고 있으며, 6가지 진로 유형을 'RIASEC 유형'이라고 합니다. RIASEC은 R형(Realistic, 실재형), I형(Investigative, 탐구형), A형(Artistic, 예술형), S형(Social, 사회형), E형(Enterprising, 기업형), C형(Conventional, 관습형)의 앞 글자를 딴 용어입니다.

• 존 홀랜드(John L. Holland, 1919~2008) 미국 존스홉킨스 대학 심리학과 명예교수로서 진로 발달 및 선택 이론인 홀랜드 직업 적성 검사를 개발했습니다. 그가 개발한 '직업적 성격 이론'은 개인의 성격과 직업적 환경과의 상호 연관성에 바탕을 두고 확립되었으며, 이 이론은 현재 전 세계의 진로 발달 및 상담 학계에서 가장 많이 이용되고 있습니다.

그의 저서 〈직업의 선택(Making Vocational Choices)〉은 진로 상담 부문에서 최고의 책으로 인정받고 있으며, 고트프레드슨과 함께 출간한 〈직업코드사전(DHOC)〉을 통하여 직업사전에 있는 거의 모든 직업을 홀랜드 코드화하였습니다. 이러한 공로를 인정받아 1995년에는 미국심리학회에서 수여하는 '저명한 학자로서의 학술상'을 받았습니다.

그의 검사 중 특히 홀랜드 SDS(Self Directed Search, 자기탐색검사)가 가장 널리 인정받고 있으며, 그 밖에 NEO 청소년성격검사, NEO 성인성격검사 등도 많이 이용되고 있습니다.

R-I-A-S-E-C

02 홀랜드 검사의 직업 유형 6가지

홀랜드 검사에서는 6가지 유형을 기본으로 하여 검사 결과에서 가장 많이 나타나는 두 가지 유형을 자신의 성격 유형 및 진로 코드로 정합니다(예 SC형). 왜냐하면 한 사람의 성격과 흥미를 한 가지 유형으로 단정할 수 없기 때문입니다. 경우에 따라 세 가지 유형을 묶어서 표현할 수도 있습니다(예 SCA형). 검사 결과에서 가장 많은 유형을 제1유형, 그 다음으로 제2유형, 제3유형이 결정됩니다.

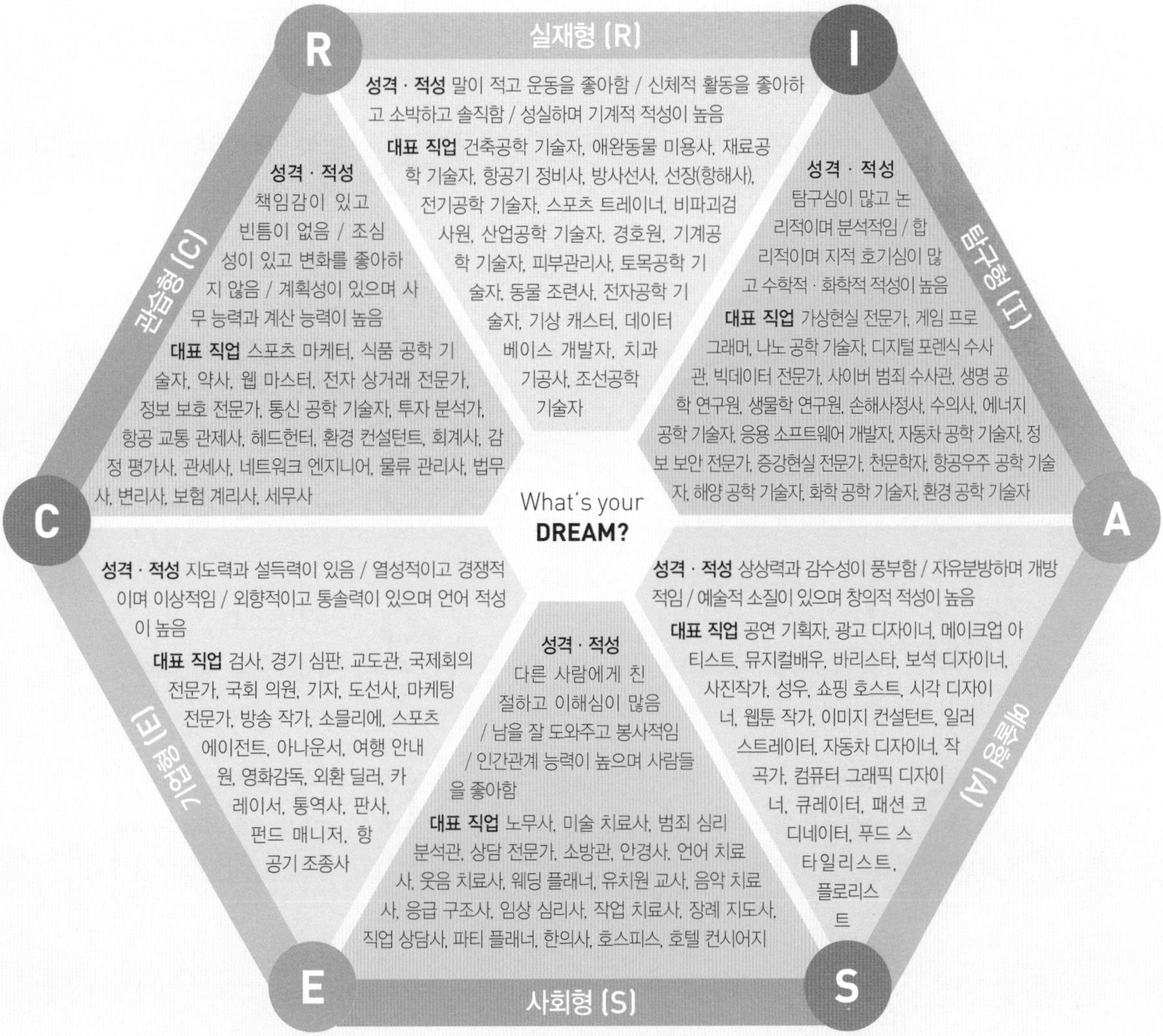

R 실재형 (R)

성격 · 적성 말이 적고 운동을 좋아함 / 신체적 활동을 좋아하고 소박하고 솔직함 / 성실하며 기계적 적성이 높음

대표 직업 건축공학 기술자, 애완동물 미용사, 재료공학 기술자, 항공기 정비사, 방사선사, 선장(항해사), 전기공학 기술자, 스포츠 트레이너, 비파괴검사원, 산업공학 기술자, 경호원, 기계공학 기술자, 피부관리사, 토목공학 기술자, 동물 조련사, 전자공학 기술자, 기상 캐스터, 데이터베이스 개발자, 치과기공사, 조선공학 기술자

I 탐구형 (I)

성격 · 적성 탐구심이 많고 논리적이며 분석적임 / 합리적이며 지적 호기심이 많고 수학적 · 화학적 적성이 높음

대표 직업 가상현실 전문가, 게임 프로그래머, 나노 공학 기술자, 디지털 포렌식 수사관, 빅데이터 전문가, 사이버 범죄 수사관, 생명 공학 연구원, 생물학 연구원, 손해사정사, 수의사, 에너지공학 기술자, 응용 소프트웨어 개발자, 자동차 공학 기술자, 정보 보안 전문가, 증강현실 전문가, 천문학자, 항공우주 공학 기술자, 해양 공학 기술자, 화학 공학 기술자, 환경 공학 기술자

A 예술형 (A)

성격 · 적성 상상력과 감수성이 풍부함 / 자유분방하며 개방적임 / 예술적 소질이 있으며 창의적 적성이 높음

대표 직업 공연 기획자, 광고 디자이너, 메이크업 아티스트, 뮤지컬배우, 바리스타, 보석 디자이너, 사진작가, 성우, 쇼핑 호스트, 시각 디자이너, 웹툰 작가, 이미지 컨설턴트, 일러스트레이터, 자동차 디자이너, 작곡가, 컴퓨터 그래픽 디자이너, 큐레이터, 패션 코디네이터, 푸드 스타일리스트, 플로리스트

S 사회형 (S)

성격 · 적성 다른 사람에게 친절하고 이해심이 많음 / 남을 잘 도와주고 봉사적임 / 인간관계 능력이 높으며 사람들을 좋아함

대표 직업 노무사, 미술 치료사, 범죄 심리 분석관, 상담 전문가, 소방관, 안경사, 언어 치료사, 웃음 치료사, 웨딩 플래너, 유치원 교사, 음악 치료사, 응급 구조사, 임상 심리사, 작업 치료사, 장례 지도사, 직업 상담사, 파티 플래너, 한의사, 호스피스, 호텔 컨시어지

E 기업형 (E)

성격 · 적성 지도력과 설득력이 있음 / 열성적이고 경쟁적이며 이상적임 / 외향적이고 통솔력이 있으며 언어 적성이 높음

대표 직업 검사, 경기 심판, 교도관, 국제회의 전문가, 국회 의원, 기자, 도선사, 마케팅 전문가, 방송 작가, 소믈리에, 스포츠 에이전트, 아나운서, 여행 안내원, 영화감독, 외환 딜러, 카레이서, 통역사, 판사, 펀드 매니저, 항공기 조종사

C 관습형 (C)

성격 · 적성 책임감이 있고 빈틈이 없음 / 조심성이 있고 변화를 좋아하지 않음 / 계획성이 있으며 사무 능력과 계산 능력이 높음

대표 직업 스포츠 마케터, 식품 공학 기술자, 약사, 웹 마스터, 전자 상거래 전문가, 정보 보호 전문가, 통신 공학 기술자, 투자 분석가, 항공 교통 관제사, 헤드헌터, 환경 컨설턴트, 회계사, 감정 평가사, 관세사, 네트워크 엔지니어, 물류 관리사, 법무사, 변리사, 보험 계리사, 세무사

What's your **DREAM?**

홀랜드의 RIASEC 모형

목차

CONTENTS

R I ARTISTIC · 예술형 S E C

01 공연 기획자

1. 공연 기획자의 세계

출처: PMC 프러덕션

1997년 서울 호암아트홀에서 생소한 공연 하나가 무대에 올랐다. 공연은 대사 없이 소리와 몸짓으로만 진행되었는데, 세 명의 요리사와 한 명의 지배인이 힘을 합쳐 결혼식 음식을 한 시간 만에 만들어 낸다는 단순한 줄거리였다. 사물놀이를 현대적으로 편곡한 가락에 맞춰 춤을 추듯 흥겹게 음식을 만드는 장면과 음식 재료들이 사방으로 솟구치도록 화려하게 연출된 장면에 관객들은 빠져들었다. 이 공연이 바로 국내에서 폭발적인 인기를 끌고 아시아 최초 미국 브로드웨이 공연, 국내 최초 총 관람객 1,300만 돌파 등의 기록을 가진 '난타' 공연이다. 영화배우이자 공연 기획자인 송승환 씨가 난타 공연을 기획했으며, 그는 2018 평창 동계 올림픽 개 · 폐회식의 총감독을 맡기도 하였다.

공연 기획자란 공연과 관련된 유행이나 흐름, 사람들의 선호 등을 파악하여 뮤지컬, 오페라, 연극, 콘서트 등 공연할 작품을 기획하거나 선정하는 일을 하는 사람을 말한다. 작품을 직접 기획하기 어려운 경우에는 외국 유명 작품의 판권을 사들여 새롭게 창작 작품으로 선정하고 기획하기도 한다. 때로는 좁은 의미로 무대 감독이나 연출가로 불리기도 하지만 이들은 주로 단편 작품을 감독하고 연출한다. 반면에 공연 기획자는 공연을 위한 작품 선정, 일정 및 계획 수립, 공연 기간 결정, 수입과 지출 관리 등 공연과 관련된 모든 것을 기획하는 직업인이라고 할 수 있다.

서커스, 영화, 연극 등이 지역을 따라 몇 년에 한 번 공연될 정도로 경제적으로 궁핍했던 시대에는 공연 기획자라는 개념이 존재하지 않았고, 총감독, 투자자, 연출가 정도로만 분류되어 있었다. 하지만 생활수준이 향상되어 외국의 유명한 연극, 뮤지컬, 오케스트라, 발레, 콘서트 등의 작품을 국내에서도 공연하기 시작하면서 공연 기획자라는 직업이 주목을 받기 시작했다.

초창기에는 수입이 보장된 유명한 작품만 기획하려는 경향이 우세했으나 점차 다양한 분야의 공연은 물론, 직접 시나리오부터 공연까지 창작하거나 생소한 분야의 공연도 발굴하여 공연하는 등 그 분야가 날로 확장되고 있다.

그것이 알고 싶다 연극, 뮤지컬, 오페라는 서로 어떻게 다를까?

연극이 배우의 몸짓이나 대사로 이루어진 장르라면, 특정한 장면에서 노래와 음악이 곁들여지면 뮤지컬이라고 한다. 하지만 뮤지컬을 오페라라고 하지는 않는다.

오페라는 16세기 말 이탈리아에서 생겨난 음악극의 흐름을 따라 만들어진 노래를 중심으로 한 극으로서, 작품 전체가 곡으로 만들어져 모든 대사를 노래로 표현한 가극을 말한다. 오페라는 음악, 시, 연극, 미술, 무용 등이 합쳐진 종합 무대 예술이라고 할 수 있다.

2. 공연 기획자가 하는 일

공연 기획자는 연극, 뮤지컬, 콘서트, 오페라, 오케스트라, 마술, 발레 등 다양한 공연을 준비하고 기획한다. 공연 기획자는 작품을 선정하고 공연 시기와 장소를 정하는 등 공연의 시작부터 완성되어 끝날 때까지의 전 과정을 책임지는 총지휘자이다. 관람객의 요구와 정서에 맞는 흥미롭고 가치 있는 공연이 무엇인지 조사 · 분석하여, 공연할 작품을 정하고 출연진을 섭외한다. 좋은 기획에 따른 좋은 작품을 위해 제작 인력을 구성하는 것도 매우 중요한 업무이다.

해외 또는 국내 공연 시장의 동향, 현재의 시대적 흐름과 성향 등을 조사한다.

뮤지컬, 오페라, 연극, 콘서트 등 공연할 작품을 선정한다.

외국 작품에 대한 판권을 수입하거나 국내의 창작 작품을 선정한다.

공연 일정 및 공연 장소를 투자자와 협의하여 결정하고, 투자금과 예산을 책정하며, 출연할 배우, 제작진, 지원 인력 등을 확정한다.

기획 일정 및 진행 사항에 대해 제작진과 협의하고 총괄 · 조율한다.

공연의 홍보, 마케팅, 티켓 판매 등과 관련하여 업무를 지원한다.

공연 시 무대를 점검하고 확인하며 필요한 경우 보완하도록 한다.

외국 공연팀(배우 및 제작 인력)의 국내 공연을 기획하기도 한다.

기획, 연출, 음악, 조명, 무대, 분장, 의상, 섭외, 홍보 등의 제작진을 구성하고 준비 비용을 확보한다. 각 팀의 준비 사항을 점검하고 연출 방향을 지도한다. 최근 들어 기획 업무가 더욱 강화되어 홍보와 마케팅까지도 책임지고 있으며, 외국에서 오는 출연진과 소통하는 일이 늘어나면서 영어를 포함한 외국어 구사 능력도 필요하게 되었다. 대규모 공연을 기획하는 경우에는 프로모터(Promoter: 제작진이나 출연진을 섭외하고 스케줄을 조율하는 사람) 분야, 홍보 및 마케팅 분야, 현장 운영 및 관리 분야 등으로 업무 분야를 나누어 일하고 있다.

프로모터는 무슨 일을 할까?

프로모터(Promoter)는 원래 복싱이나 권투, 프로레슬링, 격투기 등에서 사용하던 용어로 적합한 선수를 발굴하여 경기를 기획하고 흥행시키는 일을 하는 사람으로, 프로모터에게는 보통 자기가 관리하는 선수들이 있다. 프로모터는 경기 조건을 조율하고 경기 장소를 빌리고, 경기를 홍보하고 표를 판매하여 수익을 올린다. 요즘은 영화 제작이나 공연 등의 분야에서 제작진이나 출연진을 섭외하고 스케줄을 조율하는 일을 담당하는 사람을 뜻하는 용어로 자리 잡았다.

공연 기획자와 관련 있는 직업

공연 기획자와 관련 있는 직업으로는 헤드헌터, 인적 자원 전문가, 경영 컨설턴트, 창업 컨설턴트, 회계사, 광고 기획자, 홍보 전문가, 행사 기획자, 마케팅 전문가, 회의 기획자, 파티 플래너 등이 있다.

3. 공연 기획자에게 필요한 능력

공연 기획자라는 직업은 인내심, 리더십, 협동심, 독립성, 사회성, 적응성과 융통성, 혁신, 타인에 대한 배려, 성취와 노력, 진취성과 분석적 사고 등의 성격과 능력을 지닌 사람에게 만족감이 높은 직업이다.

공연 기획자가 되기 위해서는 직접 현장에서 경험을 쌓는 것이 중요하다. 왜냐하면 어떤 전공을 했는가보다는 공연 기획과 관련하여 어떤 경험을 했는가를 중시하는 경향이 있기 때문이다. 대학에서 공연 관련 동아리에서 활동한 경험이나 혹은 공연 시설이나 공연 단체에서 인턴이나 아르바이트를 한 경력을 인정해 준다.

공연 기획자는 수많은 사람과 의견을 조율하고 정해진 기간 내에 필요한 것(공연장 섭외, 배우나 가수 섭외)을 준비해야 하기 때문에 추진력과 카리스마가 있어야 한다. 공연을 보고 즐기는 데서 한 발 나아가 그 공연에서 좋았던 점과 자신이 기획을 한다면 어떤 점을 보완하고 싶은지 생각해 보는 것도 도움이 될 것이다.

재정 관리, 시간 관리, 문제 해결, 물적 자원 관리, 추리력, 판단과 의사 결정 등의 업무 수행 능력이 필요하며, 특히 글쓰기, 행동 조절, 설득, 모니터링, 협상 관련 능력을 꾸준하게 키울 필요가 있다. 평소 예술, 지리, 철학, 미디어, 경영, 의사소통 분야의 지식을 익히는 것도 필요하다.

공연 기획자는 사람들을 조율하고 이끄는 등 다른 사람들과 접촉하거나 의사소통이 많이 필요한 직업이다. 왜냐하면 직업의 특성상 작은 실수가 공연의 성패에 막대한 영향을 끼치기 때문이다. 사무실보다는 외부에서 근무하는 비중이 높기 때문에 활발한 성격을 지닌 사람에게 추천할 만한 직업이라 할 수 있다.

4. 공연 기획자와 관련된 학과 및 자격증

- **관련 학과:** 경영학과, 방송 · 연예과, 연극 · 영화학과, 영상 · 예술학과, 비즈니스학과, 창업경영학과, 마케팅학과 등
- **관련 자격:** 공연 기획자가 되기 위해 특별한 자격이 필요하지는 않지만, 무대디자인, 파티플래너 등의 자격이 있으면 도움이 된다.

5. 공연 기획자의 직업 전망

여가 생활의 중요성이 커지고, 새롭고 다양한 문화생활에 대한 요구가 늘어나면서

Multiplex: 극장, 식당, 비디오 가게, 쇼핑 시설 따위를 합쳐 놓은 복합 건물

2000년을 전후로 여러 개의 스크린을 갖춘 멀티플렉스가 전국적으로 등장하였다. 이에 발맞춰 콘서트나 뮤지컬, 연극 등 각종 공연을 즐기는 사람들이 늘어나고 국내외의 다양한 공연이 좋은 반응을 얻으면서 우리나라 공연 예술의 수준과 인기가 전반적으로 높아졌다. 이러한 변화는 공연 기획자의 입지를 넓히는 데 기여했다.

공연 기획자의 임금 수준은 능력과 인지도에 따라 차이가 심한 편이지만 대략 일반 직장인과 비슷한 수준이다. 삶의 질이 향상됨에 따라 앞으로 공연 기획자의 고용은 증가할 것으로 보인다.

하지만 공연을 기획하는 다양한 형태의 문화 산업 분야는 경기에 가장 먼저 영향을 받는 분야이다. 즉, 경제 상황이 좋지 않고 소비가 얼어붙는 경기 침체가 이어질 경우 공연 기획과 관련된 일자리에 부정적인 영향을 미칠 수 있다.

공연 기획자는 하나의 작품이나 공연을 기획하기도 하지만, 대규모 행사의 주요 섹션을 기획하는 경우도 있어 다양한 분야를 폭넓게 공부하는 것이 좋다. 예술 분야는 물론 스포츠, 역사, 문화, 철학 등을 병행하여 공부하는 것이 유능한 공연 기획자로 성장하는 데 도움이 될 수 있다.

공연 기획자에게 필요한 지식수준은?

공연 기획자는 다양한 분야의 지식과 경험이 필요하다. 특정 분야의 공연 기획자를 추구하는 경우가 아니라면, 틈나는 대로 폭넓은 지식과 경험을 쌓도록 힘써야 한다.

경영 교육 미디어 사회 서비스 심리 역사 예술 의료 지리

공연 기획자

공연 기획과 관련하여 대학에서 체계적으로 공부하려면 공연기획학과, 예술경영과, 이벤트학과, 공연제작예술학부, 연극영화과 등의 진로를 생각해 볼 수 있다. 공부도 중요하지만 공연 기획과 관련된 분야에서 경험을 쌓는 것이 매우 중요하기 때문에 틈나는 대로 실제 현장에서 업무를 배우는 경험이 필요하다.

대학 이외에도 방송아카데미와 사설 교육 기관에서 공연 기획과 관련된 교육을 받을 수 있다.

공연기획사에서는 보통 인력이 필요할 때 수시로 모집하며, 추천을 통한 채용이 많은 편이다. 이 직업군은 경력자를 선호하기 때문에 각종 경력, 공연 아르바이트 경험이 도움이 된다. 파티플래너 자격증을 취득하면 도움이 되지만, 활발한 성격과 같은 꼭 필요한 자질을 기르는 것이 더욱 중요하다. 직업 특성상 다양한 사람들을 수시로 만나기 때문에 성격이 밝고 적극적이며 사교성이 좋아야 한다. 창작 공연을 하거나 차별화된 공연을 기획하려면 창의적이고 도전적인 일의 경험이 풍부할수록 추천할 만하다. 공연을 기획하려면 공연과 관련된 무대 디자인, 조명, 음향, 의상, 홍보 등에 대한 지식도 고루 갖추어야 한다. 또한 총감독에게는 독창성, 판단력, 통솔력, 소통 능력, 종합적 사고력 등이 필요하며, 마케팅 능력과 같은 경영 능력도 중요하다.

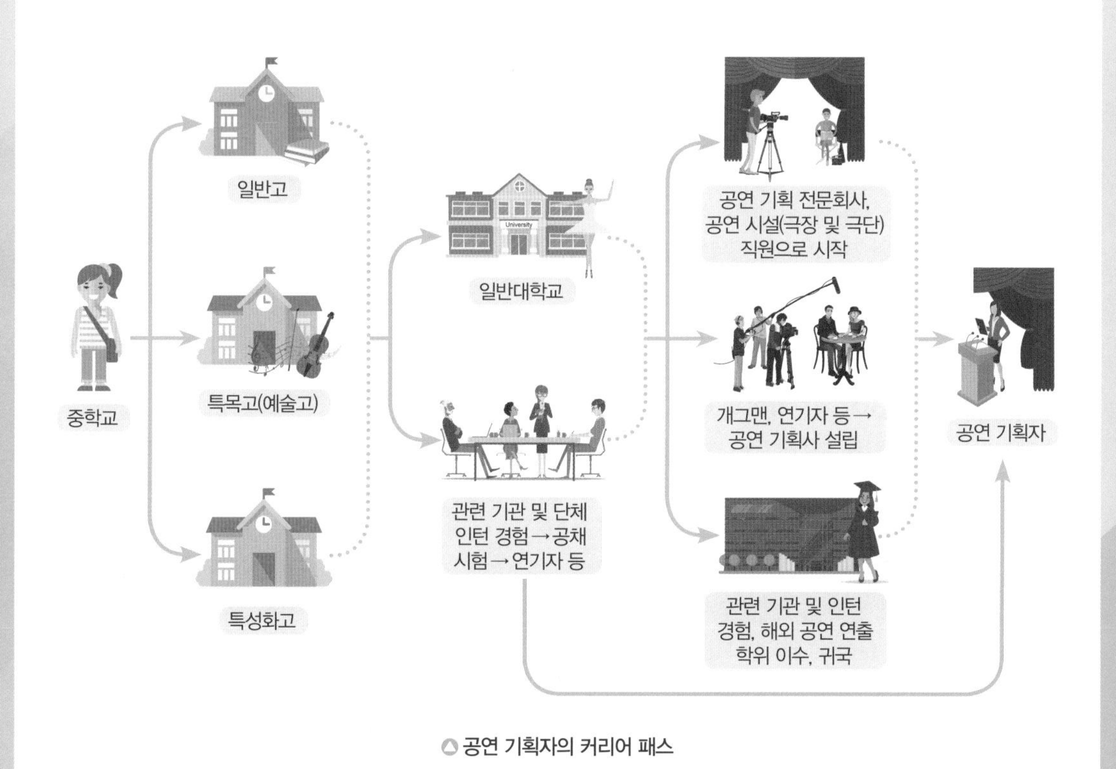

△ 공연 기획자의 커리어 패스

대학교 관련 학과

경영학과

학과 소개

사회가 발달하면서 기업의 생태계도 급변하고 있으며, 이에 따라 전문 경영인에 대한 수요가 증가하고 있다. 경영학과는 기업에 속한 구성원의 행동 방식을 분석하고 조직 운영에 필요한 다양한 전문 지식을 연구하고 적용하여 전문적인 지식과 역량을 갖춘 경영인을 양성하는 데 목적이 있다.

적성 및 흥미

경영학과에서는 경영정보, 인사관리, 생산관리, 마케팅, 재무관리, 국제경영 등 다양한 분야를 공부하기 때문에 기본적으로 합리적인 의사 결정 능력이 우선시된다. 급변하는 국내외 환경에 적응하고 새롭게 등장하는 기술과 변화를 감지하는 감각이 좋아야 한다. 경영학을 전공하기 위해서는 국제 관계나 기업 관련 뉴스를 능숙하게 접할 수 있는 능력과 관심이 있어야 한다. 무엇보다 소통 능력과 리더십도 기본적으로 갖추는 것이 좋다.

진출 직업

경영 정보 시스템 개발자(MIS 전문가), 경영 기획 사무원, 경영 컨설턴트, 공연 기획자, 관세사, 광고 기획자, 교육 및 훈련 사무원, 금융 관련 사무원, 금융 상품 개발원, 금융 자산 운용가, 기업 인수 합병(M&A) 전문가, 노무사, 마케팅 전문가, 무역 사무원, 물류 관리 전문가, 보험 계리사, 보험 사무원, 부동산 중개인, 부동산 컨설턴트, 부동산 펀드 매니저, 상품 기획자, 상품 중개인 및 경매사, 생산 관리 사무원, 선물 거래 중개인, 세무사, 손해 사정인, 스포츠 마케터, 스포츠 에이전트, 신용 분석가, 외환 딜러, 자재 관리 사무원, 저작권 에이전트, 정부 행정 관리자, 증권 중개인, 창업 컨설턴트, 취업 지원관, 투자 분석가(애널리스트), 투자 인수 심사원(투자 언더라이터), 품질 관리 사무원

관련 학과

국제경영학과, 정보경영학과, 경영학과, 마케팅학과, 비즈니스학과, 부동산경영학과, 경영경제학부, 경영통상학과, 국제경영학과, 금융경영학과, 기업컨설팅학과, 부동산금융학과, 부동산학과, 스포츠산업학과, 영상비즈니스과, 창업경영학과, 창의인재개발학과, 해운경영학부 등

중·고등학교
학교생활 포트폴리오

자격 및 면허

공인회계사, 관세사, 세무사,
감정평가사, 공인노무사, 경영지도사,
보험계리사, 보험중개사, 손해사정사,
물류관리사, 유통관리사, 비서, 무역영어,
전자상거래관리사, 전자상거래운용사,
판매관리사, 전산회계운용사, 기술지도사,
호텔경영사, ISO9000인증심사원,
ISO14000인증심사원,
사회조사분석사 등

진출 분야

★기업체★
은행, 증권회사, 선물회사, 자산 운용사,
투자 자문사, 금융 지주 회사, 종합 금융사, 투자
신탁 회사, 보험 회사, 컨설팅 회사, 무역 회사, 유통 회사,
마케팅 회사, 회계 법인, 세무 법인, 언론사, 외국계 회사,
리서치 회사, 호텔, 병원

★연구소★ 산업경영연구소, 경영문제연구소, 한국기업경영연구소

★학교★ 중 · 고등학교 사회 교과 교사 등

★중앙 정부와 지방 자치 단체★
재경직, 세무직, 관세직, 감사직, 국제 통상직 공무원

★국책 기관★ 한국은행, 에너지경제연구원, 한국개발연구원

★자영업★
공인회계사 사무실, 세무사
사무실 등

★동아리 활동★

연극, 음악, 뮤지컬, 방송 등의 동아리 활동을 통해 많은 경험을 쌓는 것이 중요하다. 출연진이 아니라도 기획하는 경험을 풍부하게 쌓는 것이 좋다.

★봉사 활동★

오페라하우스, 공연장 등에서 개인적인 봉사 활동을 하거나, 경로당, 어린이집 등에서 동아리 공연을 기획해 보는 등 다양한 활동을 해 볼 것을 추천한다.

★독서 활동★

예술, 철학, 역사, 지리 등과 관련된 책이나 공연으로 각색된 유명한 작품들을 많이 읽어 보도록 한다.

★교과 공부★

폭넓은 지식이 필요한 만큼 여러 분야를 두루 공부하며, 특히 예체능, 역사, 외국어 등을 중요하게 공부하는 것이 좋다.

★교내 활동★

학생회 활동을 통해 학교 축제, 전시회, 발표회 등을 기획하여 연출하고 감독하는 경험을 쌓는 것이 좋다.

★교외 활동★

활동이 많은 직업군으로 체력이 중요하다. 유명한 전시회, 공연 등은 꼭 관람하고 틈틈이 여행을 하여 견문을 넓힐 수 있도록 해야 한다.

※방송, 연극, 음악, 뮤지컬 등의 활동과 관련된 수상 경력이나 대외 활동 경력이 도움이 된다.

ARTISTIC • 예술형 A

02 광고 디자이너

1. 광고 디자이너의 세계

출처: 이제석 광고연구소(www.jeski.org)

대구에 가면 선사유적공원 이정표를 돌망치로 망가뜨리는 원시인 조형물을 볼 수 있다. 이 광고 디자인은 광고 디자이너 이제석 씨의 작품이다. 인터넷에서 그의 이름을 검색하면 그의 작품을 많이 찾아볼 수 있는데, 몇 해 전 광화문 광장에 있는 이순신 장군 동상을 보수하는 동안 탈의실을 생각나게 하는 가림막을 설치하여 주목을 받기도 하였다.

1982년 대구에서 태어난 이제석은 초등학교 때부터 만화를 즐겨 그렸으며, 학교 공부에는 그다지 관심이 없었다. 하지만 고등학생 때 그림만 잘 그려도 대학에 갈 수 있다는 말을 듣고, 열심히 그림을 그리고 공부하여 지역에 있는 대학교의 시각디자인과에 입학하였다. 4년 동안 평균 4.47점(4.5점 만점)이라는 높은 성적으로 수석 졸업했으나, 졸업 후 어느 곳에서도 합격 통지서를 받지 못하였다. 이름난 회사에 들어가기엔 스펙이

밀린다는 걸 알고 간판, 인쇄 일을 하다가 영어를 익혀 미국 뉴욕의 'School of Visual Arts'에 편입했다. 그 후 세계 3대 광고제의 하나인 '원쇼 페스티벌(The One Show Festival)'에서 최우수상을 받은 것을 시작으로 광고계의 오스카상이라는 클리오 어워드(Clio Awards)에서 동상, 미국광고협회의 애디 어워드에서 금상 2개 등 1년 동안 국제적인 광고 공모전에서 무려 29개의 메달을 땄다. 미국의 내로라하는 광고회사에서 러브콜도 받고 6군데의 회사를 다니다 귀국하여 현재는 '이제석 광고연구소'를 운영 중이다.

광고 디자이너는 TV, 신문, 인터넷, 라디오, 잡지, 조형물 등을 이용하여 광고 화면을 구성하고 이미지나 사물로 사람들에게 관심을 끌 수 있도록 광고를 디자인하는 일을 한다. 광고할 대상의 특성을 정확하게 파악하여 광고를 구성하고 디자인한다. 상품 광고에 대한 의뢰가 들어오면 광고주와 협의를 거쳐 광고의 방향을 결정하고 상품의 특성과 기능, 시장 규모, 소비자 기호 등을 잘 살펴 광고물을 디자인한다. 이를 검토하고 보완하여 광고물을 제작하고 촬영하여 광고를 완성한다. 광고할 대상의 특성과 사람들의 심리를 얼마나 잘 이해하느냐에 따라 좋은 광고인지 아닌지가 결정된다.

옛날에도 광고라는 것이 있었지만, 근대에 와서 신문과 잡지에 물건이나 기업에 대한 광고가 실리기 시작하면서 본격적인 광고 시장이 열렸다고 할 수 있다. 지면 광고가 보는 광고였다면, 라디오가 등장하면서 귀로 듣는 광고가 등장하였고, TV가 등장하면서 보고 들을 수 있는 광고로 발전하였다. 최근에는 설치 광고물이 등장하면서 보고 듣는 차원에서 직접 체험하고 감성으로 느낄 수 있는 영역까지 확대되었다고 할 수 있다.

그것이 알고 싶다 우리나라에서 광고는 어떻게 시작되었을까?

우리나라 최초의 근대 광고는 1886년 2월 22일에 한성주보(제4호) 15~16쪽에 실렸다고 한다. 우리나라에서 무역업을 하던 독일의 세창양행이 조선에 개업을 하면서 사고팔 물건을 알리는 광고였다. 우리가 잘 아는 1899년의 독립신문 광고료를 보면 1단(28줄)의 광고에 대한 1년 광고비가 40원, 1개월은 5원, 1회는 40전이었다. 이처럼 초창기 우리나라의 광고는 주로 신문이나 잡지에 실리는 광고가 대부분이었다. 1959년 부산 MBC 라디오가 광고를 시작하였고 1963년에는 KBS TV도 광고를 시작하게 되면서 본격적으로 광고가 발전했다.

2. 광고 디자이너가 하는 일

좋은 광고를 제작하기 위해서는 제품, 기업, 축제, 서비스 등 광고할 대상의 특성과 사람들의 심리, 시장 동향에 대해 분석하는 것이 우선이다. 무엇보다 광고의 대상에 영향을 줄 수 있는 것을 모두 파악하고 분석해야 한다.

광고주의 요구 사항을 잘 반영하여 어떻게 표현할지 아이디어를 구상하고, 어떤 광고 매체를 사용할 것인지 결정되면 그 매체에 맞게 디자인한다. 광고 카피까지 혼합하여 광고물을 제작하고 광고주와 협의하여 최종 광고물을 확정하여 제작한다.

제품, 기업, 행사, 서비스 등 광고할 대상의 특성, 소비자와 사람들의 심리, 시장 동향 등 광고할 대상에 영향을 줄 수 있는 요인을 파악하고 분석한다.

광고주의 요구 사항을 반영하거나 참고하여 광고 아이디어를 구상한다.

예산에 맞춰 광고할 대상을 가장 잘 드러낼 수 있는 광고 매체를 선정한다.

TV, 인터넷, 라디오, 신문, 잡지, 옥외 광고 등의 결정된 매체에 맞게 디자인한다.

광고 카피를 혼합한 최종 광고물을 제작한다.

광고할 대상의 특성을 잘 이해하는 것도 중요하지만, 제일 중요하게 신경 써야 하는 것은 사람들의 심리를 잘 이해하고 활용해야 한다는 점이다. 특히 광고의 타겟 대상이 남자인지 여자인지, 청소년인지 어른인지에 따라 그 심리를 잘 활용해야 한다. 만약 외국인을 대상으로 광고를 디자인해야 한다면 그 나라 사람들의 심리, 관습, 역사 등을 잘 아는 것이 중요하다.

그것이 알고 싶다 카피라이터는 무슨 일을 할까?

카피(Copy)는 광고에서 사용되는 대표적인 글귀나 문장 혹은 단어를 가리키며, 광고에 사용되는 원고를 뜻하기도 한다. 광고는 영상이나 이미지도 중요하지만 사람들의 관심을 끌고 강한 인상을 남기기 위해서는 그 안에 들어가는 글귀도 매우 중요하다. 카피를 만드는 사람을 카피라이터(Copy Writer)라고 하는데 카피라이터가 글만 잘 쓰면 된다고 생각해서는 안 된다. 좋은 카피를 쓰려면 광고 제작과 기획, 매체 등 광고 전반에 대한 지식뿐만 아니라 예술 감각과 마케팅 지식도 두루 갖추어야 하기 때문이다.

광고 디자이너와 관련 있는 직업

광고 디자이너와 관련 있는 직업으로는 제품 디자이너, 시각 디자이너, 영상 그래픽 디자이너, 캐릭터 디자이너, 자동차 디자이너, 아트 플래너, 아트 디렉터, 인테리어 디자이너, 텍스타일 디자이너, CF 감독, 크리에이티브 디렉터 등이 있다.

3. 광고 디자이너에게 필요한 능력

광고 디자이너가 되려면 새로운 아이디어를 산출하거나 어떤 문제를 해결하기 위해 참신한 아이디어를 생각해 내는 능력이 중요하다. 어떤 문제에 대해 답을 구하는 정보 분석 능력, 논리력도 필요하다. 혼자 일하기보다 광고주, 제작진과 함께 일하기 때문에 사회성과 배려심도 있어야 한다. 광고 역시 하나의 예술 작품으로 볼 수 있으므로, 자신의 생각과 감정을 자유롭게 표현하려는 예술형에게 어울리는 직업이다. 물리학, 생물학, 문화 등에 대한 호기심이 많고 관찰과 탐구를 좋아한다면 적극 권장하는 분야이다. 업무가 정형화되지 않고 변화가 많으며, 신체 활동보다는 독특한 아이디어로 사람들에게 영향력을 발휘하기 때문에 도덕적인 가치관을 지니고 있어야 한다.

창의력, 시간 관리, 글쓰기 등의 능력이 매우 중요하게 발휘되고 어떤 현상이나 상태를 모니터링하는 능력도 필요하다. 밑그림을 그리고 디자인하는 능력을 바탕으로 음악과 미술을 폭넓게 이해하는 예술적 지식, 역사와 철학에 대한 사회적 지식, 드라마와 영화에 대한 지식 등을 집중해서 공부하는 것이 도움이 된다.

광고 디자이너는 다른 사람이 말하는 것을 집중해서 듣고 상대방이 말하려는 핵심을 이해하는 능력도 있어야 한다. 그러므로 예술적인 능력과 함께 듣고 이해하기, 읽고 이해하기, 판단하고 결정하기, 논리적으로 학습하기와 같은 능력을 평소에 키워 나가야 한다.

4. 광고 디자이너와 관련된 학과 및 자격증

- **관련 학과:** 산업디자인학과, 시각디자인학과 등
- **관련 자격:** ACS(Adobe Certified Specialist), 시각디자인기사, 시각디자인산업기사, 컴퓨터그래픽스운용기능사 등

ACS 자격이 무엇일까?

ACS(Adobe Certified Specialist)는 쉽게 말해 어도비 제품에 대한 전문 지식을 갖춘 전문가임을 인정하는 자격증이다. 컴퓨터 그래픽 소프트웨어로 대표되는 어도비 사의 ACS 자격증 시험을 통해 세계적으로 표준화된 컴퓨터 그래픽 소프트웨어를 효율적으로 활용할 수 있는 인력을 배출하는 국제적인 자격이라고 보면 된다. 이 자격을 취득하면 그래픽 소프트웨어를 효율적으로 활용할 수 있다고 인정받을 수 있다.

5. 광고 디자이너의 직업 전망

광고 디자이너는 여느 직업과 마찬가지로 실력에 따라 보수가 달라진다. 특히 독특한 콘셉트로 사람들의 이목을 끌 수 있는 능력을 지녔다면 당연히 남보다 높은 수입을 기대할 수 있다. 앞으로 광고 디자이너의 일자리는 약간 증가할 것으로 보이지만, 광고가 가지고 있는 특성상 기업의 상황이 좋아야 자연스럽게 광고에 투자를 늘리는 경향을 보인다.

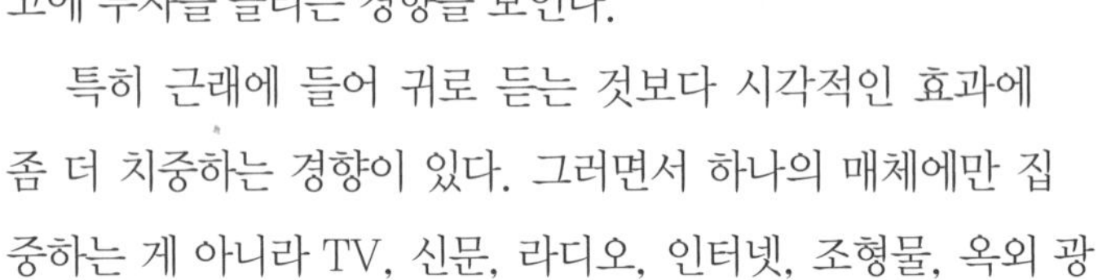

특히 근래에 들어 귀로 듣는 것보다 시각적인 효과에 좀 더 치중하는 경향이 있다. 그러면서 하나의 매체에만 집중하는 게 아니라 TV, 신문, 라디오, 인터넷, 조형물, 옥외 광고물 등을 모두 이용하는 통합적인 광고를 선호하면서 광고 규모도 커지게 되었다. 제품 광고와 더불어 자연스럽게 기업의 이미지 광고까지 곁들여지고, 지역의 축제나 행사를 홍보하면서 다양한 모습으로 광고의 형태가 변화하고 있다.

하지만 업계 동향과 관련하여 부정적인 전망도 존재한다. 최근까지는 소규모 디자인 업체가 대부분이었지만, 점점 인수 합병이 늘어나면서 광고 디자이너의 일자리에 부정적인 요인으로 작용할지 모른다는 의견도 있다. 업계의 불확실한 동향에 흔들리기보다 광고 디자이너에게 요구되는 필수적인 역량을 키우며 포트폴리오를 만들어 간다면 자신만의 창의적인 아이디어를 펼칠 기회를 얻게 될 것이다.

광고 디자이너에게 필요한 지식수준은?

광고 디자이너는 다양한 분야의 지식을 아는 것도 중요하지만 무엇보다 실질적인 제작 경험과 창의력이 제일 중요하다. 무엇보다 예술적인 지식과 디자인 수준이 갖춰져야 다른 여러 분야의 지식을 망라하는 창의적인 아이디어가 나올 수 있다.

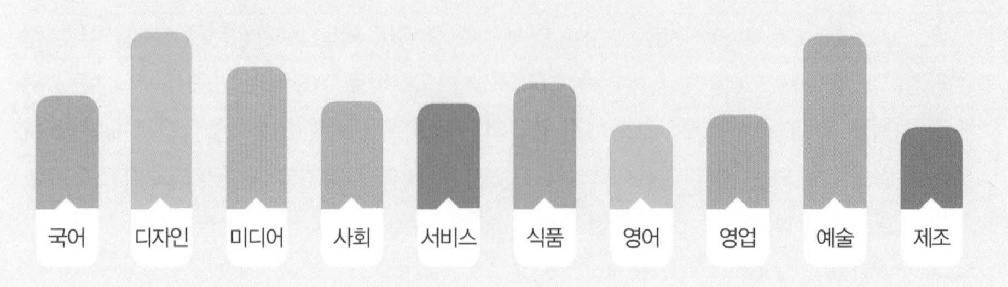

광고 디자이너

광고 디자인에 대해 학문적으로 공부를 하려면 시각 디자인, 광고 디자인, 산업 디자인 관련 학과에 진학하는 것이 좋다. 하지만 일반 디자인 학원 등을 통해 지식과 기술을 습득하는 것도 한 가지 방법일 수 있다. 전문 디자인 업체에서는 보통 결원이 생기면 현직 디자이너의 추천을 통해 인력을 충원하는 경우도 있기 때문에 평소 디자인 공모전에 응시하여 실력을 발휘하고 현직에서 활동하는 사람들과 관계를 맺어 두는 것도 중요하다.

대학에 시각디자인학과, 산업디자인학과 등이 개설되어 있으며, 사설 디자인 학원에서도 체계적인 교육을 받을 수 있다.

디자인 회사의 공개 전형의 경우 일반적으로 서류 전형, 면접, 실기 시험을 치르는데, 보통은 디자인과 관련된 포트폴리오를 요구하기 때문에 평소 자신의 작품을 꾸준히 모아서 포트폴리오로 만들어야 한다. 업체에 따라 디자인 공모전에서 입상한 사람을 우대 채용하기 때문에 각종 광고나 디자인 관련 대회에 출전하여 입상하는 경험도 많은 도움이 된다.

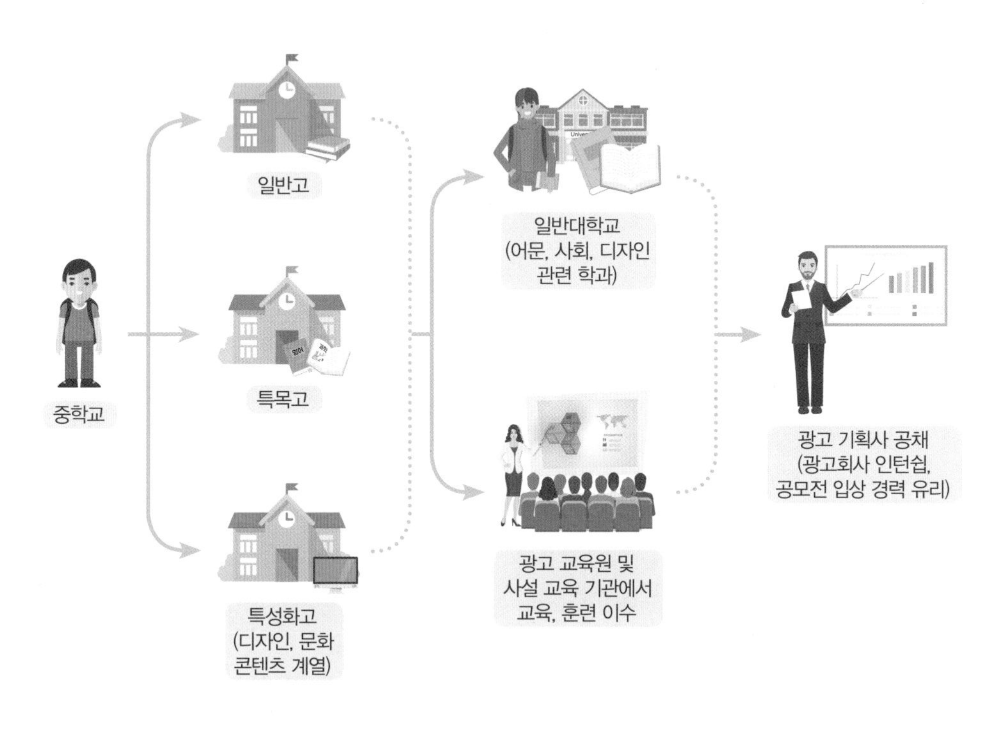

△ 광고 디자이너의 커리어 패스

광고디자인학과

사회가 발전하고 변화하는 추세에 맞추어, 다양한 산업 분야와 생활 속에서 광고를 통해 합리적인 설득 기술을 배운다. 광고디자인학과는 정보가 많은 현대 문화의 리더로서 전문 지식과 능력을 갖춘 광고 인력을 배출한다. 광고이론 교육은 물론 인쇄물이나 미디어 등 각종 매체별로 광고 디자인 실무를 공부한다.

광고 디자이너, 광고 에이전시, 디자인 및 홍보 담당자, 멀티미디어 디자이너, 게임 그래픽 디자이너, 게임 기획자, 광고 및 홍보 사무원, 디자인 강사, 시각 디자이너, 편집 디자이너, 영상 그래픽 디자이너, 예체능 계열 강사 및 교수, 웹 디자이너, 일러스트레이터, 디스플레이 디자이너, 조명 디자이너, 보석 디자이너, 출판물 편집자, 팬시 캐릭터 디자이너, 컬러리스트, 포장 디자이너, 홍보 전문가 등

생활 속에서 다양한 분야, 특히 예술과 광고에 대한 안목을 넓혀가는 것이 좋다. 글이나 그림, 빛이나 모양 등을 통해 주변 사람들에게 전달하거나 홍보하는 걸 좋아하고 소질이 있다면 적극적으로 능력을 쌓아가는 것이 좋다. 감성이 풍부하고 상상력이 많으며, 창작하는 즐거움을 아는 사람에게 추천할 만한 전공이다. 평소 사물을 대하거나 글을 읽고 느낌을 창의적으로 시각화하여 표현할 수 있는 능력이 요구되므로 예술 분야에 적성이 있어야 좋다.

컴퓨터그래픽스운용기능사, 컬러리스트, 웹디자인기능사, 광고도장기능사, 시각디자인산업기사, 편집 디자인, 제품 디자인 및 포장 디자인 관련 자격증 등

중·고등학교 학교생활 포트폴리오

관련 학과

광고홍보디자인과,
광고편집과, 광고영상디자인학과,
광고브랜드디자인학과,
광고멀티미디어디자인과, 광고디자인과,
융합디자인학과, 융복합디자인학부, 영상디자인학과,
시각정보디자인학과, 시각예술디자인학과,
시각미디어디자인학과, 시각문화융합디자인학과,
시각멀티미디어디자인학과,
시각디자인학과, 시각 · 영상디자인과,
비주얼아트디자인학과 등

진출 분야

★기업체★
방송국, 신문사, 잡지사, 출판사, 영화사,
게임 및 애니메이션 관련 회사, 멀티미디어 콘텐츠
관련 회사, 온라인 쇼핑몰, 멀티미디어업체, 이벤트업체,
문구 · 완구업체, 3D업체, 공간디자인업체 등

★연구소★ 디자인연구소, 기업체 제품개발연구원 등

★학교★ 중 · 고등학교 예술 강사, 미술 교사, 대학교 교수 등

★중앙 정부와 지방 자치 단체★ 홍보 및 공보 관련직

★자영업★
광고기획 사무실, 프리랜서 등

★동아리 활동★

홍보, 방송, 미술, 뮤지컬 등 방송이나 예술과 관련된 동아리가 도움이 된다. 방송이나 미술이 아니더라도 홍보를 계획하고 직접 경험할 수 있는 동아리를 조직하여 활동해 보는 것도 좋다.

★봉사 활동★

글, 그림, 영상, 사물 등으로 사람들에게 만족감을 주는 활동, 포스터나 광고로 홍보하는 활동, 여러 사람들과 함께 소통할 수 있는 활동이 좋다.

★독서 활동★

미술, 음악, 철학, 역사, 디자인 등과 관련된 책들을 많이 읽고, 더불어 유명한 광고나 예술 작품의 의미와 디자인 목적을 독서로 접할 수 있도록 한다.

★교과 공부★

풍부한 지식과 능력이 필요한 만큼 다양한 과목을 고르게 공부하며, 특히 예술과 디자인, 방송, 역사, 외국어 등에 좀 더 신경을 쓰는 것이 좋다.

★교내 활동★

학생회나 학급회에서 행사를 기획하고 홍보하는 역할을 맡아 보는 것이 좋다. 방송반을 통한 규칙적인 홍보 활동이나 예술 관련 행사의 도우미도 경험할 수 있도록 한다.

★교외 활동★

광고나 홍보를 많이 접해 보는 것이 좋다. 사람이나 사물을 접했을 때의 느낌을 기록으로 남겨보거나, 유명한 전시회, 공연 등을 관람하거나 특정 분야의 광고를 모니터링해 보는 것도 추천한다.

※예술, 디자인, 홍보, 방송 등과 관련된 수상 경력이나 대외 활동 경력이 도움이 된다.

03 메이크업 아티스트

관련 학과
뷰티아트과
32쪽

1. 메이크업 아티스트의 세계

'지혜로운 고양이가 되기 위한 지침서'라는 토마스 스턴스 엘리엇(Thomas S. Eliot)의 시를 바탕으로, 고양이로 분장한 배우들이 인간 구원을 주제로 다룬 뮤지컬은 무엇일까? 뮤지컬 '캐츠(Cats)'는 1981년 영국 런던에서 초연되었고, 1982년 브로드웨이에서 개막하여 브로드웨이 4대 뮤지컬 중 하나로 크게 히트를 쳤다. '캐츠(Cats)'에 출연하는 수많은 배우들은 모두 고양이로 분장하여 공연을 한다. 출연 배우가 많기 때문에 처음에는 분장 디자이너가 전체 메이크업을 해 주면, 남은 분장의 절반은 메이크업 아티스트가 하고, 나머지는 배우가 직접 메이크업을 한다. 배우가 하는 메이크업도 익숙한 사람은 40분, 서툰 사람은 1시간 30분도 걸린다고 한다. 이처럼 공들여 분장을 하는 이유는 실제 고양이처럼 보이는 것이 공연의 성공에 매우 중요한 역할을 하기 때문이다.

메이크업 아티스트는 분장과 화장을 통해 새로운 캐릭터를 창조하고 아름다움을 표현하는 역할을 한다. 고객의 요구를 파악하고 의상이나 역할, 얼굴의 특성에 따라 화장을 해 주고, 때로는 화장법에 대한 조언을 해 줄 때도 있다. 메이크업 아티스트는 보통 미용실, 사진관, 웨딩 전문 숍, 화장품 회사, 방송사의 분장실 등에서 일하며, 프리랜서로 활동하는 경우도 있다.

화장(자신의 특성을 부각시키기 위해 꾸미는 것)이나 분장(자신의 특성과 다른 특성을 표현하기 위해 꾸미는 것들(화장, 의상, 가면 등))은 아주 오랜 역사를 가지고 있다. 원시인조차 주술을 하거나 의식을 행할 때 분장을 했고, 삼국 시대나 조선 시대에도 화장은 존재하였다. 그러나 특별한 경우를 제외하고는 자신의 얼굴을 스스로 화장하는 경우가 대다수였다. 연극, 공연 등의 문화가 들어오면서 좀 더 현실적이고 의미 있는 분장이 필요해지고 분장사가 등장하게 되었다. TV, 대형 공연, 영화 등이 발달하면서 자연스럽게 분장과 화장이 전문적인 직업군으로 자리를 잡게 되었고, 메이크업 아티스트나 분장사 등으로 불리게 되었다.

그것이 알고 싶다 이미지 컨설턴트와 퍼스널 쇼퍼는 무슨 일을 할까?

친구가 바라보는 나의 이미지는 어떨까? 이미지 컨설턴트(Image Consultant)는 메이크업, 매너, 태도, 언어, 복장 등의 변화를 통해 다른 사람들에게 주는 인상이나 이미지를 긍정적으로 바꾸도록 조언해 주는 직업이다.

퍼스널 쇼퍼(Personal Shopper)는 고객의 스타일, 직업, 나이, 체형, 경제 수준, 구매 성향 등을 종합적으로 파악하여 가장 적합한 상품을 추천하는 직업을 말한다. 연예인에게 입을 옷을 골라 입히는 코디네이터처럼 잘 어울리는 상품을 추천하는 직업군이다.

이런 직업들은 사람을 정확하게 파악할 수 있고 사물이나 상황을 보는 안목이 좋은 사람에게 추천할 만하다.

2. 메이크업 아티스트가 하는 일

메이크업 아티스트는 화장을 통해 아름다움을 추구하는데, 상황과 분위기에 따라 메이크업을 달리한다. 고객의 요구와 얼굴 특성에 따라 화장을 하며, 메이크업이 끝나면 머리 모양이나 의상과 잘 어울리는지 확인하고 화장법에 대해 조언하기도 한다.

메이크업의 영역은 목적에 따라 매우 다양하다. 아름다움을 목적으로 행하는 뷰티 메이크업, 방송 · 영화를 위한 TV · 영화 메이크업, 웨딩 메이크업, 광고 메이크업, 포토 메이크업, 패션 메이크업, 스테이지 메이크업, 바디페인팅(Body Painting), 판타지 메이크업, 특수 분장 등 개개인의 미적 표현에서부터 전문성을 요구하는 작업과 예술 작품 연출까지 그 분야가 매우 넓다.

처음에 메이크업 아티스트로 출발하여 특수 분장까지 그 영역을 넓히는 경우를 종종 찾아볼 수 있다. 뷰티 메이크업을 주로 하면서 배우의 메이크업을 담당하고, 자연스럽게 분장까지 맡게 되면서 보다 전문적인 특수 분장으로 발전하기도 한다. 물론 영화나 공연에서 특수 분장을 담당하기도 하고, 최근에는 컴퓨터 그래픽의 도움을 받아 분장의 효과를 더 극대화시키기도 한다.

- 고객의 요구에 따라 머리 모양, 의상, 얼굴 특성과 잘 어울리도록 화장을 한다.
- 고객의 얼굴형이나 피부색 등을 고려하여 이에 어울리는 화장법에 대해 조언한다.
- 가발, 수염, 물감, 분 등의 분장용 재료와 화장품을 사용하여 출연자의 신체적 특성에 따라 분장한다.
- 패션쇼, CF 촬영, 카탈로그 등에 나오는 모델에게 메이크업한다.
- 영화나 연극의 등장인물은 작품의 주제에 맞게 메이크업한다.
- 메이크업이 끝나면 헤어, 의상 등과 조화가 잘 이루어졌는지 점검한다.
- 일반인을 대상으로 가족사진, 기념사진 등을 촬영하기 위해 메이크업해 주거나 취업 준비생, 연예인 지망생에게 면접, 오디션을 위한 메이크업을 한다.

특수 분장이 무엇일까?

영화, 연극을 비롯하여 방송, 광고 등에서 배우가 맡은 배역의 특성을 특별히 강조하거나 실제처럼 보이도록 3차원적 효과를 내는 분장을 특수 분장이라고 한다. 특히 공포 영화나 공상 과학 영화에서 배우에게 특수 분장을 하면서, 자연스럽게 배경이나 분위기를 살리는 특수 효과도 함께 발전해 왔다. 최근 특수 분장이나 특수 효과는 영화, TV드라마, 연극, 뮤지컬, 광고 등에서 없어서는 안 될 전문 분야로 자리를 잡고 있다.

3. 메이크업 아티스트에게 필요한 능력

메이크업 아티스트는 사소한 것까지 주의 깊게 보고 처리할 수 있는 꼼꼼함이 있어야 하며, 최신 경향과 변화에 빠르고 유연하게 적응하는 성격에게 좋은 직업이다. 어려운 상황에서도 자기 자신을 통제할 수 있는 통제 능력을 갖고 새로운 아이디어를 산출하거나, 어떤 문제를 해결하기 위해 기발한 아이디어나 대안을 생각해 내는 능력이 있다면 더할 나위가 없다. 자세하게 관찰하여 가장 적절하게 사람의 신체에 예술적인 표현을 하는 직업군이기에 예술적이고 탐구하는 것에 흥미를 잃지 않도록 노력해야 한다. 다른 직업군에 비해 소수의 사람들과 일하는 환경이기 때문에 조용히 혼자 일하는 성향을 지녔다면 도전해 볼 만한 직업군이다.

메이크업이나 분장은 사람들의 눈을 사로잡고 진실처럼 믿게 해야 한다. 그러므로 시력이나 안목도 좋아야 하고 정교한 동작을 통해 섬세하게 표현할 수 있어야 한다. 그래서 손재능과 유연성이 함께 갖춰진 사람에게 유리하다. 특히 분장에서는 창의력이 있어야 한다. 화장이나 분장은 음악, 미술, 무용 등과 같은 예술 분야와 디자인에 대한 지식을 고르게 갖춰야 하는 직업이다. 그러므로 관련 지식을 익히고 실기 능력에 대한 교육과 훈련을 꾸준히 해야 한다.

메이크업 아티스트는 사람의 신체에 손이나 손가락을 이용하여 복잡하고 정교한 작업을 하는 직업이다. 그러므로 평소 손으로 하는 정교한 동작을 연습해 보는 것도 도움이 된다. 메이크업은 시간 관리도 중요하다. 아무리 좋은 작품도 공연이나 행사 시간을 맞추지 못하면 문제가 심각해진다. 평소 여러 사람들을 비교 관찰하는 연습을 해 두는 것도 도움이 된다.

4. 메이크업 아티스트와 관련된 학과 및 자격증

- **관련 학과:** 뷰티아트과, 코디메이크업과, 미용분장학과, 분장예술학과, 메이크업학과, 피부미용과, 미용예술학과, 미용과 등
- **관련 자격:** 미용사(메이크업), 피부미용사 등

5. 메이크업 아티스트의 직업 전망

앞으로 얼마 동안 메이크업 아티스트의 고용은 약간 증가할 것으로 보인다. 사람들

메이크업 아티스트와 관련 있는 직업

메이크업 아티스트와 관련 있는 직업으로는 이용사, 미용사, 피부 관리사, 다이어트 프로그래머, 네일 아티스트, 특수 분장사, 애완동물 미용사, 목욕 관리사, 이미지 컨설턴트, 패션 어드바이저, 퍼스널 쇼퍼 등이 있다.

의 생활 수준이 높아지면서 외모와 이미지 관리에 대한 관심이 커지고 있다. 특히 외모를 아름답게 가꾸는 데 돈을 아끼지 않고 투자하는 사람들도 늘어나고 있다. 또한 규칙적인 메이크업을 받음으로써 자신만의 개성을 표출하고 아름다움을 유지하려고 노력하는 일반인이 증가하고 있다. 예전에는 졸업식이나 결혼식 등의 특별한 행사 때에만 메이크업을 받았으나, 근래에는 본인에게 잘 어울리는 화장법과 관리법을 배우려는 사람들이 늘어나고 있다.

일반적인 뷰티 메이크업이 늘어나는 추세라면, 전문적인 특수 분장은 영역별로 전문화되고 있다. 영화나 공연을 위한 특수 분장과 함께 특화되고 있는 분야가 바디페인팅이다. 바디페인팅은 메이크업과 달리 새로운 것을 창작하는 작가적 성격을 지니고 있어 각종 대회를 통해 자신의 실력을 발휘하며 전문 작가로 활동하는 경우도 있다. 무엇보다 메이크업 아티스트는 화장과 분장을 모두 할 줄 아는 것이 좋으며 헤어 디자인 실력은 물론 의상 디자이너, 코디네이터까지 겸비한다면 전망이 매우 밝다고 할 수 있다.

최근에는 메이크업 아티스트가 코디네이터뿐만 아니라 네일아트, 스킨케어, 체형 관리까지 겸하는 경우가 조금씩 늘고 있다. 따라서 메이크업 아티스트를 준비하면서 다른 일도 함께 배워 두면 취업 가능성을 높일 수 있고, 취업 이후에도 활동 분야를 넓혀 나갈 수 있다.

메이크업 아티스트에게 필요한 지식수준은?

메이크업 아티스트는 다양한 지식 분야보다는 메이크업이나 분장에 도움이 될 만한 분야의 지식을 중심으로 공부하고, 예술과 심리와 같은 분야의 실제 경험들을 쌓도록 해야 한다. 지식보다는 경험이 매우 중요한 직업군이다.

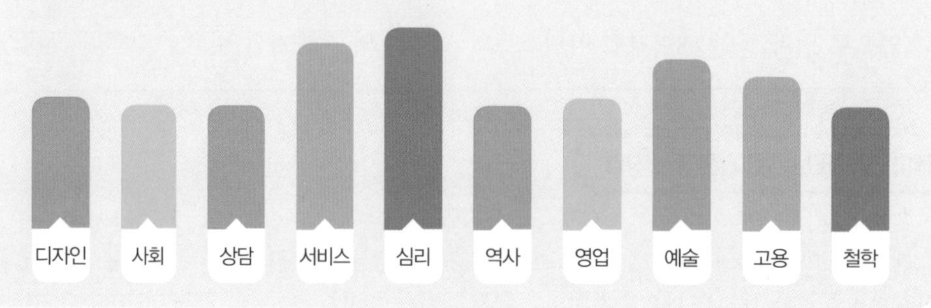

메이크업 아티스트

메이크업에 대해 체계적으로 공부하려면 대학의 뷰티 관련 학과에 진학하는 것도 좋겠지만, 미용 고등학교나 특성화고등학교의 미용 관련 학과에 진학하여 실질적인 경험을 쌓는 것도 중요하다. 메이크업 아티스트는 경험과 손재능이 주를 이루기 때문에 메이크업에 대한 경험과 실기 능력을 빨리 쌓는 것이 도움이 된다.

미용고등학교, 특성화고등학교, 대학의 미용 관련 학과가 개설되어 있으므로 메이크업, 피부 관리, 헤어 디자인 등 미용과 관련된 다양한 분야의 교육을 전문적으로 받을 수 있다. 업무 특성상 헤어 디자이너, 의상 코디네이터 등과 함께 어울려 일할 때가 많으므로 이들 분야까지 다양하게 알아 두면 도움이 된다. 또한 메이크업은 신체에 행해지는 종합 예술이기 때문에 평소에 미술, 디자인, 색채 등과 관련된 분야를 공부해 두면 좋다.

미용 관련 숍에서 일하는 경우가 대부분이지만 웨딩 전문 숍, 화장품 회사, 방송국이나 다양한 매체의 분장실 등에서 일하기도 하고, 프리랜서로 활동하거나 화장품 판매를 목적으로 고객에게 메이크업을 해 주는 경우도 있다.

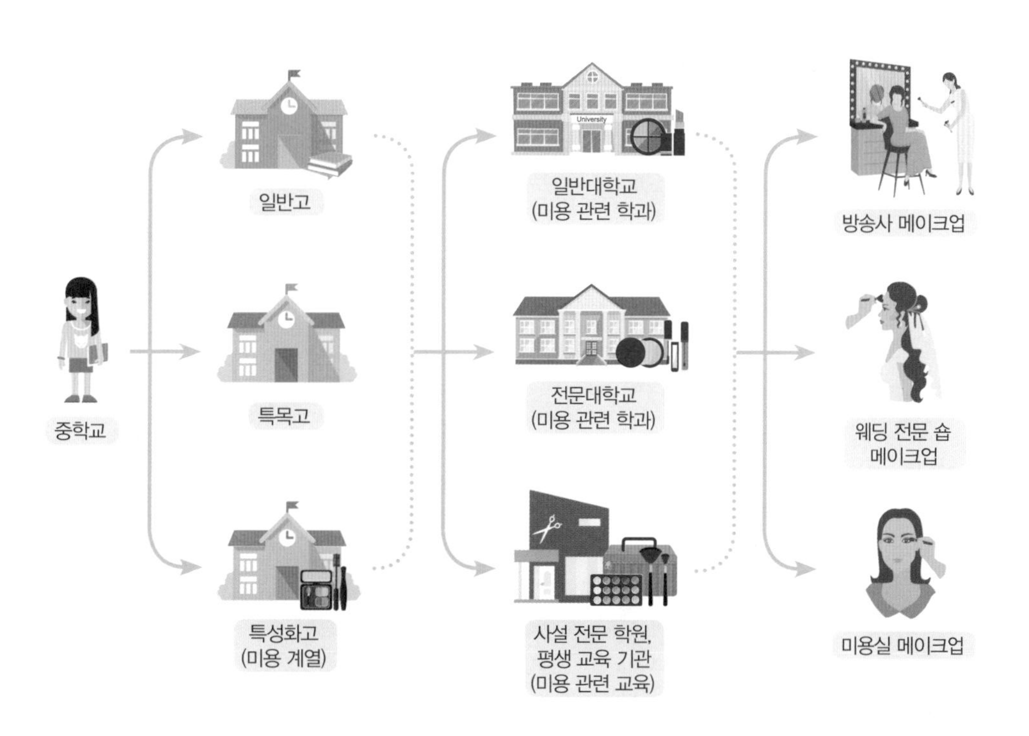

△ 메이크업 아티스트의 커리어 패스

대학교 관련 학과

뷰티아트과

뷰티아트는 미용학이라고도 하는데, 크게 피부 관리, 메이크업, 헤어 디자인, 네일아트 등으로 구분된다. 피부 관리는 피부의 구조와 기능을 이해하고 피부에 따른 유형과 관리법, 피부 관리 기기의 이용법을 익힌다. 메이크업은 시간이나 장소, 목적에 맞는 화장법, 체형 및 결점을 보완하고 개성 있는 얼굴을 표현하는 방법을 공부한다. 헤어 디자인은 헤어 스타일의 연출, 모발 관리와 관련된 기술을 익힌다. 네일아트는 손톱의 건강을 유지하고 인조 손톱이나 매니큐어 등을 예술적으로 응용하여 아름다움을 추구하는 영역이다.

진출 직업

네일 아티스트, 다이어트 프로그래머, 메이크업 아티스트, 미용사, 분장사, 예체능 계열 교수, 웨딩 플래너, 이미용 강사, 특수 분장사, 패션 코디네이터, 피부 관리사, 의상 디자이너, 헤어 디자이너 등

관련 학과

미용분장학과, 뷰티미용학과, 뷰티케어과, 한방피부미용학과, 미용과학과, 피부미용학과, 향장미용학과, 메이크업디자인학과, 미용예술학과, 뷰티디자인전공, 뷰티예술전공, 뷰티학과, 한방피부미용학과, 향장뷰티산업학과 등

자격 및 면허

피부미용사,
미용사, 미용장,
피부관리사, 메이크업분장사,
체형관리사, 컬러코디네이터,
건강관리사, 미용실기교사,
미용기능사, 컬러리스트산업기사,
메이크업, 컬러리스트, 네일아트,
발건강관리사, 스포츠마사지,
분장 관련 자격 등

★기업체★
미용학원, 웨딩 관련 업체, 광고업체, 방송국, 분장 관련 업체, 백화점, 화장품 제조업체 등

★학교★ 미용 관련 고등학교 및 대학교

★자영업★
피부 관리실, 미용실, 네일 숍, 체형 관리실, 두피 모발 관리실 등

아름다움에 대한 관심이 남다르고 다른 사람과 차별되는 개성과 아름다움을 중시하는 사람이라면 재미있게 공부할 수 있다. 꼼꼼하고 세심하게 피부와 머리를 다룰 수 있어야 하므로 손재능이 좋으면 더욱 유리하다. 졸업 후 대부분 서비스업에 종사하기 때문에 배려심이 있고 사람들과 어울리는 것을 좋아한다면 도전해 볼 만하다. 무엇보다 사람을 아름답게 꾸몄을 때 보람을 느끼는 성향을 지닌 청소년에게 좋다.

중·고등학교
학교생활 포트폴리오

★동아리 활동★

연극, 뮤지컬, 방송 등과 관련된 동아리에서 분장이나 화장의 임무를 맡아 활동해 보는 것이 좋다. 색감이나 이미지 관리와 관련된 활동을 하는 것도 도움이 된다.

★봉사 활동★

페이스 페인팅, 바디 페인팅 등의 행사에서 봉사 활동을 하며 경험을 쌓는 것이 좋다.

★독서 활동★

디자인, 색감, 질감, 조소, 공예 등의 미술 관련 도서를 읽고, 그림을 통해 메시지를 전달하는 작품 설명집을 즐겨 읽도록 한다.

★교과 공부★

깊이 있는 미술 공부는 기본이며, 음악, 철학, 인문학, 역사 등의 영역도 소홀히 하지 않도록 해야 한다.

★교내 활동★

학교 행사, 축제 등에서 제작진이나 스텝으로 활동해 보는 것이 좋다. 특히 패션쇼나 페이스 페인팅 등의 행사는 자주 경험하는 것이 좋다.

★교외 활동★

네일숍, 웨딩숍, 미용실, 바디 페인팅 대회, 공연장 등 관련된 업체나 행사장에서 아르바이트를 해 보는 것이 좋다. 각종 경험을 통해 본인이 느끼는 직업 만족도를 점검해 본다.

※페이스 페인팅, 연극, 학교 축제 등과 관련된 활동으로 수상 경력이 있다면 도움이 될 수 있다.

04 뮤지컬배우

1. 뮤지컬배우의 세계

판소리 무형 문화재인 외할아버지의 끼와 재능을 물려받아 어렸을 때부터 남달랐던 뮤지컬배우가 있다. 바로 차지연에 대한 얘기다. 그녀는 3살 때부터 국악 신동이라고 불렸으며 10년 동안 국악을 배우며 여러 방송에도 출연했지만, 가정 형편이 어려워 국악을 접게 되었다. 그래도 노래하는 게 좋아 가수가 되려고 여러 소속사도 찾아다니고 오디션도 봤지만 7년 동안 돈만 소비하고 사기도 당했다고 한다. 가수의 꿈을 접고 충무로의 한 은행에 비정규직으로 취직하여 근무하던 중 대학 동문으로부터 뮤지컬 출연 제안을 받았다고 한다. 맡은 배역의 출연료가 은행 월급보다 많다는 소리에 뮤지컬에 출연한 것이 뮤지컬배우로 활동하는 계기가 되었다.

이와 달리 연극배우, 개그맨, 드라마배우, 영화배우 등을 거쳐 뮤지컬배우로 성장한 경우도 있다. 정성화는 고등학교 때 응원단장을 하며 성대를 단련한 것이 뮤지컬배우로 성장하는 계기가 된 것 같다고 한다. 그는 1993년에 연극배우로 데뷔하고 1994년에 한 방송사에 개그맨으로 뽑혀 활동하다가 2001년부터는 뮤지컬배우로 활동하고 있다.

뮤지컬배우는 춤과 노래를 통해 연극을 하는 배우이다. 즉, 자신의 몸을 악기로 사용하여 관객에게 희로애락을 느끼게 하고 즐거움을 주는 역할을 한다. 음악은 연주하는 악기가 있지만 뮤지컬배우는 온 몸이 악기라서 자신의 몸을 잘 관리하고 유지하면서 생활하는 것이 매우 중요하다. 뮤지컬배우의 악기란 연기, 노래, 춤을 일컫는 표현이며, 연극배우가 연기로 관객에게 즐거움을 선사한다면, 대사는 줄이고 노래와 춤을 주로 사용하여 연극하는 것이 뮤지컬배우가 하는 역할이다. 연극에서는 대본이 중요하지만 뮤지컬에서는 노래와 춤이 중요하며, 무엇보다 상황에 알맞은 노래를 창작해야 뮤지컬이 완성될 수 있다. 무대 위에서 관객과 직접 호흡하는 면에서는 연극과 비슷하지만, 연극은 대사를 중심으로, 뮤지컬은 노래를 중심으로 이야기를 이끌어가는 점이 다르다.

음악과 춤과 노래로 전개되는 뮤지컬의 역사는 조금 짧은 편이다. 19세기 미국에서 코미디나 해학이 들어간 희극이 유행하였는데, 여기에 유럽에서 발달한 작은 규모의 오페라인 오페라타를 접목하여 뮤지컬 코미디라는 장르가 탄생하게 되었다. 이것이 발전하여 현재의 뮤지컬이 되었으며, 우리나라에서는 1960년대부터 뮤지컬 공연이 시작되었다. 1990년대에 브로드웨이의 유명한 뮤지컬을 수입해 공연하면서 대중적으로 자리잡게 되었고 이후 창작 뮤지컬도 활발하게 제작되었다. 뮤지컬이란 장르가 대중에게 친숙해지고 관객이 몰리면서 뮤지컬배우를 꿈꾸는 사람도 늘고 있다.

그것이 알고 싶다 '뮤지컬 BIG 4'에 대해 알아볼까?

오페라의 유령, 레미제라블, 캐츠, 미스사이공을 흔히 '세계 4대 뮤지컬'이라고 말하는 경우가 있다. 이는 영미권에서 전 세계적으로 흥행했던 '뮤지컬 BIG 4'를 우리말로 잘못 번역하면서 4대 뮤지컬로 부르게 된 것이다.

- **오페라의 유령(The Phantom of the Opera)**: 천상의 목소리를 가졌으나, 흉한 외모의 가면을 쓴 신사가 오페라의 예쁜 여주인공을 사랑하게 되는 프랑스 소설을 원작으로 한 뮤지컬로 1986년 영국에서 첫 공연되었다.
- **레미제라블(Les Miserables)**: 빵을 훔친 죄로 19년 동안 죄수로 지낸 장발장의 운명을 다룬 소설을 원작으로 한 뮤지컬로 1985년 영국에서 첫 공연되었다.
- **캐츠(Cats)**: 30여 마리의 고양이로 분장한 배우들이 아크로바틱, 탭댄스 등으로 다채로운 쇼를 하는 뮤지컬로 1981년에 영국에서 첫 공연되었다.
- **미스사이공(Miss Saigon)**: 베트남 전쟁 속에서 베트남 여인과 미군 장교의 아름답고 비극적인 사랑 이야기를 그린 뮤지컬로 1989년에 영국에서 첫 공연되었다.

2. 뮤지컬배우가 하는 일

뮤지컬배우는 작품이 결정되면 그 작품의 시대적 배경, 인물, 사상, 역사 등에 대해 자료를 수집하여 분석한다. 그래야 자신이 맡은 인물을 깊이 있게 이해할 수 있기 때문이다. 맡은 인물의 성격, 버릇, 동작 등을 면밀하게 조사한 후 실감나도록 연기하기 위해 수없이 반복하여 연습한다. 특히 중요한 것이 노래와 춤이므로 본인이 맡은 노래와 춤을 익숙해질 때까지 연습한다. 부분적인 연습이 마무리되면 전체 출연자들과 함께 연기하는 연습을 한다. 전체 연습에서는 배경 음악이나 음향, 조명 등도 함께 맞추어 본다. 관객도 참여할 수 있는 장면을 계획적으로 기획하여 삽입하기도 하고, 최근에는 관객석에 직접 들어가서 관객 바로 앞에서 자연스럽게 공연하는 경우도 있다.

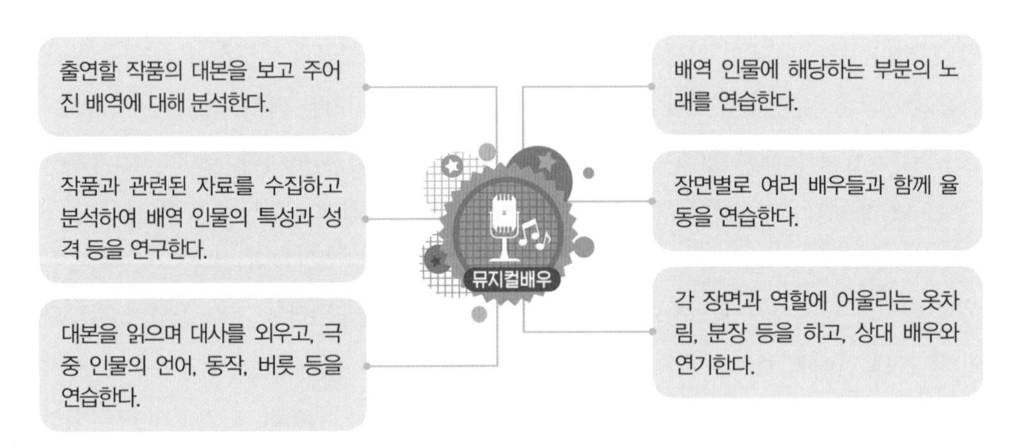

뮤지컬배우는 극단이나 뮤지컬 기획사에 소속되어 활동하거나, 프리랜서로 일하기도 한다. 대개 뮤지컬 작품마다 오디션을 통해 배역을 맡게 된다. 역할이 정해지면 대본을 읽어 가며 스토리를 익히고, 대사를 외우고 춤과 노래 연습을 시작한다. 일반적으로 개인 연습, 팀 연습, 중요한 장면별 연습, 총연습을 진행한다. 작품에 따라 몇 개월 정도의 연습 기간이 필요하며, 장기 공연의 경우 공연이 끝날 때까지 6개월 이상 소요되기도 한다.

뮤지컬배우와 관련 있는 직업으로는 가수, 영화감독, 연극배우, 영화배우, 방송 연출가, 연극 연출가, CF 감독, 웹 방송 전문가, 음반 기획자, 성우, 모델, 탤런트, 개그맨, 쇼핑 호스트, 리포터, 기상 캐스터, 아나운서 등이 있다.

프리랜서란 어떻게 일하는 사람일까?

프리랜서(Free-Lancer)는 중세 서양에서 어떤 영주에게도 소속되지 않고 자유롭게(free) 돈을 벌기 위해 여기저기 다니면서 창을 들고 싸우는 창기병(lancer)에서 유래한 단어이다. 일정한 집단이나 회사에 소속되지 않고 활동하는 직업군을 뜻할 때 주로 사용한다. 특별한 사항에 대해 그때마다 계약하고 일하는 자유 계약을 뜻하는 경우도 있고, 아예 자신의 판단에 따라 독자적으로 일을 하는 사람을 가리키는 용어로도 사용된다.

기자, 배우, 저널리스트, 영화 평론가, 아나운서, MC, 해설가, 음악가, 작곡가, 작가 등의 직업군에 프리랜서가 많이 있다.

3. 뮤지컬배우에게 필요한 능력

뮤지컬배우는 혼자 일하기보다는 사람들과 함께 일하는 것을 좋아하며 사람들과의 유대 관계가 좋은 활발한 성격에 적합하다. 책임감을 갖고 창의적인 일에 도전해 보려는 진취적인 성향의 소유자에게도 잘 어울린다. 스트레스를 잘 이겨낼 수 있어야 하고 다른 사람의 비판에도 지혜롭게 대처할 줄 알아야 한다. 이 직업군은 노래와 춤이 기본적으로 갖추어져야 하기 때문에 신체적인 능력과 음악에 대한 흥미와 재능이 있어야 한다.

예술적 형태를 창조해 내는 신체적 · 언어적 활동에 흥미가 있는 예술형의 사람에게 어울린다. 자유로우며 체계화되지 않은 활동을 선호하는 경향이 있으며, 자신에게 분명하고 체계적이고 질서 정연한 활동들을 싫어하는 성향이 있으면 도전해 볼 만하다. 생물학적인 동작이나 문화적 현상에 대해 호기심을 가지고 관찰하는 것을 즐기며, 상징적이고 창조적인 활동에 흥미를 느끼는 청소년에게도 어울리는 직업군이다.

신체의 균형을 유지하면서 몸을 많이 사용하는 직업으로 유연성과 균형 감각이 있어야 한다. 자신의 위치를 파악하고 공간을 올바르게 인지하는 능력이 중요하게 작용한다. 다른 사람들이 말하는 것을 집중해서 듣고 상대방이 말하려는 요점을 이해할 수 있어야 한다. 또한 가창력과 음악적 표현 능력, 표정이나 몸짓으로 표현하는 무용 능력이 중요하게 작용하는 직업군이다.

단어나 문장, 대사와 노랫말 등에 대한 기억력이 좋아야 하고, 새로운 것을 쉽게 배우고 활용할 줄 아는 능력이 있으면 좋다. 다른 사람의 행동에 맞추어 적절하게 대응하는 행동 조절 능력과 신호에 빠르게 반응하거나 신체를 재빨리 움직일 수 있는 반응 능력이 필요한 직업이다. 무엇보다 주어진 주제나 상황에 따라 독특하고 기발한 아이디어로 대응할 줄 아는 창의력과 상황 판단 능력이 요구되기도 한다.

4. 뮤지컬배우와 관련된 학과 및 자격증

- **관련 학과:** 방송연예과, 실용음악과, 생활음악과, 음악학과, 국악전공, 성악과, 연극영화학과, 뮤지컬학과, 연극학과, 영화전공, 연극전공, 연기전공 등
- **관련 자격:** 뮤지컬배우는 경험과 능력이 있으면 할 수 있는 직업군으로 특별한 자격이 필요하지 않다.

5. 뮤지컬배우의 직업 전망

외국에서 흥행한 뮤지컬이나 대형 창작 뮤지컬이 관객에게 큰 호응을 얻기도 하지만, 최근에는 대학로 등의 중소 규모 공연장에서 공연하는 작품들이 늘어나고 있다. 관객층도 남녀노소 전 연령층으로 확대되고 있으며, 창작 뮤지컬에 대한 관심과 투자도 조금씩 늘고 있다. 또한 창작 뮤지컬이 한류와 더불어 해외 시장으로 진출하여 큰 인기를 얻으면서 뮤지컬배우의 일자리에도 긍정적인 영향을 미칠 것으로 보인다. 실제로 뮤지컬 '명성황후'는 세계에서 주목받고 있는 우리나라의 창작 뮤지컬로 1997년 최초로 브로드웨이에 진출한 이후 약 20년 동안 세계 여러 나라에서 호평을 받고 있다. 과거에는 몇 명의 스타급 배우에게 배역이 한정되던 것과는 달리, 다양한 분야에서 실력을 겸비한 새로운 뮤지컬배우들에게도 많은 기회가 주어지고 있다.

뮤지컬배우에게 필요한 지식수준은?

뮤지컬배우는 예술적인 지식이 기본이 되어야 하고 심리학, 철학, 역사 등을 익혀 두면 작품을 이해하는 데 도움을 받을 수 있다. 다양한 분야의 지식과 경험이 필요하며, 특히 뮤지컬을 하는 동료 배우나 제작진과의 의사소통 능력을 키우고 미디어에 대한 지식을 쌓는 것도 소홀히 하지 말아야 한다.

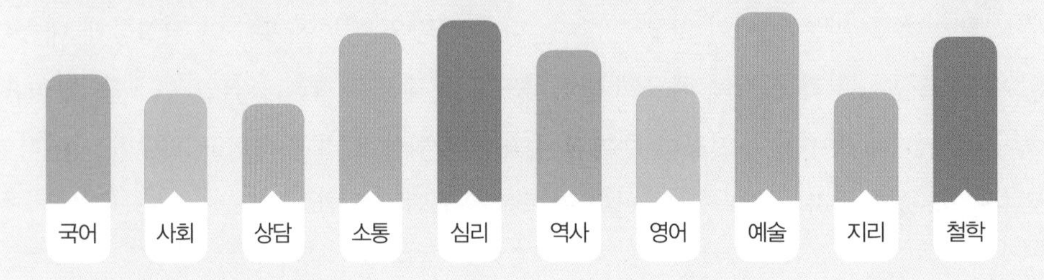

뮤지컬배우

대학에서 연극, 영화, 뮤지컬, 무용, 성악 등을 전공하거나 사설 학원에서 뮤지컬배우의 자질을 키워 나가는 사례가 많다. 최근에는 뮤지컬학과가 개설된 대학도 있으며, 이곳에서는 발성이나 호흡, 뮤지컬 음악을 배우고, 현대 무용, 발레, 재즈 댄스 등을 익히며 연기 실력을 기른다.

교육 기관으로는 예술고등학교와 대학의 실용음악학과, 뮤지컬학과, 성악 관련 학과, 사설 교육 기관 등이 있다. 드럼, 피아노, 베이스 등의 악기 연주와 작 · 편곡, 컴퓨터 음악, 보컬 등에 대한 전문 이론 및 실기를 배워 두면 좋다. 뮤지컬배우는 가창력이 있어야 하므로 보컬 과정이 개설된 사설 교육 기관에서 호흡, 발성, 보컬 훈련 등을 교육받는 사람도 있다.

예술 극단이나 뮤지컬 기획사에서 서류 전형과 오디션을 거쳐 뮤지컬배우를 뽑는 경우가 많다. 수차례에 걸쳐 춤, 노래, 연기 실력을 평가하고 이 중에서 뛰어난 사람을 뮤지컬배우로 선발한다. 가끔은 적합한 배역을 추천받아 섭외되기도 하지만, 최고의 배우가 아닌 이상 대부분 오디션을 거쳐야 한다. 따라서 언제든지 오디션에 임할 수 있는 실력을 갖추기 위해 꾸준하게 연습하고 여러 면에서 자기 개발을 해야 성공할 수 있는 직업이다.

연기 실력을 겸비한 가수나 노래 실력을 갖춘 연기자가 뮤지컬배우로도 활동하는 것을 쉽게 볼 수 있다. 뮤지컬을 소화하기 위해서는 춤, 노래, 연기 실력은 물론 끼와 재능도 요구되기 때문이다. 더불어 관객에게 보여 주는 직업이기 때문에 균형 잡힌 몸과 강인한 체력은 필수이다.

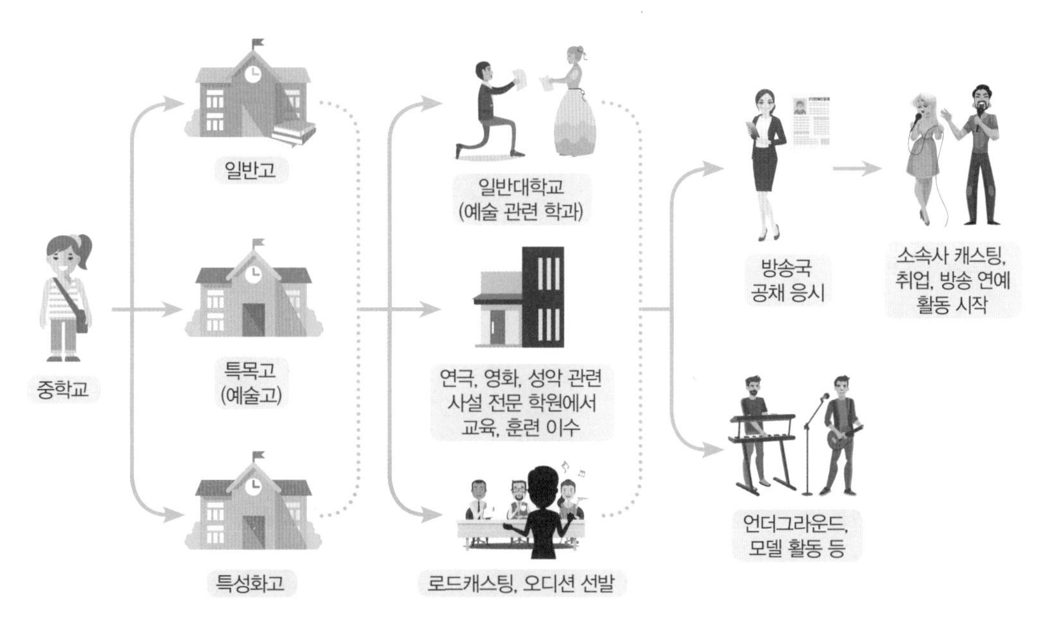

△ 뮤지컬배우의 커리어 패스

뮤지컬학과

뮤지컬학과에서는 춤, 노래, 연기 모두가 중요한 전공 영역이다. 다양한 작품을 공부하며 공연에 적합한 이론과 실기를 바탕으로 장래 엔터테이너로서 인성과 능력을 기른다. 기초 연기를 통해 상대 배우와 호흡하는 법, 감정을 표현하는 법, 정확한 발음과 발성법 등을 배운다. 춤, 노래, 제작 실습 등을 기본적으로 익힌다.

가수, 개그맨, 게임 기획자, 공연 기획자, 공연 제작 관리자, CF 감독, 리포터, 모델, 방송 기자, 방송 작가, 성우, 아나운서, 연극 · 영화 및 방송 기술 감독, 연극배우, 연극 연출가, 연예인 매니저, 영화감독, 영화배우 및 탤런트, 영화 시나리오 작가, 영화 제작자, 예체능 계열 교수, 잡지 기자, 촬영 기자, 파티 플래너, 편집 기자, 평론가 등

관련 학과

공연방송연예학과, 공연영상학과, 공연예술무도학과, 공연예술학과, 방송연예과, 방송연예학과, 연극학과, 연극뮤지컬과, 연기과, 성악과, 연극영화학과, 영화연극학과

중·고등학교
학교생활 포트폴리오

★동아리 활동★

연극, 음악, 성악, 뮤지컬, 방송 등의 동아리 활동을 통해 경험을 쌓는 것이 중요하다. 직접 출연하지 못한다면 기획하는 경험을 쌓는 것도 좋다.

★봉사 활동★

오페라하우스, 공연장 등에서 봉사 활동을 하거나, 경로당, 어린이집 등에서 동아리 공연을 기획하여 실제로 공연을 올려 본다.

★독서 활동★

예술, 철학, 역사, 지리 등과 관련된 다독을 권하며, 더불어 유명한 뮤지컬 공연 작품에 대해 알아 두도록 한다.

★교과 공부★

폭넓은 지식이 필요한 만큼 다양한 분야를 두루 공부하며, 특히 예체능, 사회, 역사, 미디어, 외국어 등을 중요하게 공부한다.

★교내 활동★

학급 활동이나 학생회 활동을 통해 학교 축제, 발표회, 뮤지컬, 연극 등을 기획하고 공연하는 경험을 쌓는 것이 좋다.

★교외 활동★

체력이 중요하며, 유명한 뮤지컬, 연극, 공연 등은 꼭 관람한다. 틈틈이 여행을 하여 생활의 시야를 넓히고 사람들과 함께 하는 시간을 많이 갖도록 한다.

※뮤지컬, 연극, 음악 등의 활동과 관련된 수상 경력이나 대외 활동 경력이 도움이 된다.

자격 및 면허

영사기능사, 무대예술전문인, 영상연출전문인, 영상촬영전문인, 영상편집전문인, 연극치료사, 피아노조율기능사(산업기사), 레크리에이션지도사, 피아노실기지도사, 멀티미디어콘텐츠제작전문가, 웹디자인기능사, 컴퓨터그래픽스운용기능사 등

진출 분야

★기업체★
방송국, 신문사, 잡지사, 멀티미디어 콘텐츠 제작 업체, 인터넷 콘텐츠 기획 및 제작 업체, 영화 제작사, 극장 및 극단, 기업체 홍보실, 이벤트 업체, 오락 및 연예 기획사 등

★학교★ 고등학교 음악 교사 및 강사, 대학교 교수 등

★중앙 정부와 지방 자치 단체★
국립극장, 문화 예술 관련 공무원, 시립 및 도립 공연장 등

★자영업★
기획사, 극단, 프리랜서 등

적성 및 흥미

노래와 춤을 좋아하고 가창력이 좋아야 한다. 물론 가창력이 좋지 않지만 제작자로 진출하기 위해 선택하는 청소년도 있다. 공연 및 영상 예술에 관심이 많고, 개성과 창의력, 미적 감각, 예술적 감수성, 풍부한 표현력 등이 요구된다. 연기 전공자들은 문화 예술적인 소양과 끊임없는 자기 변신의 노력, 연기에 대한 정열, 자기 재능을 발휘하고자 하는 의욕 등이 필요하다. 자신을 스스로 통제할 수 있는 자기 관리 능력이 있으면 좋다.

05 바리스타

1. 바리스타의 세계

우리나라 사람들의 주식은 무엇일까? 당연히 밥이 주식이라고 알고 있겠지만, 최근 우리의 식문화가 달라지고 있다. 2013년에 질병관리본부가 실시한 '국민건강영양조사'에 따르면 밥을 먹는 횟수보다 커피를 마시는 횟수가 더 많다고 한다. 이 조사에서 19세 이상 성인의 주당 쌀밥 섭취 횟수가 7.0회, 김치가 11.8회로 나타났고, 커피는 12.3회로 단일 음식 가운데 1위를 기록했다. 일반 식당에서 공깃밥 한 그릇이 보통 1천 원, 일반 카페에서 커피 한 잔이 보통 2~5천 원인 걸 감안하면 우리의 식생활에도 많은 변화가 온 것으로 보인다.

커피 수입량과 커피 시장 규모도 매년 늘어나 관세청의 통계를 보면 커피 수입량은 1990년 이후 매년 최대치를 경신하고 있고, 원두커피 전문점도 꾸준히 늘고 있다.

우리의 일상에서 필수 기호 식품이 된 커피를 다루는 커피 전문가를 바리스타라고 한다. 한 잔의 맛있는 커피를 만들기 위해 바리스타는 심사숙고하여 원두를 선택하고 에스프레소를 추출하여 완성된 커피를 고객에게 전달한다. 바리스타는 칵테일을 만드는 바텐더와 구분해서 주로 커피를 만드는 전문가를 가리키며, 좋은 원두를 선택하고 커피 머신을 완벽하게 활용하여 고객의 입맛에 맞는 커피를 만드는 일을 한다.

이탈리아어로 '바(Bar) 안에서 만드는 사람'이란 뜻의 바리스타는 우리나라에서는 그 역사가 매우 짧다. 1896년 아관파천 때 고종 황제가 처음으로 커피를 접했다고 전해지며, 1901년에 호텔식 다방이 생겨났다고 한다. 1950년대에 미군을 통해 커피가 대중화되었고 1978년에 커피자판기가 등장하였다. 최근 바리스타가 주로 다루는 원두커피는 1999년 스타벅스 1호점(이화여대점)이 오픈하여 에스프레소 전문점 시대를 열면서 마시게 되었다.

그것이 알고 싶다 커피의 종류에는 무엇이 있을까?

원두커피는 원두 추출 원액인 에스프레소에 무엇을 혼합했느냐에 따라 종류가 달라진다. 에스프레소를 얼마나 잘 추출하고, 다른 혼합물을 어떻게 섞어 주느냐에 따라 커피의 맛과 향이 달라진다.

- **에스프레소:** 원두에서 추출한 원액 상태의 커피
- **아메리카노:** 에스프레소에 다량의 물을 섞은 커피
- **에스프레소 마끼아토:** 에스프레소에 우유 거품을 올린 커피
- **카페라테:** 에스프레소에 따뜻한 우유를 많이 채우고 우유 거품을 올린 커피
- **카푸치노:** 에스프레소, 따뜻한 우유, 우유 거품을 비슷한 양으로 채운 커피
- **카페모카:** 에스프레소에 초콜릿시럽을 약간 넣고 따뜻한 우유를 붓고 휘핑크림을 올린 커피

2. 바리스타가 하는 일

바리스타는 고객의 요구에 따라 가장 맛있는 커피를 만들어 내는 전문가이다. 원두를 잘 골라 특유의 향을 갖도록 섞는 블렌딩(Blending)을 한 후 이 원두를 볶아내는 로

스팅(Roasting) 과정을 거친다. 원두가 로스팅 과정을 거치면서 600여 가지 이상의 다양한 화학물질이 생성되는 것으로 알려져 있다. 로스팅한 원두를 갈아 내는 그라인딩(Grinding) 과정을 거쳐 커피가루에 적당량의 물을 통과시킴으로써 커피원액인 에스프레소를 추출한다. 커피머신을 사용하지 않고 로스팅한 원두를 직접 갈아 깔때기에 넣고 직접 물을 부어 원액을 추출하는 핸드드립 방식으로 커피를 내리기도 한다.

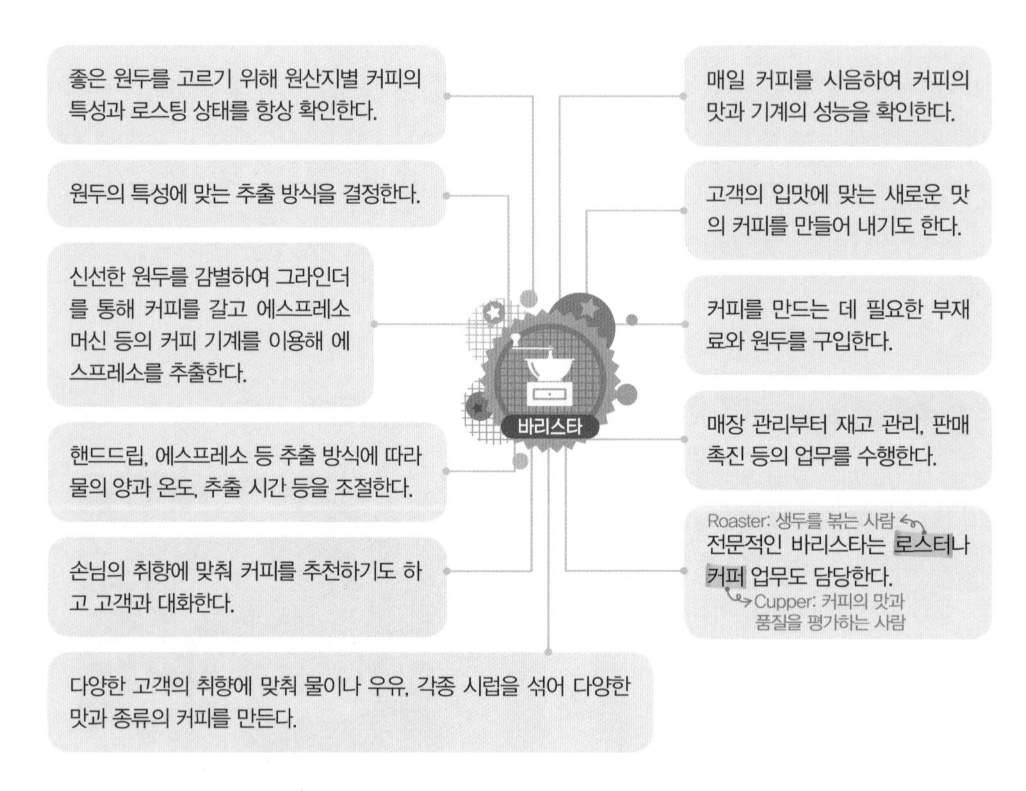

일반적으로 바리스타는 완성된 커피를 직접 고객에게 전달한다. 제조업인 것 같으면서도 동시에 서비스업의 성격도 지닌 직업군이다. 바리스타는 손님의 취향에 맞춰 커피를 추천하기도 하고 때로는 고객과 안부를 주고받으며 친분을 쌓기도 한다. 좋은 재료를 선택하여 최고의 맛을 낸다는 점에서는 요리사와 비슷하고, 고객을 직접 대한다는 점에서는 소믈리에와 비슷하다.

바리스타와 관련 있는 직업

바리스타와 관련 있는 직업으로는 한식 조리사, 중식 조리사, 양식 조리사, 푸드 스타일리스트, 단체 급식 조리사 등이 있다.

소믈리에는 무슨 일을 할까?

소믈리에(Sommelier)는 포도주를 관리하고 추천하는 일을 하는 직업을 가진 사람으로, 중세 유럽에서 식품 보관을 담당하는 솜(Somme)이라는 직책에서 유래하였다. 영어로는 와인 캡틴(Wine Captain) 또는 와인 웨이터(Wine Waiter)라고 부른다. 19세기경 프랑스 파리의 한 음식점에서 와인을 전문으로 담당하는 사람이 생기면서 현재와 같이 발전하였다. 복장은 흰색 와이셔츠, 검은색 바지와 조끼, 넥타이 등을 갖추고 앞치마까지 착용하는 것이 일반적인 규정으로 알려져 있다.

3. 바리스타에게 필요한 능력

바리스타에게 기본적으로 요구되는 것은 커피에 대한 관심과 열정이다. 스스로 커피를 만들고 마시는 걸 좋아하지 않는다면 일을 오래 지속하기 힘들다. 예술적 형태를 창조해 내는 신체적 활동과 자유로우며 체계화되지 않은 활동들을 선호하는 예술적 성향의 사람에게 어울린다.

미각이나 후각이 다른 사람보다 잘 발달되어 있으면 출발이 순조로울 수 있다. 바리스타를 요리사에 비유하는 것은 커피 추출도 요리의 과정으로 보기 때문이며, 무엇보다 커피 맛을 정확하게 감별해 낼 수 있어야 한다. 시간과 환경에 따라 계속 달라지는 원두의 상태를 정확히 판단하려면 재료에 대한 이해도가 높아야 한다. 에스프레소 머신을 다루기 때문에 간단한 기계 조작 능력과 손재능이 있는 사람에게 추천할 만하다. 고객의 취향과 날씨 등에 맞춰 커피 맛을 조절하는 순발력과 집중력도 필요하다.

이런 조건들은 결국 꾸준한 연습을 통해 연마가 가능하다. 바리스타는 반복된 경험과 꾸준한 노력 말고는 달리 실력을 키울 방법이 없다. 커피 관련 전문가들이 하나같이 바리스타의 가장 중요한 조건으로 끈기와 성실함을 꼽는다. 또한 바리스타는 개인이 작업하는 경우가 많기 때문에 혼자서 일하는 것을 선호하는 사람에게 어울리는 직업군이다.

4. 바리스타와 관련된 학과 및 자격증

- **관련 학과:** 커피바리스타학과, 식품조리학과, 제과제빵과, 호텔조리과, 호텔외식조리과, 전통조리과 등
- **관련 자격:** 바리스타가 되기 위해 특별한 자격이 필요하지는 않지만, 조주기능사 자격이나 커피 관련 협회나 교육원의 사설 자격시험이나 수료증이 있으면 도움이 된다.

5. 바리스타의 직업 전망

우리나라에 등록된 커피 전문점은 대략 2~3만 곳 정도로 추산된다. 주스와 디저트 등을 함께 파는 복합매장이나 레스토랑, 일반 음식점까지 포함하면 커피 판매 업소는 5만여 곳까지 늘어난다. 한 업체에 바리스타가 2명씩만 근무한다고 계산해도 전국에 10만여 명이 일하고 있는 셈이다.

국내 커피 시장이 이미 포화 상태라고 표현하는 전문가도 있으나, 여전히 창업자들이 선호하는 아이템으로 커피 전문점을 주저 없이 선택한다. 커피 전문점이 계속 늘고 있기 때문에 직업적인 면에서 보면 꾸준하게 수요가 있을 것으로 전망된다.

대기업 계열 프랜차이즈 커피 전문점들도 지속적으로 바리스타를 채용하고 있다. 저마다 수백 개의 매장을 전국에 운영 중인 이들 업체는 평균 2,000~3,000명 정도의 바리스타를 필요로 한다. 특히 커피 문화가 대중화되고 고객의 기대 수준도 높아지면서 프랜차이즈 업체들이 커피 품질 관리를 위한 전문 인재를 모셔 가는 경우도 늘어나고 있다. 다만 대부분 초기에는 급여가 낮고 업무가 힘들어 전문적인 실력을 쌓기도 전에 그만두는 경우가 많다. 이 시기를 성실하게 보내면서 전문성과 기술력을 갖추어 나간다면 바리스타로서 경쟁력을 높일 수 있을 것이다.

바리스타에게 필요한 지식수준은?

바리스타는 커피 · 음료와 관련된 지식의 이해 수준이 높아야 한다. 이와 함께 식품, 요리, 조리는 물론이고 화학 관련 지식이 높아야 하며 고객 서비스를 제공하는 데 필요한 관련 지식을 쌓는 데 열심히 노력해야 한다.

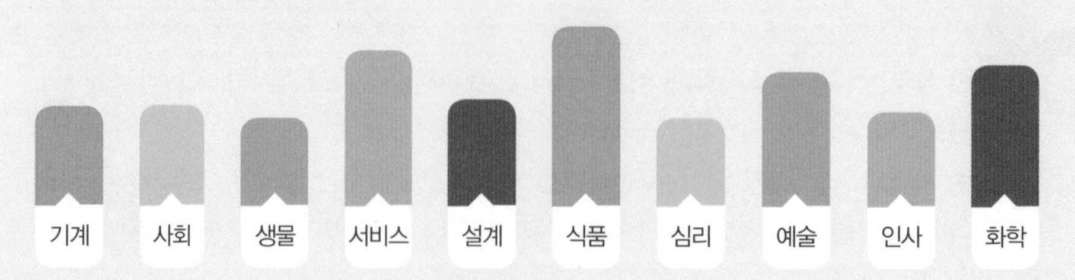

바리스타

바리스타는 레스토랑, 카페, 커피전문점 등에서 일하며, 전문 교육 과정을 이수하면 취업할 때 유리하다. 커피를 마시는 고객의 입맛 변화와 커피전문점의 증가로 바리스타에 대한 관심이 높아지고 있으며, 대학에도 관련 학과가 많이 신설되었다. 물론 사회 교육원, 여성 인력 개발 센터, 사설 학원 등에서도 몇 개월 과정의 이론과 실습을 통해 교육받을 수 있다. 국가공인자격증은 없으며, 일부 교육 기관에서 수료증으로 바리스타를 증명하기도 한다. 요즘에는 커피만 판매하지 않고 케이크, 빵, 과자 등의 디저트와 함께 판매하는 전문점이 많이 생기기 때문에 제과제빵이나 간단한 쿠킹 능력도 함께 익혀 두는 것이 좋다.

프랜차이즈 카페의 경우 정해진 매뉴얼에 따라 매장 관리의 기초부터 카페 운영 전반까지 차근차근 배울 수 있다. 업체마다 음료 레시피와 접객 노하우 등이 이미 완성되어 있기 때문에 단기간에 체계적이고 효율적인 교육이 가능하다. 반면 직접 로스팅을 하는 개인 숍에선 커피 추출과 관련하여 보다 심층적인 공부를 할 수 있다. 레시피에 따라 기계적으로 음료를 만드는 것이 아니라 특정한 커피 맛을 내는 원리와 과정을 자세히 탐구할 수 있는 기회가 상대적으로 많기 때문이다.

카페에서 실무를 익히기 전에 이론과 실기를 먼저 배우는 방법도 있다. 대학교 학과에서부터 대학 부설 평생교육원은 물론 각종 아카데미와 사설 학원 등에서도 바리스타 교육이 이뤄진다. 사설 학원의 경우 일정 조건을 갖추면 국비를 지원받을 수 있는 프로그램도 있다.

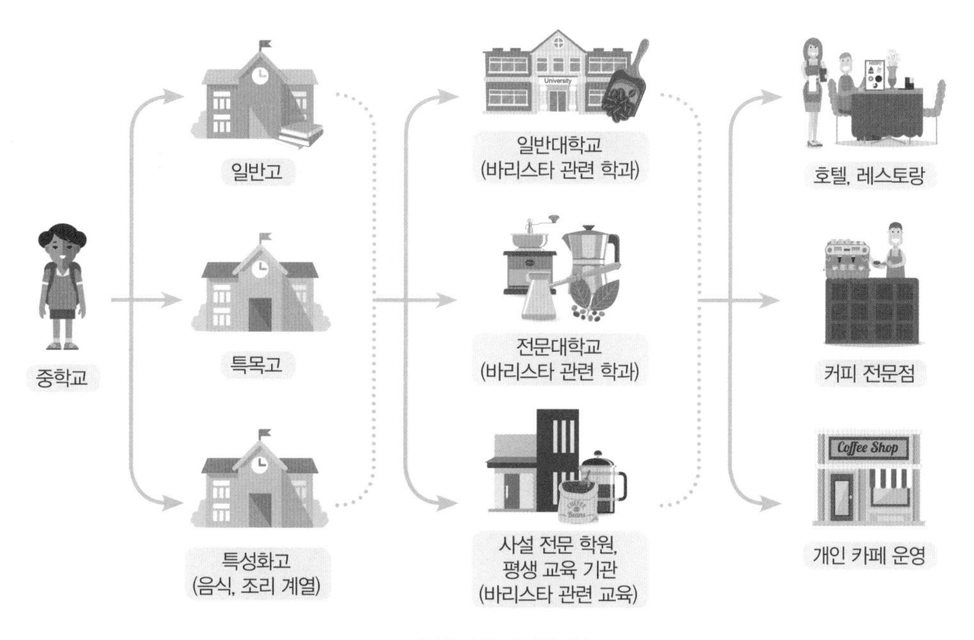

△ 바리스타의 커리어 패스

커피바리스타학과

노년층과 독신 인구의 증가, 여성의 사회 진출 증가 등은 식생활에 상당한 영향을 미치고 있으며, 국내 식문화의 발달과 변화, 서구화로 인해 다양한 먹거리 문화가 발전하고 있다. 커피바리스타 학과에서는 커피에 대한 관심과 수요를 충족시키고자 체계적인 전문 교육을 실시하고 있으며, 현장 실무 중심의 교과 과정을 운영하고 있다.

고객 상담원, 김치 및 밑반찬 제조 종사원, 단체 급식 조리사, 바리스타, 바텐더(조주사), 소믈리에, 양식 조리사, 요리 강사, 일식 조리사, 자연 계열 교수, 제빵원 및 제과원, 중식 조리사, 푸드 스타일리스트, 한식 조리사 등

적성 및 흥미

좋은 원두를 선택하여 고객의 입맛에 맞는 커피를 만드는 것이 중요하다. 커피의 맛과 멋을 느끼고 즐길 수 있어야 하며, 고객 만족을 추구하는 서비스 정신이 필요하다. 기계 관리 및 원리 등에 대한 이해와 응급 대처 능력도 요구되고, 좋은 재료를 사용해서 좋은 식품을 만들어 낸다는 자부심이 있어야 한다.

중·고등학교
학교생활 포트폴리오

자격 및 면허

실습교사,
조리기능사,
조주기능사, 조리산업기사,
식품산업기사, 식품기사,
커피바리스타, 바텐더,
소믈리에 등

진출 분야

★기업체★
호텔 및 고급 레스토랑, 커피 전문점,
커피 제조업체, 커피 관련 유통업체, 음료 및
식품 관련 업체, 외식 관련 업체 등

★학교★
고등학교 방과 후 학교 강사, 대학교 교수 등

★자영업★
커피 전문점, 제과점 등

관련 학과

호텔커피바리스타과,
커피바리스타제과과,
커피바리스타전공, 제과제빵과,
식품조리과, 호텔조리학과,
호텔외식조리과, 전통조리과,
외식산업학과, 외식영양학과, 조리과학과,
바리스타&소믈리에과, 식품영양학과,
외식조리제빵전공, 조리부사관과,
푸드스타일링전공 등

★동아리 활동★

요리, 커피, 제과제빵 등의 음식 관련 동아리 활동을 통해 경험을 쌓는 것이 중요하다. 정기적인 대외 활동을 통해 직접적인 경험을 쌓는다.

★봉사 활동★

커피 전문점에서 경험을 쌓아 개인적인 봉사 활동을 하거나, 경로당, 어린이집 등을 방문하여 요리를 도와주는 활동을 해 본다.

★독서 활동★

요리, 커피, 제과제빵 등의 음식 관련 도서를 즐겨 읽고, 예술이나 자기 계발과 관련된 책을 읽는 것을 권장한다.

★교과 공부★

음식과 관련된 지식이 필요한 만큼 가정 과목에 신경을 쓰고 팀 활동을 자주 한다.

★교내 활동★

방과 후 학교 수업이나 동아리에서 바리스타, 소믈리에, 요리 등과 관련된 활동으로 실력과 경험을 쌓는다.

★교외 활동★

끈기와 노력이 중요한 만큼 체력을 유지하는 데 힘써야 한다. 커피 전문점에서 아르바이트도 하고, 직접 쿠키나 빵을 만들어 보는 경험을 쌓는 것이 좋다.

※요리, 서비스 등과 관련된 수상 경력이나 대외 활동 경력이 도움이 된다.

06 보석 디자이너

1. 보석 디자이너의 세계

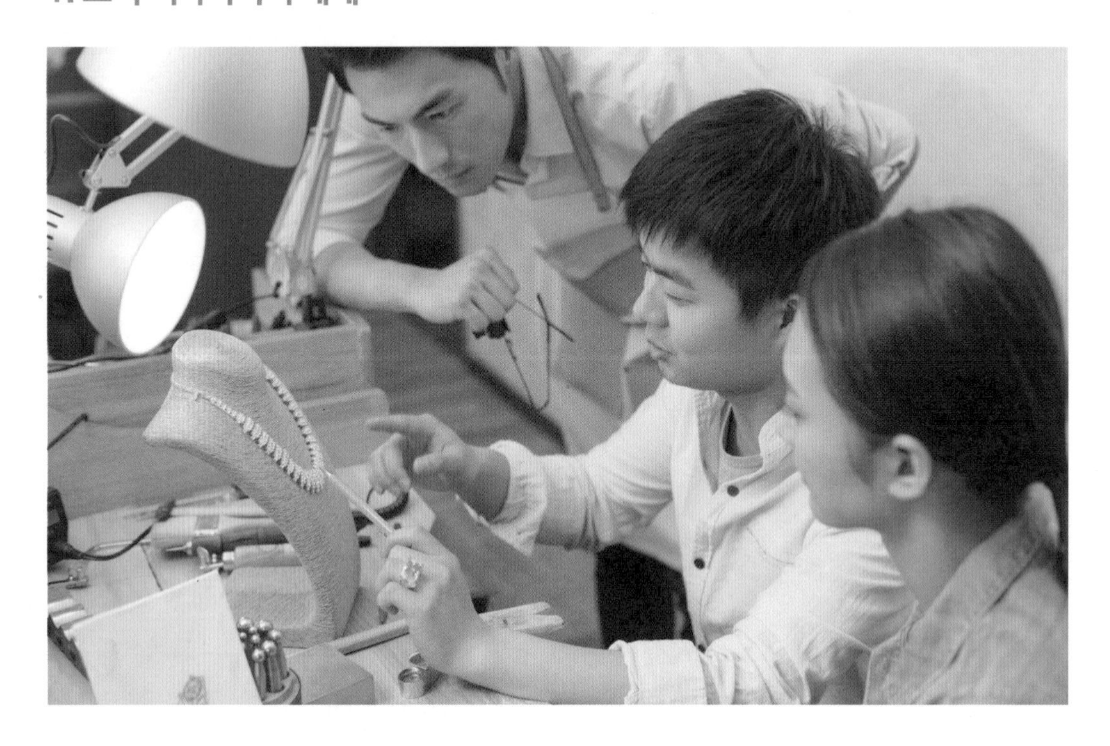

1932년 미국의 디트로이트에서 태어난 케네스 제이 레인(Kenneth Jay Lane)은 10대에 패션 디자인에 빠져들었다. 대학에서 건축학을 공부하다가 '로드 아일랜드 스쿨 오브 디자인(Rode Island School of Design)'이라는 유명 디자인 학교로 옮겼고, 졸업 후에는 뉴욕에서 명품 브랜드에 소속되어 구두를 디자인했다. 그는 인조 다이아몬드가 박힌 구두를 만들다가 보석에 눈을 뜨면서, 구두에 사용했던 가죽과 인조 보석을 사용하여 첫 작품으로 팔찌를 만들었다.

1962년부터 보석 디자이너로 독립하여 본격적으로 활동하였다. 몇 년 동안 각종 액세서리 보석 작품을 납품하는 유명 디자이너로 명성을 얻었다. 그의 '페이크 주얼리(Fake Jewelry)'에 많은 사람들이 열광하였고, 오드리 헵번, 엘리자베스 테일러, 낸시 레이건, 다이애나 왕세자빈, 재클린 케네디 오나시스, 그레타 가르보 등이 고객이 되었다. 그는 자수정과 산호, 호박과 터키석, 사파이어와 토파즈를 섞어서 사용하는 감각을 돋보이며 기존의 디자이너에게서는 찾아보기 힘든 독창적인 작품들을 쏟아냈다. 가짜 보석을 고급 패션 아이템으로 끌어올린 세계적인 보석 디자이너는 안타깝게도 2017년 7월 우리 곁을 떠났다.

그것이 알고 싶다 페이크 주얼리란 무엇일까?

페이크(Fake)는 모조, 가짜, 위조품이란 뜻으로 페이크 주얼리(Fake Jewelry)는 값싼 모조 보석으로 된 액세서리를 의미한다. 브로치나 팔찌 등에 많이 쓰이며, 패션과 잘 어울려서인지 사람들에게 많은 사랑을 받고 있다. 이와 비슷한 말로 정크 주얼리(Junk Jewelry)도 있다. 정크(Junk)가 잡동사니, 폐품을 뜻하니 폐품 보석, 모조 보석 액세서리를 의미한다.

보석 디자이너는 귀금속과 보석을 이용하여 각종 액세서리와 장신구를 아름답고 실용적으로 디자인하고 제작하는 일을 한다. 다양한 소재와 보석, 귀금속을 이용해 보석 액세서리를 만드는 직업이다. 보석 디자이너는 장신구에 쓰이는 소재를 분석할 줄 알아야 하고, 유행의 흐름을 파악하고 있어야 한다. 창조적인 직업이기 때문에 아이디어를 얻기 위해 액세서리는 물론 패션 및 문화 전반에 대한 관심과 이해가 필요하다. 이와 함께 보석 제작 기술과 유통, 판매 등에 대한 전반적인 지식이 필요한 직업이다.

금이나 은과 같은 귀금속, 수정이나 다이아몬드와 같은 보석, 진주나 조개껍데기 같은 귀한 재료를 금속과 가죽 등에 결합시켜 화려한 장신구를 디자인하고 만들어 온 역사는 꽤나 길다. 인간의 문명이 발전하면서 자연스럽게 장신구나 액세서리도 발달하게 되었다. 예전에는 재력과 권력을 과시하려는 목적으로 장신구를 화려하게 만들었다면, 근래에 와서는 착용하는 사람의 이미지, 액세서리의 기능, 패션과의 어울림 등이 훨씬 강조되는 형태로 발전하고 있다. 일반적으로 디자인과 제작을 함께 수행하기도 하지만, 디자인만 담당하는 경우도 있다.

2. 보석 디자이너가 하는 일

보석 디자이너는 잡지나 전시회, 매장 등을 직접 돌면서 디자인 트렌드를 파악하고 국내외 시장을 조사하여 상품성 있는 디자인을 조사한다. 제품을 구상하고 아이디어를 스케치하고 보석과 귀금속 등 소재를 결정한다. 그림이나 그래픽 프로그램을 이용하여 색감과 질감에 따라 실물처럼 디자인한다. 보석과 금속의 표현 기법을 활용하여 반지, 목걸이, 팔찌, 귀걸이, 브로치 등 다양한 액세서리의 최종 디자인을 완성한다. 세밀한 가공 작업이 가능하도록 치수를 표시한 도면을 작성하여 검토와 승인을 받는다.

보석 디자이너라고 해서 꼭 액세서리를 직접 디자인하고 제작하기만 하는 것은 아니다. 회사에 취직해 디자이너로 일하거나 상품 기획을 담당하는 경우도 있다. 교육이나 홍보, 또는 디자인 강의를 하는 경우도 있다. 그러나 만들기를 좋아하는 디자이너들은 결국 공방을 운영하거나 자신의 브랜드를 개발하고 유지하기 위해 노력한다.

렌더링이란 무엇일까?

렌더링(Rendering)은 평면에 그린 2차원의 그림을 조명, 색감, 질감, 위치 등을 고려하여 3차원의 실물처럼 사실적으로 보이도록 하는 그래픽 프로그램 용어다. 간단하게 그리는 것을 스케치라고 한다면, 이러한 스케치를 바탕으로 입체적인 실물처럼 보이도록 색감과 질감을 표현한 그림을 렌더링이라고 할 수 있다. 당연히 그래픽 프로그램을 사용할 줄 알아야 렌더링을 할 수 있다.

보석 디자이너와 관련 있는 직업

보석 디자이너와 관련 있는 직업으로는 제품 디자이너, 가구 디자이너, 자동차 디자이너, 팬시 및 완구 디자이너, 가방 디자이너, 신발 디자이너, 휴대폰 디자이너, 조명 디자이너, 패션 디자이너, 속옷 디자이너, 텍스타일 디자이너, 인테리어 디자이너, 디스플레이어 등이 있다.

3. 보석 디자이너에게 필요한 능력

보석 디자이너는 어떤 문제를 해결하기 위해 창의적이고 혁신적인 아이디어를 낼 줄 아는 능력이 있으면 좋다. 변화에 적응이 뛰어나고 각양각색의 다양함에 대하여 개방적이고 융통성이 있어야 한다. 한번 도전한 성취 목표에 대해 노력해 가는 진취적인 성격에 적합하며 섬세함과 집중력이 좋은 사람이 도전해 볼 만한 직업군이다.

액세서리나 장신구와 같은 새로운 제품을 디자인하고 제작하는 직업이기 때문에 예술성, 즉 아름다움이나 패션에 대한 흥미가 있어야 한다. 물론 자신만의 콘셉트를 위해 주변의 사물과 자연, 역사와 유물, 철학과 사상 등에 대한 탐구심이 있어야 발전할 수 있다. 여러 사람들과 어울려 작업하기보다는 혼자 작업할 때가 많다는 점을 염두에 둔다면 스스로 계획하고 작업하며 성취욕을 느끼는 사람에게 추천할 만하다.

디자이너답게 그림을 그리거나 작도하고 스케치하는 디자인 능력과 예술에 대한 폭넓은 지식을 갖추어야 한다. 디자인을 바탕으로 제품을 제작하고 이해하려면 공예에 대한 기초 지식도 필수이다.

액세서리나 장신구의 몸체는 금, 은, 철, 구리 등 아주 다양하다. 이런 재료를 액세서리 모양으로 만들기 위해 다양한 도구와 연장을 사용해야 한다. 손으로 하는 작업이다 보니 보석 디자이너들은 온 몸이 상처투성이다. 손을 베이거나 찍히고 불에 덴 상처도 생긴다. 이는 건강하고 신체 능력이 좋아야 버틸 수 있는 직업이라는 의미이기도 하다. 아무리 창의력과 예술성이 뛰어나도 신체 능력과 손재능이 갖추어져야 지속적으로 자신의 업무를 수행할 수 있다.

보석 디자이너는 보석을 디자인하는 것은 물론 보석을 판매하거나 감정하기도 한다. 보석에 대해 폭넓은 지식을 갖추고 보석의 가치를 판별할 수 있는 안목을 갖추도록 꾸준히 노력해 나가야 한다.

4. 보석 디자이너와 관련된 학과 및 자격증

- **관련 학과:** 산업디자인학과, 공예학과, 귀금속주얼리과, 귀금속디자인전공, 패션디자인학과, 공업디자인학과, 디자인공학과, 디자인학과, 생활제품디자인학과, 조형디자인학부, 생산디자인전공, 제품디자인전공, 시각디자인학과 등
- **관련 자격:** 취업을 위한다면 제품디자인산업기사, 제품디자인기사, 귀금속가공산업기사, 보석가공기능사, 보석감정사, 기술사 등이 필요하지만 자신의 공방을 운영한다면 실무 능력이 가장 중요하다.

5. 보석 디자이너의 직업 전망

앞으로 보석 디자이너의 고용 수준은 현재 상태를 유지할 것으로 전망하고 있다. 액세서리나 장신구에 아름다움과 의미 또는 가치를 부여하여 경쟁력을 높이려는 디자인이 중요하게 떠오르면서 디자이너 역할이 점차 커지고 있다. 경제 상황에 따라 많은 영향을 받긴 하지만 이와 별도로 생활에 여유가 생기면서, 패션의 일부로 보석을 취급하는 사람들이 늘어나면서 고정적인 시장 규모가 계속 이어질 것으로 보인다.

또한 값비싼 보석이나 귀금속을 이용한 장신구도 인기가 있지만, 중저가의 인조보석을 이용하여 생활 속의 각종 제품을 디자인한 상품의 구매층도 늘어나고 있는 추세이다. 보석 디자이너도 패션 디자이너나 헤어 디자이너와 같이 트렌드를 읽어 내고 잘 활용하여 사람들에게서 좋은 평판을 이끌어내는 능력이 매우 중요하다. 디자인 분야에 종사하는 사람은 소비자의 반응에 따라 그 능력이 평가되고 그 자체가 수입과 연관되기 때문에 자기 계발을 지속적으로 하며 경쟁력을 갖출 수 있도록 노력해야 한다.

귀금속이나 보석은 여전히 사치품으로 여겨지기 때문에 세금이 추가 부과되어 소비를 억제하는 어려움이 있을 수 있다. 그 동안 기계화와 자동화가 꾸준히 이루어졌고 향후에도 그래픽 프로그램과 3D프린터가 활용되면서 고용은 줄어들 수 있으나, 개인이 제작하는 공방 형태는 늘어날 것으로 전망하고 있다. 산업 구조가 대량 생산에서 다양한 디자인 중심의 소량 생산으로 변화되면서 사람들의 다양한 요구에 맞는 수공예 인력에 대한 수요가 늘어나고 있고, 액세서리나 장신구 제작을 문화 상품으로 발전시켜 관광 상품으로 활용하고 있어 일자리가 조금씩 늘 것으로 기대된다.

Tip+ 보석 디자이너에게 필요한 지식수준은?

보석 디자이너는 의사소통 능력과 디자인 능력이 우수해야 한다. 당연히 제품의 제조 공정에 대한 지식이 있어야 하고, 무엇보다 보석 디자인에 대한 전문적인 지식과 훈련된 능력이 기본이 되어야 한다.

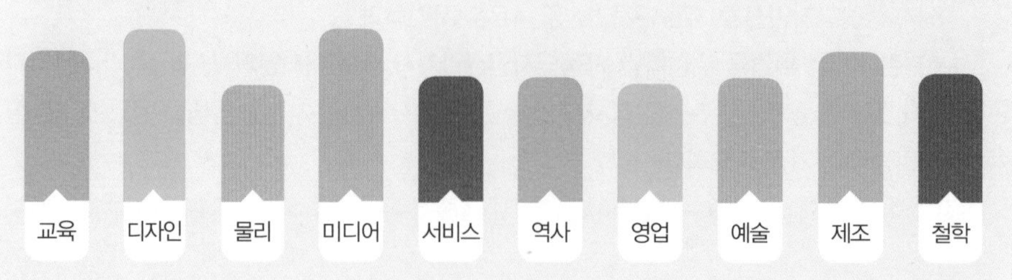

보석 디자이너

보석 디자이너가 되려면 체계적인 교육과 훈련이 필요하다. 현재 활동 중인 디자이너들은 대부분 귀금속 디자인 관련 학과를 졸업한 후 활동하고 있다. 물론 해외에서 디자인을 공부하고 국내에 들어와 활동하는 사람도 있으며, 일부이긴 하지만 디자인 관련 사설 교육 기관에서 배우고 취업하는 경우도 있다. 무엇보다 액세서리나 장신구에 대한 감각이 남달라야 하고, 디자인 아이디어를 위해 패션과 문화 예술 전반에 대한 관심이 필요하다.

대학의 귀금속 관련 학과 및 디자인학과, 산업디자인학과, 시각디자인학과 등에 진학하여 체계적으로 보석 디자인, 귀금속 디자인, 가공과 세공을 익히는 것이 좋다. 하지만 대학까지 가지 않더라도 보석이나 귀금속 가공과 관련한 사설 교육 기관에서 실무 위주의 교육을 받고 취업에 도전할 수도 있다. 그렇지 않으면 특성화고등학교인 한국주얼리고등학교에 입학하여 실전을 쌓고 직업을 탐색해 보는 것도 좋다. 칠보 공예, 귀금속 공예, 보석 공예, 가죽 공예, 금속 공예 등 공예와 관련된 직종에서 경험을 쌓으며 디자인 공부를 병행하여 보석 디자이너가 되기도 한다.

보석이나 귀금속의 특성을 잘 파악하여 다른 재료와 어울리게 하는 능력이 있어야 한다. 그리고 대중문화와 패션 동향을 전하는 미디어 관련 지식과 경험도 중요하고, 이러한 트렌드를 아름다운 디자인으로 발전시키는 역할을 해야 하기 때문에 디자인에 대한 지식도 풍부하게 쌓는 것이 중요하다.

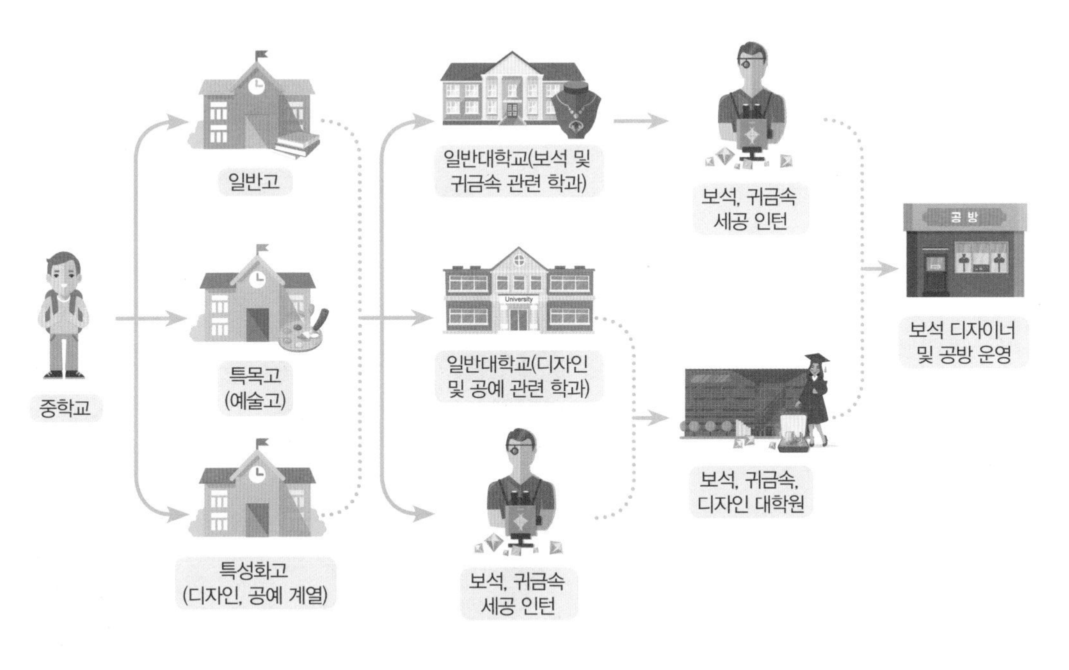

△ 보석 디자이너의 커리어 패스

공예학과

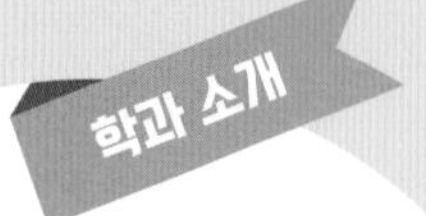

학과 소개

공예학과에서는 재료와 기술에 대한 전문적인 지식과 능력을 바탕으로 우리 생활에 사용되는 다양한 제품을 만든다. 공예는 수작업 방식으로 생산된다는 점에서 대량 생산에 의존하는 산업 디자인과 구분되며, 일상생활과 밀접한 공예품을 제작한다는 점에서 조각과 차이가 있다.

관련 학과

공예과, 공예디자인학과, 공예문화정보디자인학과, 귀금속보석공예학과, 귀금속주얼리학과, 금속공예학과, 도예학과, 도예유리과, 도자공예학과, 도자디자인학과, 디지털공예과, 세라믹디자인전공, 전통미술공예학과, 주얼리디자인비즈니스학과, 도예차문화과, 보석감정주얼리과, 생활도예과, 주얼리디자인학과 등

진출 직업

공예원, 미술 교사, 방과 후 교사, 예능 강사, 잡지 기자, 점토 공예가, 제품 디자이너, 팬시 및 완구 디자이너, 학예사(큐레이터), 한지 공예가, 금속 공예가, 미술품 감정사, 보석 디자이너 등

중·고등학교
학교생활 포트폴리오

★동아리 활동★

미술, 조소, 홍보, 방송 등 미술이나 방송과 관련된 동아리가 도움이 된다. 미술이 아니라면 제품을 디자인하거나 분석해 보는 동아리를 조직하여 활동해 본다.

★봉사 활동★

방송이나 영상을 통해 다른 사람들에게 만족감을 주는 활동, 포스터나 광고로 홍보하는 활동, 여러 사람들과 함께 소통하는 활동을 권한다.

★독서 활동★

예술, 철학, 역사, 사상, 디자인 등과 관련된 다독을 권하며, 더불어 유명한 광고나 예술 작품을 접하도록 한다.

★교과 공부★

폭넓은 지식이 필요한 만큼 다양한 분야를 두루 공부하며, 특히 예술과 디자인, 방송, 역사, 외국어 등에 좀 더 신경을 쓴다.

★교내 활동★

학생회를 통해 학교 행사의 기획과 홍보를 해 보거나, 방송반을 통해 규칙적인 홍보 기회를 갖는다.

★교외 활동★

사람들과 함께 다양한 제품을 접한 경험과 활동이 중요하게 작용한다. 체력이 닿는 데까지 유명한 전시회, 공연 등은 꼭 관람하고 틈틈이 여행하는 것이 좋다.

※미술을 비롯한 예술 작품 창작 활동, 제품 디자인이나 홍보 등과 관련된 수상 경력이나 대외 활동 경력이 도움이 된다.

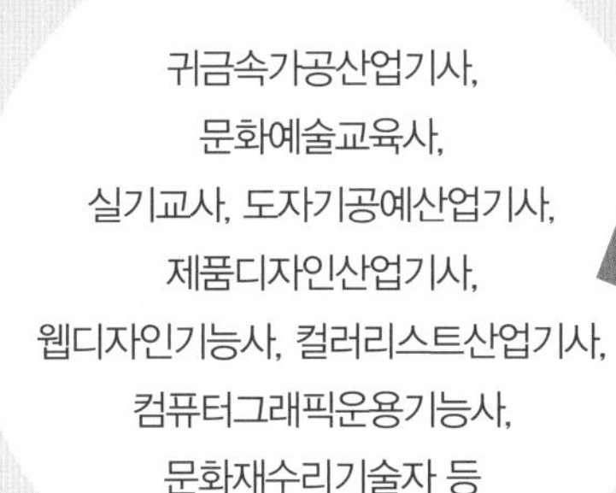

자격 및 면허

귀금속가공산업기사, 문화예술교육사, 실기교사, 도자기공예산업기사, 제품디자인산업기사, 웹디자인기능사, 컬러리스트산업기사, 컴퓨터그래픽운용기능사, 문화재수리기술자 등

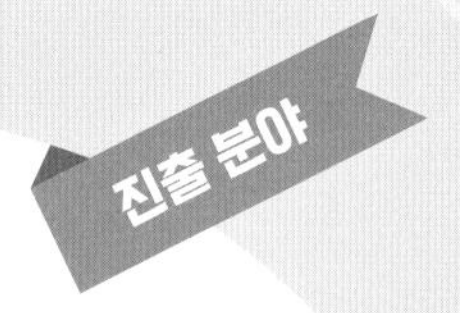

진출 분야

★기업체★
장신구류, 대형 금속 벽화 · 공예품 제작 업체, 공방, 미술관, 미술학원, 문구 · 완구업체, 가구 관련 회사, 광고 기획사 등

★연구소★
미술관이나 박물관 부설 연구소, 기업체 제품 개발 연구원 등

★학교★
공예 및 도예 전공 고등학교나 대학교, 유 · 초 · 중등학교 강사 등

★중앙 정부와 지방 자치 단체★
미술관, 박물관, 공예 및 예술 관련 공무원

★자영업★ 공방, 도예원, 프리랜서 등

적성 및 흥미

수작업으로 다양한 제품을 만드는 공예를 전공하기 위해서는 예술 감각은 기본이고 창의력과 자유로운 사고가 필요하다. 각종 재료 및 도구를 이용하여 제품을 만들기 때문에 손재능이 있어야 한다. 여러 사람들과 공동 작업을 하는 경우가 많으므로 협동심도 필요하다.

ARTISTIC • 예술형 A

07 사진작가

1. 사진작가의 세계

우리나라에서 가장 많이 알려진 사진작가는 누구일까? 아마도 연예인 사진을 많이 찍으면서 알려진 김중만 씨일 것이다. 그는 강원도 철원에서 태어나 소설가를 꿈꾸던 중학교 3학년 시절 소아과 의사인 아버지를 따라 이민을 갔다. 아버지는 의료 지원을 위해 1971년 당시 프랑스가 지배하던 아프리카 부르키나파소 공화국으로 갔으나, 그곳에는 그가 다닐 학교가 없어 1972년에 홀로 프랑스로 유학을 가야 했다.

니스 국립응용미술대학에서 서양화를 전공했지만, 사진에 반해 붓 대신 카메라를 들었다. 그는 서양화 한 점을 완성하려면 3개월이 걸리는데 사진은 암실에서 5분 만에 나오는 걸 보고 마음을 빼앗겼다고 회상한다. 돈이 없어 친구의 카메라로 사진을 찍었고, 1977년 프랑스 아를 국제사진 페스티벌에서 젊은 작가상을 받고 나서야 자신의 카메라가 생겼다고 한다. 만 23세에 프랑스에서 '오늘의 사진작가 80인'에 최연소로 선정되면서 유명세를 탔다.

이후 국내에 귀국해서 전시회도 가졌고 여러 사진집을 출판하기도 했다. 고래사냥, 괴물, 타짜 등의 영화포스터는 물론 1,000여 명에 이르는 유명 연예인의 사진을 찍는 등 그 실력을 널리 인정받았다. 2006년부터는 상업적인 사진 대신 한국의 아름다운 곳이나 문화재 등을 찍는 사진작가로 지내고 있다.

어떤 것도 보태지 않고 영원히 기억하고 싶은 순간만을 잘라내어 보관할 수 있게 하는 것이 사진이다. 퓰리처상을 수상한 보도 사진들처럼 단 한 장면에 인류의 아픔과 비극을 담아내기도 한다. 사진작가는 생활 속의 무수히 많은 다양하고 단순한 장면 중에서 기억할 만한 하나의 명장면을 예민한 감각으로 잘 포착해 내는 사람이라고 할 수 있다.

그것이 알고 싶다 퓰리처상이 무엇일까?

퓰리처상은 언론인 조지프 퓰리처(Joseph Pulitzer)의 유산 50만 달러를 기금으로 하여 1917년에 만들어졌다. 언론 분야는 14개 부문, 문학 · 드라마 · 음악 분야는 7개 부문으로 나뉘어 있다. 매년 4월에 미국의 컬럼비아대학교 언론대학원에 있는 퓰리처상 선정위원회가 수상자를 발표하고, 시상식은 5월에 컬럼비아대학교에서 열린다. 수상자에게는 1만 달러의 상금을 주고 공공 서비스 부문 수상자에게는 금메달을 수여한다. 요즘은 시대 흐름에 맞춰 사진 부문을 제외하고 온라인 콘텐츠를 수상 대상에 포함시키고 있다.

사진작가는 카메라를 이용하여 사진을 촬영하고 편집하여 하나의 작품을 완성하는 사람이다. 사진작가가 무엇을 찍고 왜 찍는지에 따라 인상 사진작가, 생태 사진작가, 광고 사진작가, 순수 사진작가, 보도 사진작가(사진기자), 라이브러리 사진작가 등으로 나뉜다. 찍는 사진의 쓰임에 따라 실용 사진작가와 창작 사진작가로 나눌 수도 있다.

사진은 프랑스의 화가이자 발명가인 다게르가 1839년 은판사진술을 완성한 이후에 지속적으로 발전해 왔다. 1881년에 롤필름이 등장하고 "버튼만 누르면 됩니다."라는 카피와 함께 1888년에 출시된 코닥 카메라는 사진기를 대중화시켰다. 이후 1981년에 소니사에서 디지털 카메라가 개발되고 사진기가 일반 사람들에게 보편화되면서 취미로 사진을 찍는 사람들이 많아졌다. 요즘은 스마트폰에 사진기가 내장되어 있어 누구나 사진작가라는 말이 있을 정도다.

2. 사진작가가 하는 일

사진작가는 촬영할 대상을 선정하여 작품 사진을 찍기도 하고, 사건사고 현장에서 보도용 사진을 찍기도 한다. 산이나 바닷가, 도시, 문화재 등의 현장을 답사하여 작품을 구상하고 대상이나 장소를 결정한다. 사진을 촬영하기 전에 대상물의 특징을 파악해서 거리와 구도를 결정한다. 그 다음으로 사진기의 각도와 조명, 초점, 노출 정도를 결정한다. 일반 사람들은 디지털 카메라나 스마트폰에서 자동으로 조정된 대로 찍지만 전문 사진작가는 경우에 따라 굉장히 세밀한 조정 작업을 거친다. 촬영이 끝나면 필름을 인화하거나 사진을 출력하여 작품을 골라 전시회를 열거나 사진집을 출판하기도 한다.

현장을 답사하여 작품을 구상하고 촬영할 대상이나 장소를 선정한다.

날씨, 조도 등을 확인하여 카메라를 조절하고 구도를 잡아 촬영한다.

촬영한 필름은 현상액에 넣어 현상한 후, 조명에 비추어 예술성이 있는 작품을 선별한다.

일정 규격으로 인화지를 절단하여 현상한 필름에 맞추어 사진 작품을 완성한다.

촬영 방법 및 현상 기술을 연구한다.

사진 작품을 전시하거나 사진집을 출판한다.

디지털카메라의 경우 필름을 인화하지 않고 디지털 파일로 관리하며 작품을 선정한다.

사진 촬영에 사용되는 용어에 대해 알아볼까?

요즘에는 남녀노소를 가릴 것 없이 스마트폰으로 사진을 찍을 일이 많다. 디지털카메라나 스마트폰으로 설정을 달리해서 새로운 방식으로 사진 촬영에 도전해 보자. 조리개와 셔터 속도를 조절하여 찍어 보고, 다른 기능도 이용하여 멋진 사진을 찍어 보자.

- **초점 맞추기:** 촬영 대상이 선명하게 보이도록 초점을 맞추는 것
- **조리개:** 사진기로 들어오는 빛의 양을 조절하는 것으로 흔히 f값이라고 표현한다. f값을 크게 하면 전체적으로 선명하게, f값을 작게 하면 일부분만 선명하게 촬영된다.
- **셔터 속도:** 빛이 노출되는 시간을 조절한다.
- **화이트 밸런스:** 디지털카메라에서 적절한 색온도를 위해 광원을 보정하여 사진을 자연스럽게 하는 작업을 말한다.
- **측광:** 노출 값을 측정하여 원하는 명암을 조절한다. 대부분의 디지털카메라는 자동으로 노출 값을 측정한다.
- **렌즈 종류:** 망원 렌즈, 접사 렌즈, 광각 렌즈, 어안 렌즈, 줌 렌즈 등이 있다.

3. 사진작가에게 필요한 능력

사진작가가 되려면 사진을 직접 찍는 것 자체를 즐기고 사진 작품을 감상하는 데 흥미가 있어야 한다. 특히 예술적 감각과 풍부한 상상력을 갖추고 창의력까지 발휘할 수 있으면 좋다. 사진기를 조작하는 것뿐만 아니라 기계에 대한 흥미가 필요하다. 사진 촬영, 필름 현상, 편집, 인화, 출력에 이르기까지 모두 기계와 도구를 사용하는 일이기 때문이다. 또한 사람을 상대하는 일이 많으므로 대인 관계가 원만한 사람에게 적합하다. 물리적인 현상이나 자연 현상, 또는 문화적인 활동에 호기심을 가지고 관찰하는 것을 즐길 줄 아는 성향에게 적합하다. 이 직업군은 여러 사람들이 협동하여 작업하기보다는 혼자 일하는 경우가 많고, 목표에 대한 성취 욕구가 강한 사람에게 어울린다. 자율적으로 일을 계획하고 마무리할 줄 알아야 하며 집중력과 다양성이 동시에 필요하다.

신호에 빠르게 반응하고 신체를 신속하게 움직일 수 있어야 좋은 사진이 나온다. 거리(멀고 가까움)에 대한 판단이 빠르고 공간에 자유롭게 배치되어 있는 대상을 적절하게 위치시킬 줄 아는 공간 능력과 창의력이 있어야 한다. 음악, 미술, 무용, 공연 등에 대한 지식이 풍부하고 디자인과 설계 능력이 있어야 발전 가능성이 높다. 철학이나 신학과 같은 사회 인문학을 사진에 접목할 줄 알면 작품 사진을 촬영하는 데 도움이 된다.

4. 사진작가와 관련된 학과 및 자격증

- **관련 학과:** 사진학과, 사진영상학과, 사진예술학과, 정보미디어학과, 광고사진영상학과, 사진미디어과, 사진영상미디어학과 등
- **관련 자격:** 국가 기술 자격으로 사진기능사를 갖추어야 하며, 항공사진기능사, 컴퓨터그래픽스운영기능사 등의 자격까지 갖추면 도움이 많이 된다. 자격이 없어도 실력이 있으면 개인적인 작품 활동이 가능하다.

5. 사진작가의 직업 전망

사진작가의 고용 수준은 지속적으로 줄어들 것으로 보인다. 국내에서 큰 비중을 차

사진작가와 관련 있는 직업으로는 화가, 게임 그래픽 디자이너, 조각가, 방송 송출 장비 기사, 서예가, 사진기자, 영상 그래픽 디자이너, 일러스트레이터, 촬영기사, 애니메이터 등이 있다.

지하는 웨딩 사진, 아기 사진, 프로필 사진 등과 같은 인물 사진이 줄어들 것으로 예측되기 때문이다. 낮은 출산율, 결혼하는 비율의 감소 등의 원인으로 인해 아기 사진관이나 웨딩 스튜디오의 작업량이 점점 줄어들고 있다. 디지털카메라의 보급에 따라 비용 절감을 목적으로 자체적으로 촬영하는 경우가 많아지면서 폐업하는 사진관이 늘고 있다.

또한 1인 가구가 늘면서 가족사진을 촬영하는 횟수도 줄어들고, 사진 인화를 인터넷으로 간단하게 신청하고 받을 수 있어 사진관을 찾는 일이 줄어들고 있다. 일반인들도 디지털카메라를 비롯해 전문가용 카메라를 손쉽게 구입하여 사용하고 있으며, 품질 좋은 스마트폰으로 누구나 사진을 잘 찍을 수 있게 됨에 따라 전문적인 사진작가의 필요성은 줄어들고 있는 실정이다.

신문사나 잡지사의 사진기자도 고용이 줄어들고 있다. 인터넷 매체가 빠르게 발전하면서 지면이 발달한 신문사나 잡지사의 경제 상황이 악화되면서 자연스럽게 사진기자의 고용도 줄어들 것으로 예상된다. 기업체의 사진작가는 근무 환경이나 보수가 상대적으로 적어 다른 직종으로 전직하는 경우가 많다. 그나마 조건이 좋은 신문사나 잡지사도 소수 인원만을 채용하기 때문에 취직이 힘든 실정이다.

사진작가에게 필요한 지식수준은?

사진작가는 다양하고 깊이 있는 지식을 두루 갖출 수 있도록 노력해야 한다. 예술과 철학을 중심으로 학습하면서 다른 분야도 고르게 공부할 수 있도록 해야 한다.

경영 디자인 미디어 사회 심리 역사 예술 제조 지리 철학

사진작가

사진작가가 되기 위해 요구되는 특별한 자격이나 학력은 정해진 것이 없다. 하지만 전문적인 교육을 받고 이 분야로 진출하는 사람들이 늘어나고 있다. 예술고등학교나 대학의 사진 관련 학과를 진학하여 체계적인 교육을 받을 수도 있고, 사설 사진 학원이나 문화센터 등을 통해 사진에 대해 익힐 수도 있다.

대학의 관련 학과에 진학하면 사진학이나 사진기 등의 이론적 교육과 사진 촬영과 관련된 각종 실기 교육을 받을 수 있고, 학원에서는 광고 사진, 패션 사진, 인물 사진 등 전문 분야의 사진 기술을 배울 수 있다. 신문사나 잡지사 또는 광고업체 등은 대졸 학력을 요구하는 경우도 있으나, 사진 관련 대회에 입상한 경험이 있으면 취업에 도움이 된다. 아울러 디지털카메라의 증가에 따른 사진 편집 기술이나 그래픽 프로그램 사용 기술까지 익혀 두면 유리하다. 사진관이나 스튜디오를 운영하려면 마케팅, 홍보, 영어, 경영 등에 대해 학습해 두는 것도 필요하다.

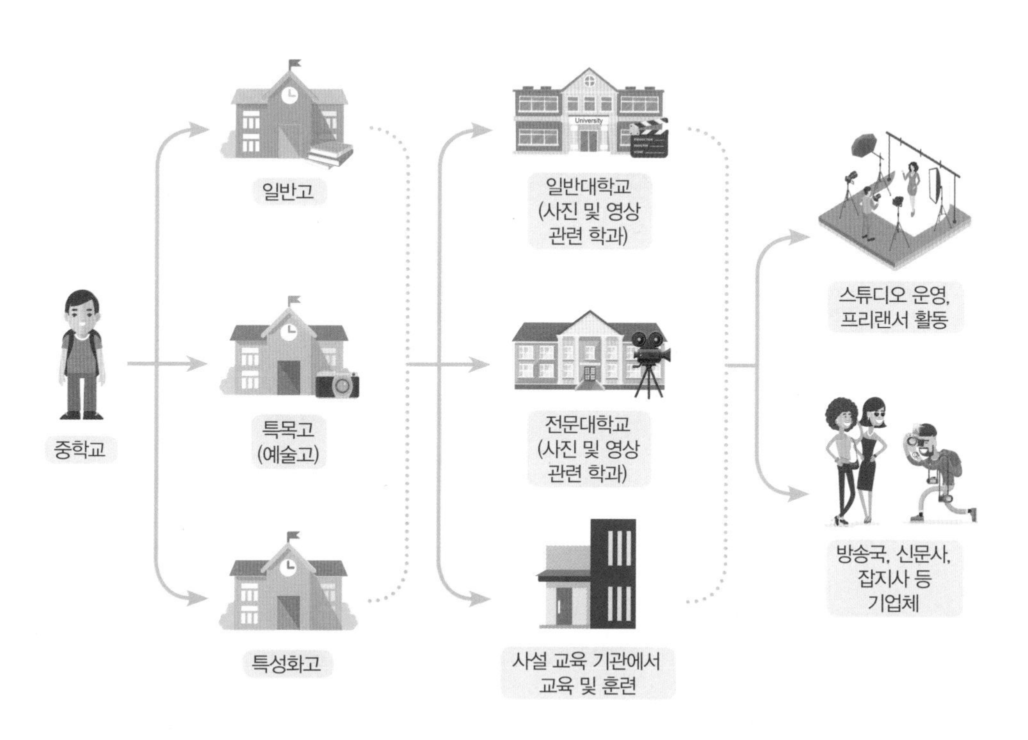

△ 사진작가의 커리어 패스

사진학과

학과 소개

사진은 인간의 다양한 감정을 전달하는 매개체 역할을 해 왔다. 디지털카메라의 사용이 증가하고 사진 편집이 자유로워지면서 사진은 기계와 인간의 만남이라는 측면에서 현대 예술의 정수를 보여주는 예술 장르로 자리매김하고 있다. 과학 기술의 바탕 위에 이루어진 예술 분야로 예술적인 표현뿐 아니라 기록, 보도, 광고, 학술 연구, 의료, 항공 사진 측량, 우주 개발, 고고학 연구 등 응용 범위가 더욱 넓어지고 있다.

진출 직업

게임 그래픽 디자이너, 방송 송출 장비 기사, 사진 기자, 사진작가, 영상 그래픽 디자이너, 예능 강사, 예체능 계열 교수, 일러스트레이터, 촬영 기자 등

관련 학과

사진영상학과, 사진학과, 사진예술학과, 광고사진영상학과, 사진미디어과, 사진영상미디어학과, 사진영상학부, 사진과, 사진영상과, 사진예술과 등

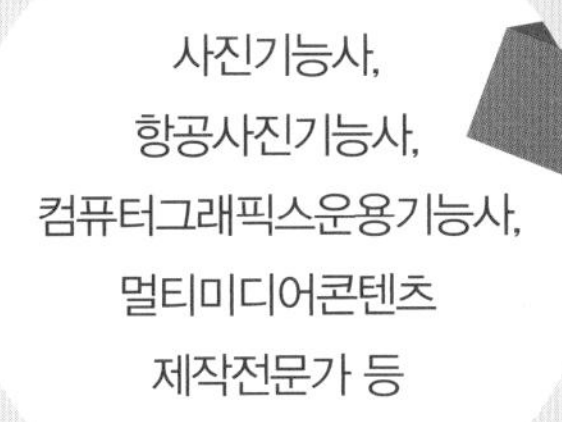

자격 및 면허

사진기능사,
항공사진기능사,
컴퓨터그래픽스운용기능사,
멀티미디어콘텐츠
제작전문가 등

진출 분야

★기업체★
신문사, 잡지사, 광고사, 광고 대행사,
연예 기획사, 방송국, 언론사, 영화사, 이벤트
업체, 기업 홍보부, 디자인 업체 등

★학교★ 고등학교 방과 후 학교 강사, 대학교 교수 등

★중앙 정부와 지방 자치 단체★
공공 기관 보도실 및 홍보부, 정부 및 지방 자치 단체,
자료 보존실 등

★자영업★
웨딩 스튜디오, 아기 스튜디오, 사진관,
현상 인화 취급소 등

적성 및 흥미

사진 촬영은 예술적 표현 매체로 작품을 창작하는 분야에 해당한다. 사진을 전공하기 위해서는 우선 사진을 찍고 보는 것을 좋아해야 하며, 카메라 조작뿐만 아니라 필름 현상과 인화에도 능숙해야 한다. 사진은 단순히 있는 그대로의 현상을 찍는 것에 그치지 않고 그 안에 담겨 있는 사상과 감정을 표현해야 하므로 철학적 가치관이 뚜렷한 학생에게 유리하다. 아울러 기계나 도구에 대한 흥미가 있어야 하고 신체 조절 기능과 손재능이 좋아야 한다.

중·고등학교 학교생활 포트폴리오

★동아리 활동★

사진반, 방송반 등의 동아리 활동을 통해 사진 촬영과 관련된 많은 경험을 쌓는 것이 중요하다. 특히 방송반에서 카메라 촬영을 담당하면 도움이 된다.

★봉사 활동★

학교 행사, 경로당, 보육 시설 등에서 행사 사진이나 인물 사진을 촬영하거나 관공서에서 홍보 활동을 해 본다.

★독서 활동★

예술, 철학, 자연, 지리 등과 관련된 독서를 하고 사진학과 관련된 도서는 빠짐없이 읽도록 한다.

★교과 공부★

사진작가는 다양한 분야의 지식을 쌓아야 실무에 도움을 받을 수 있다. 어떤 사진을 촬영할지 정해진 것이 없기 때문에 여러 과목을 고르게 익힐 수 있도록 노력해야 한다.

★교내 활동★

학교 축제, 전시회, 발표회, 공연 등이 있을 때마다 촬영을 주도하고, 친구들의 사진을 많이 찍어 준다.

★교외 활동★

사진관, 스튜디오 등에서 아르바이트를 통해 경험을 쌓도록 한다. 사진을 많이 찍어 볼수록 실력이 향상되므로 여행을 통해 사진을 많이 찍어 본다.

※방송반 활동 경력, 사진 콘테스트 수상 경력 등이 도움이 될 수 있다.

08 성우

관련 학과
방송연예학과
72쪽

1. 성우의 세계

굵고 낮은 음성의 남자 성우 중 유명한 분이 있다. 끊임없이 자기 몸을 관리하며 성우와 배우로 활약하고 있는 김기현 씨 이야기이다. 그는 1945년 충북 옥천에서 태어나 1965년에 연극배우로 데뷔하고 1970년에 성우로 공채되었다. 군대에 있을 때 방송학과 출신 지인이 자신의 목소리를 듣고 성우를 한번 해 보는 게 어떻겠느냐는 말이 동기가 되어 성우의 길을 걷게 되었다고 한다. 그는 주로 힘이 센 역할, 싸움을 잘하는 역할, 덩치가 큰 역할, 나이가 많은 역할 등을 맡아 왔으며, 70세가 훌쩍 넘은 나이에도 비중 있는 역할로 왕성하게 활동하고 있다.

만화 은하철도 999의 차장, 미국 드라마 맥가이버의 국장, 영화 레옹의 레옹, 중국 드라마 삼국지연의의 관우 등은 물론 에이지 오브 엠파이어, 창세기전, 월드 오브 워크래프트, 스타크래프트 등의 게임에도 출연하여 목소리로 많은 사람들을 즐겁게 해 주었다.

성우로서 자신의 목소리가 가진 기량을 맘껏 발휘했다면 영화나 드라마에서는 배우로도 많은 활약을 하고 있다. 모래시계, 전원일기, 제1공화국~제5공화국, 한 지붕 세 가족 같은 드라마는 물론 대왕 세종, 선덕여왕, 장영실 등의 사극에도 자주 등장하여 성우로 닦은 연기 실력을 유감없이 발휘하였다.

김기현 씨 이외에도 15년 넘게 SBS의 동물농장에 출연하고 있는 안지환 씨, KBS의 VJ특공대에 17년 넘게 출연 중인 박기량 씨, 맥가이버와 가제트형사로 인상 깊은 목소리 연기를 펼친 배한성 씨, X-파일이나 114 전화번호 안내 목소리로 유명한 서혜정 씨, 도라에몽이나 드래곤볼에 등장했던 서유리 씨 등 많은 성우들이 활약 중이다.

성우는 라디오, TV, 영화 녹음 등에서 자신의 목소리에 감정을 실어 연기하는 직업이다. 역할을 배정받고 각종 프로그램에서 해설, 내레이션 등을 소화하며 목소리로만 연기를 한다. 이 밖에도 각종 시사 · 교양이나 예능 프로그램에서 해설이나 사회자로 등장하거나 광고에서 목소리 연기로 출연하기도 한다.

조선시대에는 장터나 저잣거리에 가면 이야기꾼을 볼 수 있었다. 근대에 들어서면서 각종 공연이나 영화에서 해설자, 사회자, 변사 등이 활약을 하였고, 라디오가 등장하면서 본격적으로 성우라는 직업이 등장하였다. 라디오가 유행하던 시절에는 목소리만으로 사람들을 라디오 앞으로 끌어 모았고, TV가 등장하면서 외국 영화를 우리말로 녹음하여 방영하며 성우라는 직업이 우리에게 친숙해지게 되었다. 최근에는 만화영화에서 목소리로 생명을 불어 넣는 역할도 하고, 각종 TV 교양 · 시사 프로그램에서 내레이터로 활약하기도 한다. 이 밖에도 동화, 교육 · 교재, ARS, 내비게이션 안내, 사내방송, 광고, 오디오북 등의 영역은 물론 스피치 강사, DJ, MC, 행사 진행자, 시 낭송 등 성우가 하는 일은 영역을 제한하기 어려울 만큼 폭이 넓다.

그것이 알고 싶다 방송에서 사용하는 용어에 대해 알아볼까?

방송과 관련된 직업을 검색하다 보면 생소한 용어가 많이 나와 혼란스러울 때가 있다. 몇 가지 용어에 대해 알아보자.

- **각본(Script)**: 상영, 촬영, 방송할 수 있는 상태의 대본
- **각색(Dramatization)**: 문학 작품이나 기록물을 소재로 영화, 연극, 드라마 등의 대본으로 다시 쓰는 일
- **더빙(Dubbing)**: 분리된 대사, 음악, 효과음을 재생하면서 어느 하나를 다시 녹음하여 완성하는 작업
- **르포(Reportage)**: 사건이나 인물 등을 탐방하여 보고 형식으로 제작하는 프로그램

- **리허설(Rehearsal)**: 공연에 앞서 출연자나 제작진이 미리 연습하는 것
- **버라이어티쇼(Variety Show)**: 노래, 춤, 개그, 토막극 등 다양한 형태를 보여 주는 연예 프로그램
- **앵커(Anchor)**: 뉴스 프로그램의 진행자
- **에이전트(Agent)**: 배우, 작가 등을 대표하여 광고주와 교섭하는 사람
- **엠시(MC : Master of Ceremonies)**: 프로그램의 진행자나 사회자
- **오디션(Audition)**: 임시로 제작한 프로그램이나 배우의 능력을 시험하는 일
- **프로듀서(Producer)**: 하나 이상의 프로그램에 대한 기획을 총괄하는 사람
- **하울링(Howling)**: 마이크 사용이 잘못되어 스피커에서 발생하는 소음

2. 성우가 하는 일

성우는 말 그대로 목소리로 연기하는 배우를 말한다. 라디오 드라마의 연기, 외화의 우리말 더빙, 만화 애니메이션 더빙, 게임 캐릭터 더빙, 광고, 내레이션 등 다양한 분야에서 목소리로 연기한다.

- 감독이나 연출로부터 역할을 배정받고 방송극의 내용, 분위기, 대사, 역할 등을 확인한다.
- 등장인물의 성격을 표현할 수 있도록 대본을 확인하고 목소리로 연습한다.
- 배역의 성격과 내용에 따라 어린이, 노인, 성인 등의 다양한 목소리로 연기한다.
- 영화 녹음 또는 외국 영화의 대사를 우리말로 녹음한다.
- 교양 프로그램을 해설하거나 라디오와 방송의 사회를 보기도 한다.
- 각종 생활 속 기계의 안내 방송, 홍보 방송, 자동 응답 시스템 등에 출연하기도 한다.
- TV나 인터넷의 상업 방송에 출연하여 광고 대사를 녹음하기도 한다.
- 동시에 여러 명의 역할을 담당하여 연기하기도 한다.

(성우)

성우와 관련 있는 직업

성우와 관련 있는 직업으로는 영화감독, 방송 연출가, 연극 연출가, CF 감독, 웹 방송 전문가, 음반 기획자, 모델, 연극배우, 영화배우, 탤런트, 개그맨, 대역 배우, 보조 출연자, 아나운서, 쇼핑 호스트, 연예 프로그램 진행자, 리포터, 기상 캐스터, 비디오자키, 디스크자키, 해설위원, 웹 기획자, 게임 기획자, 애니메이션 기획자 등이 있다.

외국 영화나 만화의 더빙, 라디오나 TV의 드라마, 방송 프로그램의 진행 멘트, 광고 및 홍보의 내레이션 등 각종 프로그램의 역할을 배정받는다. 맡은 역할에 따라 성격, 대사, 시대적 상황과 심리 상태 등을 파악하고 대본을 읽으며 목소리로 연기 연습을 한다. 어린이나 청소년, 노인이나 성인 등 맡은 역할에 따라 다양한 목소리로 연기한다. 다큐멘터리나 영화에서는 성우의 능력에 따라 성우 한 사람이 여러 역할을 담당하기도 한다.

3. 성우에게 필요한 능력

성우도 연예인과 같은 성향과 흥미를 요구한다. 예술적인 형태나 결과를 생각해 내고 만들어가는 신체적 · 언어적 활동에 평소 관심을 가져야 한다. 당연히 자유로우며 체계화되지 않은 활동을 좋아한다. 자연환경이나 문화적 상황에 호기심을 가지고 관찰하는 것을 즐기며, 상징적인 것을 잘 만들어 내고 체계적인 활동이나 조사를 좋아하는 청소년에게 어울린다. 남을 위해 봉사할 줄 아는 정신과 다양성을 인정할 줄 아는 가치관을 갖고, 어떤 상황에서도 마음의 여유를 갖고 자신의 역할을 거뜬하게 소화하는 사람에게 적극 추천할 만하다.

성우는 새로운 아이디어를 내거나 어떤 문제를 해결하기 위해 창의적인 아이디어를 생각해 낼 줄 아는 혁신적인 성향의 사람에게 어울리는 직업군이다. 어려운 상황에서도 공격적 행동을 보이지 않고 분노를 조절하며 심리적으로 평정심을 유지할 줄 알면 유리하다. 또한 변화와 각양각색의 다양함에 대해 개방적인 성격이면 도전해 볼 만하다.

성우는 목소리로 연기하는 배우이기 때문에 청력이 매우 뛰어나야 하며 목소리를 특색 있게 낼 수 있어야 한다. 또한 시력이 좋아야 오랫동안 직업에 종사할 수 있으며, 문장이나 대본을 읽고 이해하는 능력이 우수해야 한다. 주위를 산만하게 하는 자극이나 상황에서도 원하는 일에 집중할 수 있는 선택적 집중력이 뛰어나고 시간 관리에 철저한 사람에게 어울린다. 성우가 되기 위해서는 자기만의 특색 있는 목소리를 가꾸고 다양한 배역을 소화해 내려는 연기에 대한 열정과 노력이 필요하다. 발음 및 억양 교정을 통해 표준어를 정확하게 발음하고 구사할 수 있어야 한다. 언어와 문장에 대한 순발력과 센스도 중요하다. 예술형과 탐구형의 흥미를 가진 사람에게 적합하며, 스트레스에 대한 참을성, 사회성, 성취욕이 강한 사람에게 유리하다.

4. 성우와 관련된 학과 및 자격증

- **관련 학과:** 방송연예과, 연극영화학과, TV영화학부, 공연예술학과, 문화예술학부, 방송영상전공, 연극학과, 영상콘텐츠전공, 영화뮤지컬학부 등
- **관련 자격:** 특별한 자격이 필요하지 않다.

5. 성우의 직업 전망

앞으로 성우의 일자리는 지금과 비슷하게 유지될 것으로 보인다. 연예나 방송 관련 산업이 높은 이익을 내는 문화 산업으로 제 역할을 충실히 해내고 있기 때문이다. 우리나라가 고령화 사회로 진입하고 소득이 늘어나면서 일상생활에서 방송, 영화, 공연 등이 중요한 여가로 자리를 잡아 가고 있다.

최근 들어 K-POP, 드라마, 영화 등 한류에 대한 관심이 높아지면서 문화 산업의 경제적 가치에 대한 인식도 달라졌다. 기존의 KBS, MBC, SBS, EBS 등과 같은 공중파 방송을 비롯하여 tvN, JTBC, 채널A, TV조선 등의 종합 편성 채널과 인터넷을 통한 웹 방송 채널이 많아지면서 성우의 활동 영역도 넓어지고 있다.

하지만 그동안 성우의 주된 활동 무대였던 라디오 드라마가 거의 사라지고, TV의 외국 영화도 더빙 대신 자막으로 대체되는 경우가 많아지면서 성우의 일감도 줄어들고 있다. 성우 대신에 탤런트, 배우, 가수 등 유명인의 내레이션이나 더빙이 많아지면서 성우에 대한 추가 모집이 줄어들고 있는 편이다. 한국성우협회에서는 회원 자격을 각 방송국에서 공채에 의해 전속 성우를 일정 기간 활동한 사람으로 제한하고 있어서 앞으로도 방송국에 입사하려는 경쟁은 치열할 것으로 예측된다.

성우에게 필요한 지식수준은?

성우는 맞춤법, 작문법, 문법 등에 관한 국어 지식과 사람들의 행동, 성격, 흥미, 동기 등에 관한 심리학적 지식이 많이 필요하다. 또한 음악, 무용, 미술, 드라마에 관한 예술적인 지식과 말, 글, 그림 등에 대한 의사소통 및 미디어 관련 지식도 매우 중요하다.

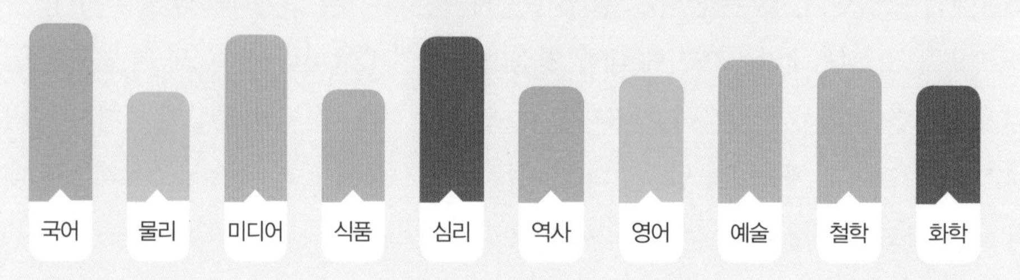

성우

성우가 되기 위해서는 고등학교 졸업 이상의 학력이 요구되지만 경우에 따라 대학교 졸업 이상의 학력을 요구하기도 한다. 전문 대학이나 대학교에서 연기 관련 학과를 전공하면 유리하고, 성우 학원이나 연기 학원 등에서 교육과 훈련을 받고 공채로 취업하기도 한다.

지상파와 케이블 방송국에서 매년 혹은 격년으로 실시하는 공채를 통해 성우가 될 수 있으며 방송사에 따라 고졸 이상, 전문대졸 이상으로 학력 및 연령 제한을 두기도 한다. 시험은 약간씩 차이가 있으나 1, 2차에 걸친 실기와 면접을 통해 채용되며 주어지는 대본의 연기, 해설 등을 실제로 해 보는 것으로 치른다. 그렇기 때문에 평소 연기 연습을 많이 해 보고, 프로그램을 해설하는 경험이나 외국 영화에 등장하는 배우의 대사를 우리말로 연기해 보는 연습을 많이 하는 것이 제일 중요하다.

대학에서 연기를 전공하거나 연기 동아리 활동을 하는 등 연기 경험을 쌓거나 성우 학원에서 발성, 호흡, 낭독 등의 전문적인 훈련을 받고 진출하고 있다. 또 성우 지망생들이 모임을 만들어 발음 교정, 대본 연습 등을 함께 하면서 공채 시험을 준비하기도 한다. 연예인을 하다가 성우를 하는 사람도 있지만 성우로 인정받으려면 공채 시험에 합격해야 한다. 성우는 자신의 목소리에 잘 어울리는 캐릭터를 개발하는 것이 필요하며 연기력을 바탕으로 영화나 연극에 출연하기도 한다.

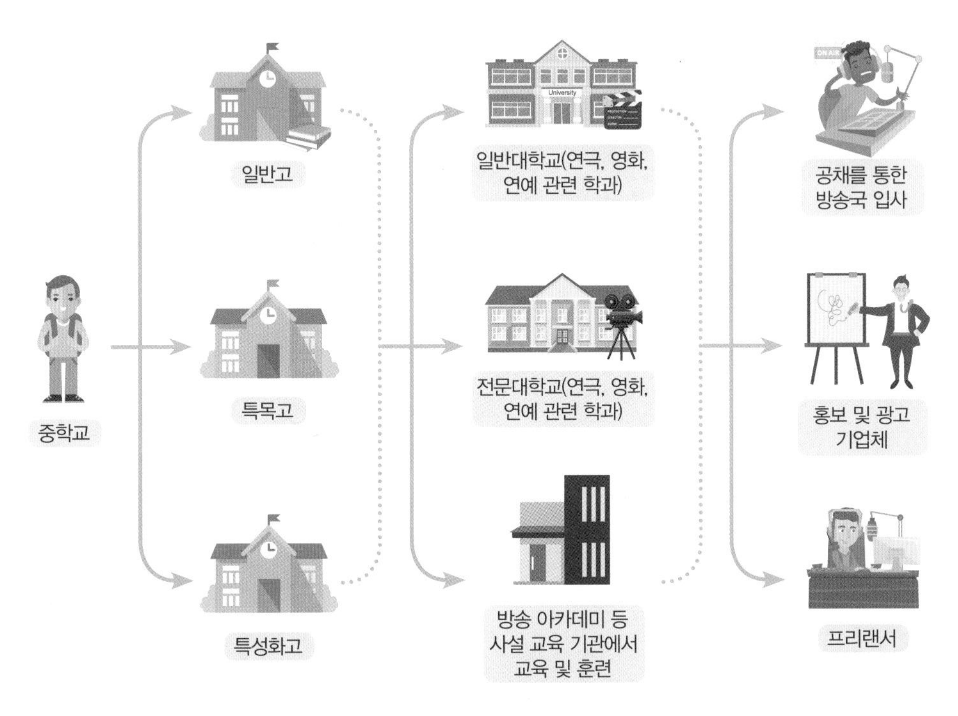

△ 성우의 커리어 패스

방송연예학과

학과 소개

문화 예술과 대중문화에 대한 관심이 높아지고, 영향력도 커지면서 영화, 가요, 방송, 공연, 뮤지컬과 관련된 학과가 늘어나고 있다. 방송연예학과는 다양한 방송 매체와 공연, 영상 예술에 적합한 이론과 실기를 배움으로써 장래 방송인이나 연예인으로서 갖춰야 할 인성과 능력을 기르는 학과다.

진출 직업

가수, 개그맨, 게임 기획자, 공연 기획자, 공연 제작 관리자, CF 감독, 리포터, 모델, 방송 기자, 방송 작가, 비디오자키, 사진기자, 성우, 쇼핑 호스트, 신문 기자, 아나운서, 애니메이션 기획자, 연극 및 영화감독, 방송기술 감독, 연극배우, 연예인 매니저, 연예 프로그램 진행자, 영화배우, 탤런트, 영화 시나리오 작가, 영화 제작자, 예체능 계열 교수, 잡지 기자, 촬영 기자, 파티 플래너, 편집 기자, 평론가 등

적성 및 흥미

방송과 관련된 공연이나 영상 예술에 관심이 많아야 한다. 예술과 아름다움에 대한 감각이 있고 표현력이 풍부해야 한다. 또한 연기 전공의 경우 지속적인 자기 변신에 대한 노력, 연기에 대한 열정, 자신의 재능을 발휘하려는 의욕 등이 필요하다. 더불어 자기 주변의 일과 계획을 스스로 통제할 수 있는 자기 관리 능력도 중요하다.

중·고등학교 학교생활 포트폴리오

자격 및 면허

영사기능사,
무대예술전문인,
영상연출전문인,
영상촬영전문인,
영상편집전문인,
연극치료사 등

진출 분야

★기업체★
방송국, 신문사, 잡지사,
멀티미디어 콘텐츠 제작 업체, 인터넷
콘텐츠 기획 및 제작 업체, 영화 제작사, 극장
및 극단, 기업체 홍보실, 이벤트 업체, 오락 및 연예
기획사 등

★학교★ 중 · 고등학교 방과 후 학교 강사, 대학교 교수 등

★중앙 정부와 지방 자치 단체★
중앙 정부 및 지방 자치 단체 홍보부,
문화 예술 관련 공무원 등

★자영업★
이벤트 업체, 기획사, 광고사 등

관련 학과

방송연예학과, 영화방송학과,
공연엔터테인먼트전공, 방송연기영상과,
뮤지컬공연전공, TV영화학부, 공연방송연예학과,
공연영상학과, 공연예술무도학과, 공연예술학과,
공연전시기획학과, 모델과, 무대기술전공,
무대미술학과, 문화예술콘텐츠학과,
미디어영상연기학과, 방송공연예술학과,
방송영상전공, 공연예술모델과, 방송연예연기과,
방송영상과, 연기예술과, 이벤트연출과,
전시이벤트연출과 등

★동아리 활동★

연극, 음악, 뮤지컬, 방송 등의 동아리 활동을 통해 경험을 쌓는 것이 중요하다. 자신의 능력을 발휘할 수 있는 동아리에서 적극적으로 활동한다.

★봉사 활동★

공연장, 지역 축제, 행사 등에서 개인적인 봉사 활동을 하거나, 경로당, 보육원 등에서 동아리 공연을 통해 다양한 경험과 봉사 기회를 갖는다.

★독서 활동★

예술, 방송, 문화 콘텐츠, 철학, 역사 등과 관련된 책을 많이 읽을 것을 권하며, 방송 관련 도서도 읽으면 도움이 된다.

★교과 공부★

다양하고 폭넓은 지식이 필요한 만큼 고르게 공부한다. 특히 예체능, 방송 콘텐츠 등에 소홀하지 않는다.

★교내 활동★

학교 축제, 체육대회, 행사 등에서 주도적으로 활동하고, 응원단장을 맡거나 행사 진행 경험을 쌓는다.

★교외 활동★

활동이 많은 직업군으로 체력이 중요하다. 연기, 노래, 방송 장비 작동법, 연극, 공연 기획 등을 많이 연습하고 틈틈이 공연을 관람하며 TV프로그램도 모니터링하도록 한다.

※방송, 연극, 음악, 뮤지컬, 응원 등의 활동과 관련된 수상 경력이나 대외 활동 경력이 도움이 된다.

09 쇼핑 호스트

1. 쇼핑 호스트의 세계

1977년 화성에서 태어난 문천식 씨는 1995년에 연극배우로 데뷔하였고, 1999년에 MBC 공채 개그맨으로 정식 데뷔하였다. 현재 MBC 라디오의 '지금은 라디오 시대'를 공동 진행하는 MC로도 활약하고 있으며, 쇼핑 호스트로도 유명하다. 입담이 좋으니 홈쇼핑을 하면 잘할 것 같다는 홈쇼핑 PD의 전화를 받고 쇼핑 호스트란 직업을 부업삼아 시작하였다. 처음 하는 색다른 일이라서 호기심으로 1주일에 하루씩 활동해서 3개월만 하기로 하였는데, 개그맨 출신답게 유쾌하고 재미있게 진행하다 보니 제품이 매진되는 등 예상 외로 성과가 좋았다. 이후 정식 쇼핑 호스트로 데뷔하며 인생의 새 출발을 한 그는 홈쇼핑 방송에서 한 시간 동안 21억의 매출을 올려 주목을 받기도 했다. 그는 홈쇼핑에서 매진이나 높은 매출액을 기록하는 비결로 진정성을 꼽는다. 거짓말하지 않고 제품을 판매하기 전에 직접 사용해 보고 나서 방송을 하면 소비자가 알아준다고 한다.

쇼핑 호스트는 케이블 TV, 인터넷방송 등 다양한 쇼핑 채널을 통해서 소비자에게 판매 제품을 알려 판매하는 역할을 한다. 판매 제품에 대한 기본 정보는 물론이고 소비자가 궁금해 할 만한 사항을 설명하여 구입을 유도하는 일을 한다. 제품에 대해 일목요연하게 설명하는 것은 기본이고, 좋은 입담으로 소비자가 구매하고 싶도록 만들어야 도전해 볼 수 있다. 쇼핑 호스트는 크게 홈쇼핑 방송사에 전속 계약을 맺은 직원과 프로그램에 따라 계약하여 출연하는 프리랜서로 나눌 수 있다.

쇼핑 호스트는 텔레비전 방송이 발달함에 따라 등장한 직업이다. 1995년에 케이블 방송국이 개국하면서 다양한 프로그램 채널이 생겨났는데, 홈쇼핑 전문 채널도 그 중 하나다. 쇼핑 호스트는 바로 이 홈쇼핑 전문 채널에서 홈쇼핑 프로그램을 진행하는 신종 전문직인 셈이다. 홈쇼핑은 상품을 안내하고 판매하는 프로그램으로, 이를 진행하는 쇼핑 호스트의 능력에 따라 판매량이 결정된다고 해도 과언이 아니다.

쇼핑 호스트는 주로 공채를 통해 선발하며 여성이 많은 직종 중 하나다. 입사하면 수개월 동안 교육과 훈련을 받는다. 현재는 공채에 의해 활동하는 쇼핑 호스트도 있으나, 입담이 좋은 연예인이 쇼핑 호스트로 활동하는 경우도 있다.

그것이 알고 싶다 홈쇼핑 채널에는 어떤 것이 있을까?

2018년 현재 케이블TV에 공식적으로 나오는 채널은 롯데홈쇼핑, 현대홈쇼핑, CJ오쇼핑, GS홈쇼핑, NS홈쇼핑, 홈&쇼핑 등 6개의 채널이 있다. 하지만 인터넷 방송이나 홈페이지를 통한 홈쇼핑도 있다. K쇼핑, 신세계TV쇼핑, 쇼핑엔티, B쇼핑, 공영아임쇼핑 등 다양한 채널이 있다.

2. 쇼핑 호스트가 하는 일

쇼핑 호스트는 다양한 홈쇼핑 방송에서 판매 상품에 대한 정보를 제공하여 소비자의 구매를 유도하는 일을 한다. 담당 PD와 작가가 상품 설명과 가격 등을 토대로 기본적인 대본을 작성하면 이 대본을 토대로 쇼핑 호스트가 시청자에게 상품을 설명한다. 제품에 대한 관심을 유도하고 제품의 기본 사양과 소비자의 궁금한 사항을 설명한다. 소비자를 대신해 상품을 확인하고 상품의 기능과 특성, 장단점 등의 정보를 제공한다.

방송 프로듀서(연출가)와 협의하여 방송에서 소개할 판매 상품의 정보를 숙지한다.

원활한 방송 진행을 위해 판매 상품에 대한 시장 조사를 하고, 제품의 특성을 충분히 파악한다.

방송에 함께 출연하는 기업체 담당자와 진행 상황을 연습한다.

방송 중에는 시연 등을 통해 상품의 기능을 확인하고 상품의 특성을 알려준다.

직접 시음하거나 상품을 사용하면서 소비자가 상품을 구매하도록 촉진한다.

매출 현황, 주문 내역 등을 모니터하여 시청자에게 전달한다.

방송 후 매출액을 확인하여 다음 방송할 때 참고한다.

소비자를 대신해 제품을 확인하는 것은 물론 상품의 기능과 특성을 파악하여, 정확하고 유용한 정보를 제공해야 하는 쇼핑 호스트의 역할은 매우 중요하다. 더불어 시청자의 눈높이에 맞추어 욕구를 정확하게 포착할 수 있어야 한다. 시간대별로 서로 다른 시청자 층의 구매 욕구 변화와 구매 경향을 잘 이해해야 한다. 또한 시청자의 이목을 집중시킬 수 있는 입담과 감각이 있으면 좋다. 보통 하나의 상품에 30분 이상 혼자 진행하는 경우도 있기 때문에 변화하는 상황에 바로 대처할 수 있는 순발력과 연기력을 갖추는 것이 중요하다.

머천다이저(MD)는 무슨 일을 할까?

머천다이저(MD: Merchandiser)는 유통업에서 상품화 계획이나 상품 기획을 전문적으로 하는 사람을 말한다. 상품의 발굴, 상품화, 브랜드화, 기획전 준비, 상품과 업체 관리, 매출 관리 등을 전반적으로 담당하며 매출을 내는 데까지 관여하기도 한다. 요즘은 오프라인 매장이나 마트 등에서 활동하는 MD도 있지만, 온라인 쇼핑몰에서 활동하는 온라인 MD도 있다. 온라인 쇼핑몰을 둘러보면 MD의 추천 상품이 나오는 경우를 종종 볼 수 있다.

쇼핑 호스트와 관련 있는 직업

쇼핑 호스트와 관련 있는 직업으로는 영화감독, 방송 연출가, 연극 연출가, CF 감독, 웹 방송 전문가, 음반 기획자, 성우, 모델, 연극배우, 영화배우 및 탤런트, 개그맨 및 코미디언, 대역 배우, 보조 출연자, 아나운서, 연예 프로그램 진행자, 리포터, 기상 캐스터, VJ, DJ, 경주 아나운서, 해설위원, 웹 기획자, 게임 기획자, 애니메이션 기획자 등이 있다.

3. 쇼핑 호스트에게 필요한 능력

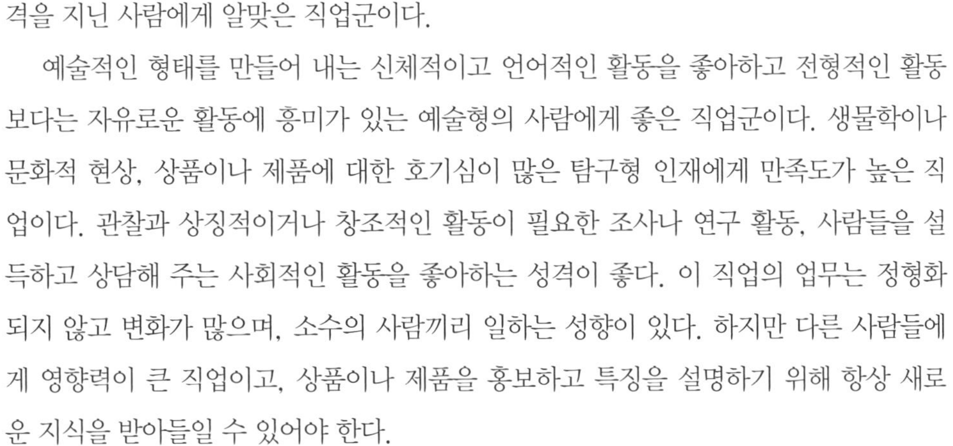

쇼핑 호스트는 변화와 다양성에 대하여 개방적인 자세와 융통성을 가져야 한다. 자신의 방식대로 일하는 방법을 개발하며 관리 감독이 없이도 스스로 일하는 방향을 설정하고 타인에게 의지하지 않는 독립성이 있어야 한다. 다른 사람을 이끌고 자신의 의견을 제시하거나 방향을 설정해 주는 리더십, 도전 목표를 설정하고 달성하기 위해 노력하는 성취욕, 꾸준히 노력하고 포기하지 않는 인내심이 요구된다. 매우 어려운 상황에서도 공격적 행동을 보이지 않고 분노를 통제하며 심리적 평정을 유지하는 자기 통제 능력도 있어야 하고, 솔직하고 도덕적으로 정직한 성격을 지닌 사람에게 알맞은 직업군이다.

예술적인 형태를 만들어 내는 신체적이고 언어적인 활동을 좋아하고 전형적인 활동보다는 자유로운 활동에 흥미가 있는 예술형의 사람에게 좋은 직업군이다. 생물학이나 문화적 현상, 상품이나 제품에 대한 호기심이 많은 탐구형 인재에게 만족도가 높은 직업이다. 관찰과 상징적이거나 창조적인 활동이 필요한 조사나 연구 활동, 사람들을 설득하고 상담해 주는 사회적인 활동을 좋아하는 성격이 좋다. 이 직업의 업무는 정형화되지 않고 변화가 많으며, 소수의 사람끼리 일하는 성향이 있다. 하지만 다른 사람들에게 영향력이 큰 직업이고, 상품이나 제품을 홍보하고 특징을 설명하기 위해 항상 새로운 지식을 받아들일 수 있어야 한다.

방송에서 실수하지 않으려고 몸에 무리가 될 정도로 정신을 집중하며 근무하기 때문에 부담감과 피로도가 크므로 강한 체력이 뒷받침되어야 한다. 이 직업은 다른 직장으로 옮길 수 있는 기회가 비교적 많은 편이다. 쇼핑 호스트는 먼 곳이나 가까운 것을 보는 시력과 소리의 고저 크기를 민감하게 구분할 줄 아는 청력이 우수해야 한다. 신체적인 동작을 오랜 시간 동안 해야 하므로 유연성과 균형 감각이 있어야 한다. 새로운 방법을 고안하고 기존의 방법을 개선하려고 노력할 수 있는 기술 분석과 지시서에 따라 장비나 도구, 프로그램이나 대사 등을 배치할 수 있어야 한다.

맞춤법, 작문이나 문법에 대한 국어 지식이 있어야 하고, 음악이나 미술, 드라마나 영화 등 예술적인 감각이 좋을수록 도움이 된다. 식품이나 제품의 생산 과정과 관련 지식이 풍부할수록 도움이 되며, 철학과 신학, 사회학과 역사, 심리학과 문학 등 다양한 분야의 지식을 쌓는 것이 좋다.

4. 쇼핑 호스트와 관련된 학과 및 자격증

- **관련 학과:** 방송연예과, 연극영화학과, 영상예술학과, 비즈니스학과, 창업경영학과, 마케팅방송연예과, 신문방송학과, 영화방송학과, 방송연기영상과 등
- **관련 자격:** 특별하게 요구되는 자격은 없으나, 대학의 관련 학과에서 공부하면 영사기능사, 무대예술전문인, 영상연출전문인, 영상촬영전문인, 영상편집전문인, 연극치료사, 사회조사분석사, 멀티미디어콘텐츠제작전문가 등의 자격을 취득할 수 있다.

5. 쇼핑 호스트의 직업 전망

앞으로 얼마 동안 쇼핑 호스트의 채용은 현재와 비슷할 것으로 보인다. 홈쇼핑 산업이 케이블 방송국의 성장과 비례하는데, 현재는 케이블 방송 산업이 주춤한 상태이기 때문에 홈쇼핑 채널도 늘어나지 않을 것으로 보인다. 지금까지는 종합 유선 방송(CATV)에 가입하는 사람들의 증가와 쇼핑의 편리함을 앞세워 홈쇼핑이 크게 인기를 끌었다. 그러나 홈쇼핑 방송 채널 사용 사업은 정부가 승인을 해야 가능한 허가제 산업이기 때문에 신규 업체가 생기지 않고 채용 규모도 현재 정도로 유지될 것으로 보인다. 최근 들어 스마트폰을 활용한 모바일 홈쇼핑이 등장하면서 홈쇼핑 방송 채널에서의 쇼핑 호스트 역할이 줄고 있다.

쇼핑 호스트에게 필요한 지식수준은?

쇼핑 호스트는 마케팅과 심리학에 대한 지식을 잘 갖추어야 유리하다. 물론 말을 많이 하는 직업군이다 보니 국어와 영어 등 언어 관련 지식도 쌓을 수 있도록 평소 노력을 기울여야 한다.

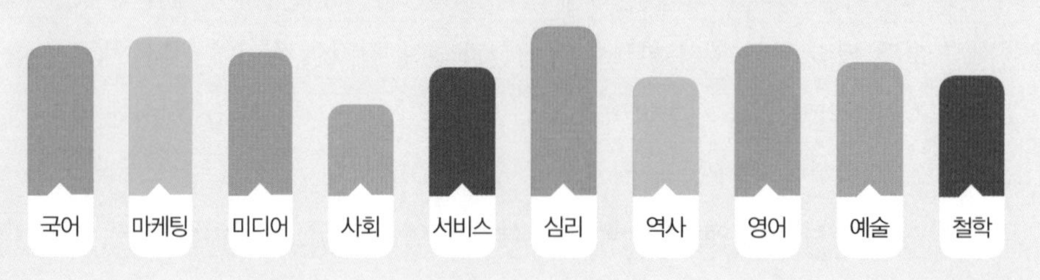

쇼핑 호스트

홈쇼핑 분야에 대해 체계적으로 공부하려면 대학에서 방송연예과, 영상예술학과, 비즈니스학과, 창업경영학과 등의 진로를 생각해 볼 수 있다. 공부도 중요하지만 판매와 관련된 분야에서 실질적인 경험을 쌓는 것이 매우 중요하다.

쇼핑 호스트가 되려면 전문 대학 이상의 학력을 갖추는 것이 좋다. 일반적으로 사설 교육 기관이나 양성 기관, 언론사나 방송 아카데미 등을 거쳐 진출하기도 하고, 아나운서나 리포터 경험자, 연예인이나 연극배우 경험자 등이 진출하기도 한다. 중고등학교나 대학에서 방송 동아리 활동의 경험을 살려 진출하는 경우도 있다. 사설 교육 기관에서는 발음과 발성 등 방송을 위한 기본 훈련과 홈쇼핑 분석, 순발력이 필요한 스피치, 상품 소개 프레젠테이션, 손동작과 몸짓 연습, 진행 연습 등 쇼핑 호스트가 되기 위한 이론과 실기를 적어도 3~6개월 동안 배운다.

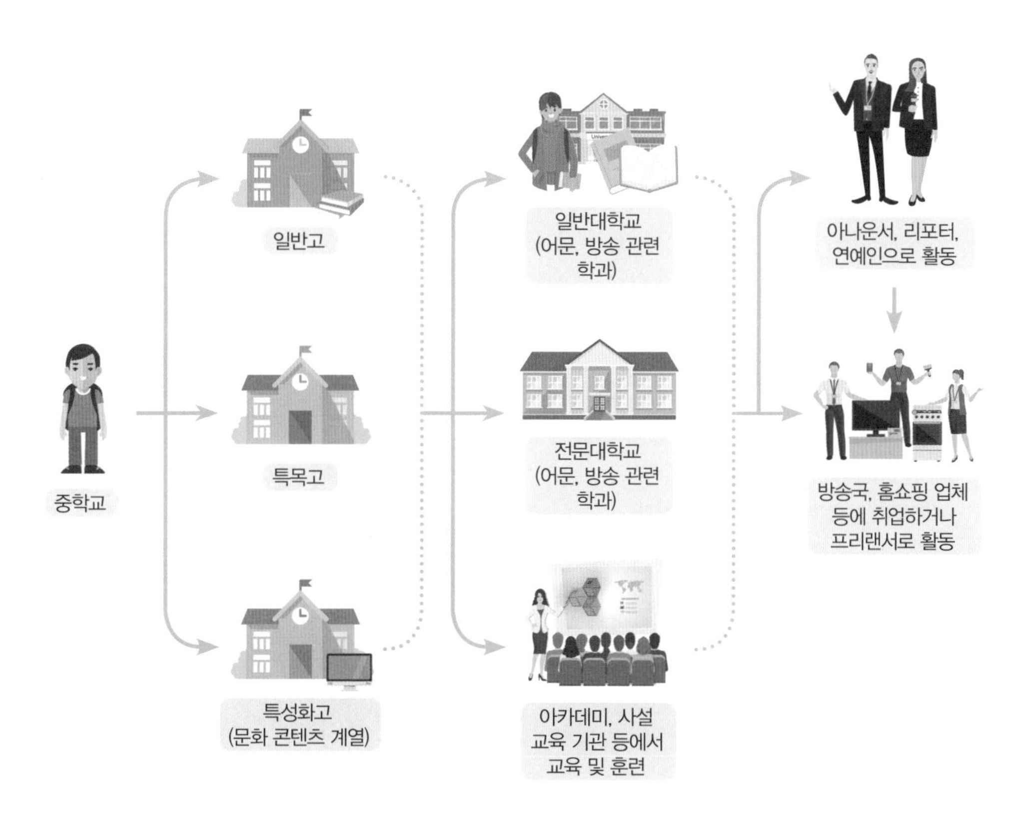

△ 쇼핑 호스트의 커리어 패스

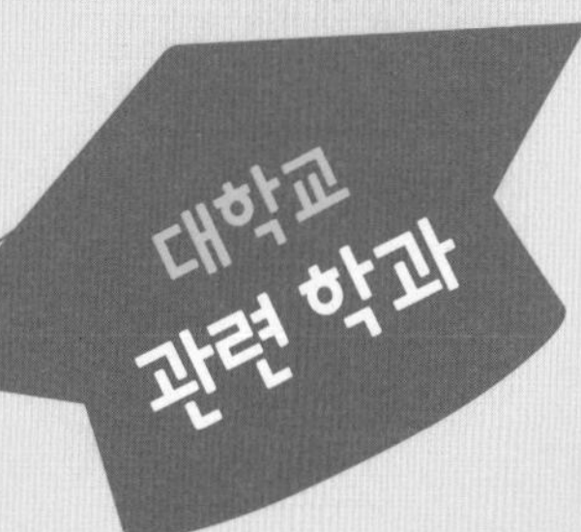

영상예술학과

학과 소개

멀티미디어가 일반화된 현재는 미디어를 통해 전달할 영상 콘텐츠가 필요하고, 영상 예술 분야에서는 이러한 콘텐츠 제작을 위한 전문가가 필요하다. 영상예술학과에서는 연출, 제작, 촬영, 편집 등 영상과 관련된 전 분야를 포함하여 사진, 영화, 비디오, 컴퓨터 등의 영상 매체를 새로운 접근 방식으로 공부한다. 여러 가지 미디어와 영상 자료를 제작하고 연출하는 방법 등을 연구하며, 영상 예술과 관련된 분야까지 폭넓게 배운다.

진출 직업

게임 기획자, 공연 기획자, CF 감독, 쇼핑 호스트, 방송 기자, 방송 연출가, VJ, 사진기자, 신문 기자, 애니메이션 기획자, 연극 · 영화 및 방송 기술 감독, 연극 연출가, 영사 기사, 영상 · 녹화 및 편집 기사, 영화감독, 영화 제작자, 예체능 계열 교수, 음향 및 녹음 기사, 잡지 기자, 조명 기사, 촬영 기사, 촬영 기자 등

관련 학과

다매체영상학과, 영화영상학과, 디자인영상학부, 미디어영상공연학과, 미디어영상학과, 미디어콘텐츠학과, 방송영상학과, 언론영상학과, 영상디자인과, 영상문화학과, 영상미디어학과, 영상애니메이션학과, 영상제작학과, 영상학과, 커뮤니케이션학부, 3D입체영상과, 광고편집과, 멀티미디어과, 무대미술과 등

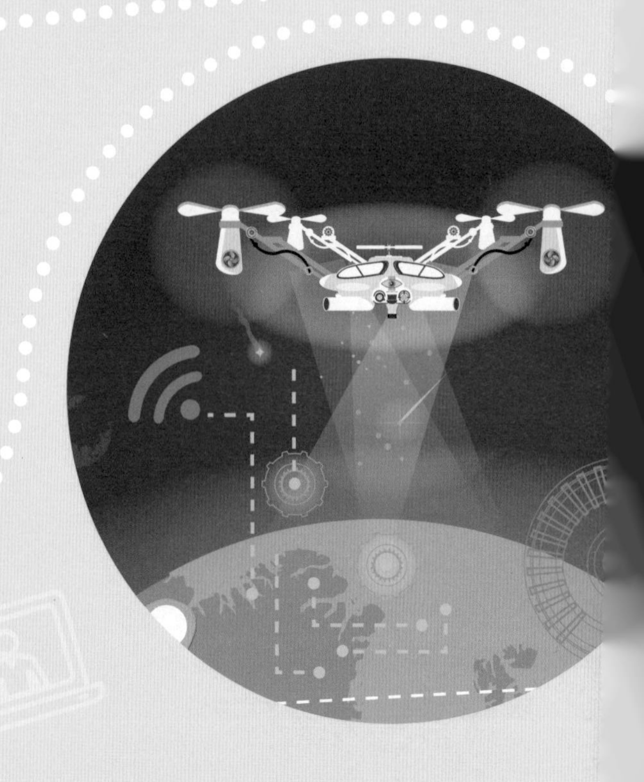

멀티미디어 콘텐츠제작전문가, 웹디자인기능사, 컴퓨터그래픽스 운용기능사 등

자격 및 면허

★기업체★ 방송국, 홈쇼핑 및 인터넷 쇼핑업체, 위성 및 지상파 방송국, 인터넷 방송업체, 케이블 방송국, 각 기업체 사내 방송국, 신문사, 잡지사, 멀티미디어 콘텐츠 제작 업체, 인터넷 콘텐츠 기획 및 제작 업체, 영화 제작사, 극장 및 극단, 기업체의 홍보실, 이벤트 사업체, 오락 및 연예 기획사 등

★학교★ 중 · 고등학교 방과 후 학교 강사, 특성화고 교사, 대학교 교수 등

★중앙 정부와 지방 자치 단체★ 공영 방송, 중앙 정부 영상 및 방송 관련 공무원

★자영업★ 이벤트 업체, 프리랜서, 연예 기획사 등

진출 분야

적성 및 흥미

학창 시절에 사진이나 그림 등으로 동영상을 제작한 경험을 했거나 동영상을 촬영하여 편집하는 등의 영상 편집에 흥미가 있으면 좋다. 또한 영상을 활용하여 설명을 하거나 다른 사람을 설득하는 능력이 있으면 도움이 된다. 공연 및 영상 예술에 관심이 많고, 개성과 창의력, 미적 감각, 예술적 감수성 등이 요구된다. 자신의 생각이나 감정을 영상 매체를 통해 표현하기 위해서는 관찰력과 탐구력이 뒷받침되어야 하며, 영상 매체 장비를 잘 다룰 수 있어야 한다.

중·고등학교 학교생활 포트폴리오

★동아리 활동★

방송, 연극, 음악, 뮤지컬 등의 동아리 활동을 통해 경험을 쌓는 것이 중요하다. 특히 방송 제작과 편집은 물론 방송 진행이나 해설 등 관련 경험이 도움이 된다.

★봉사 활동★

방송국, 지역 축제 등에서 개인적인 봉사 활동을 하거나, 주변의 복지관에서 방송과 영상을 활용하여 봉사해 본다.

★독서 활동★

예술, 철학, 심리, 역사 등과 관련된 책을 많이 읽고, 특히 영화나 문학 관련 독서를 풍부하게 한다.

★교과 공부★

폭넓은 지식이 필요한 만큼 다양한 분야를 두루 공부하며, 특히 예술, 국어, 외국어, 미디어 등을 중점적으로 공부한다.

★교내 활동★

학생회 활동을 통해 학교 축제, 전시회, 발표회 등을 기획하여 방송이나 영상을 제작하고 연출하는 경험을 쌓는 것이 좋다.

★교외 활동★

방송 기기를 많이 다루어야 하는 만큼 체력이 중요하다. 유명한 공연, 예술 작품 등은 꼭 관람하고 틈틈이 여행을 하여 견문을 넓힌다.

※방송, 연극, 뮤지컬 등의 활동과 관련된 수상 경력이나 대외 활동 경력이 도움이 된다.

10 시각 디자이너

1. 시각 디자이너의 세계

2012년에 금융 자본의 중심지인 미국 월스트리트에서 시위가 벌어졌다. 상위 1%를 차지하는 사람들의 탐욕과 부패를 더 이상 두고 보지 않겠다는 운동이었다. 그리고 몇 명의 디자이너들이 이 시위와 관련된 로고를 제안했는데, 그 대표적인 사람이 시각 디자이너로 유명한 시모어 쿼스트(Seymour Chwast)이다.

그는 1931년 뉴욕에서 태어나 어릴 때부터 미술에 관심이 많았고 미대에 들어가 그래픽 디자인과 일러스트레이션을 전공했다. 현재 80대 중반을 넘어 아흔을 바라보는 나이에도 미국의 시각 디자인을 이끌어가고 있으며, 유럽보다 뒤쳐졌던 미국의 그래픽 디자인을 세계 최고 수준으로 끌어올렸다는 평가를 받는다. 그는 1954년 밀튼 글레이저(Milton Glaser)와 에드워드 소렐(Edward Sorel)과 함께 푸시 핀 스튜디오를 시작하면

서 그래픽 디자이너로서 두각을 나타내기 시작했다. 그는 시각 디자인에서 "스타일보다는 아이디어가 중요하며 그리기 전에 생각하라."라는 말로 아이디어의 중요성을 강조하기도 하였다. 그래서인지 시모어 쿼스트의 작품에는 유머러스하고 기발한 아이디어가 돋보이는 작품이 많다. 그가 성공할 수 있었던 가장 큰 이유는 아이디어를 강조한 독창적인 창의력이 아닐까 한다.

시각 디자이너는 그림, 도형, 로고 등을 이용하여 사람들의 행위나 생각을 시각적인 형태로 표현하여 전달할 수 있도록 디자인하고, 컴퓨터 그래픽을 이용하여 디자인 결과를 시각적으로 표현하기도 한다. 시각 디자인에는 광고 디자인, 포장 디자인, 편집 디자인, 북 디자인, 글자체 디자인, 일러스트레이션, 기업 이미지(CI: Corporate Identity) 및 브랜드 이미지(BI: Brand Identity) 디자인, 웹 디자인 등이 있다.

그래픽 디자인으로 많이 사용하고 있는 시각 디자인은 광고 수단으로 사용하기 시작한 그림이나 문자와 같은 표현 방법에서 유래되었다고 할 수 있다. 현대에 와서 정보를 전달하고 소식을 알려주는 신문이나 잡지의 광고, 텔레비전이나 인터넷을 통한 광고, 대형 간판이나 조형물을 통한 광고, 안내문이나 인쇄물을 통한 광고 등도 그 시작은 포스터에서 찾아볼 수 있다. 18세기에 출판된 서적에서 일러스트레이션이나 공연 광고를 찾아볼 수 있는데, 이런 광고에서 포스터가 발달한 것으로 보아, 시각 디자인은 서적에 광고를 하면서 유래되었다고 할 수 있다.

그것이 알고 싶다 각 분야의 디자이너들은 무슨 일을 할까?

- **광고 디자이너:** 영상이나 인쇄 매체의 광고 화면을 구성하고 필요한 그림과 이미지를 디자인한다.
- **편집 디자이너:** 책, 잡지 등 출판물의 표지와 내지를 디자인한다.
- **북/표지 디자이너:** 책의 내지와 표지 등을 전문으로 디자인한다.
- **서체(문자) 디자이너:** 인쇄, 영상 매체에 필요한 각종 글꼴을 디자인한다.
- **일러스트레이터:** 그림책, 잡지, 홍보물, 영상 등에 등장하는 각종 그림이나 문양을 디자인한다. 만화가, 삽화가와 비슷하다.
- **CI/BI 디자이너:** 기업의 통합 이미지(CI)나 브랜드 통합 이미지(BI)를 디자인한다.
- **캐릭터 디자이너:** 사람이나 동물, 제품이나 물건 등을 대표하는 캐릭터를 디자인한다.
- **포장(패키지) 디자이너:** 제품 포장에 필요한 포장 상자, 포장 용기, 포장지 등을 디자인한다.

2. 시각 디자이너가 하는 일

시각 디자이너는 회의를 통해 작업할 일의 기본 방향과 디자인 콘셉트를 정하고, 디자인 목적에 맞게 강조할 부분이나 특징적인 부분 등을 정한다. 이것들을 어떤 크기로 어떻게 배치할지 모양이나 배치를 전체적으로 정하고 사진, 그림, 텍스트, 삽화 등을 계획에 맞게 배치하는 세부 작업을 한다. 상업용으로 인쇄, 제작될 경우 제작 과정을 확인하여 디자인이 시안대로 잘 완성되었는지 검토하여 작업을 마무리한다. 주로 담당하는 분야에 따라 구체적인 업무 내용은 조금씩 달라질 수 있다.

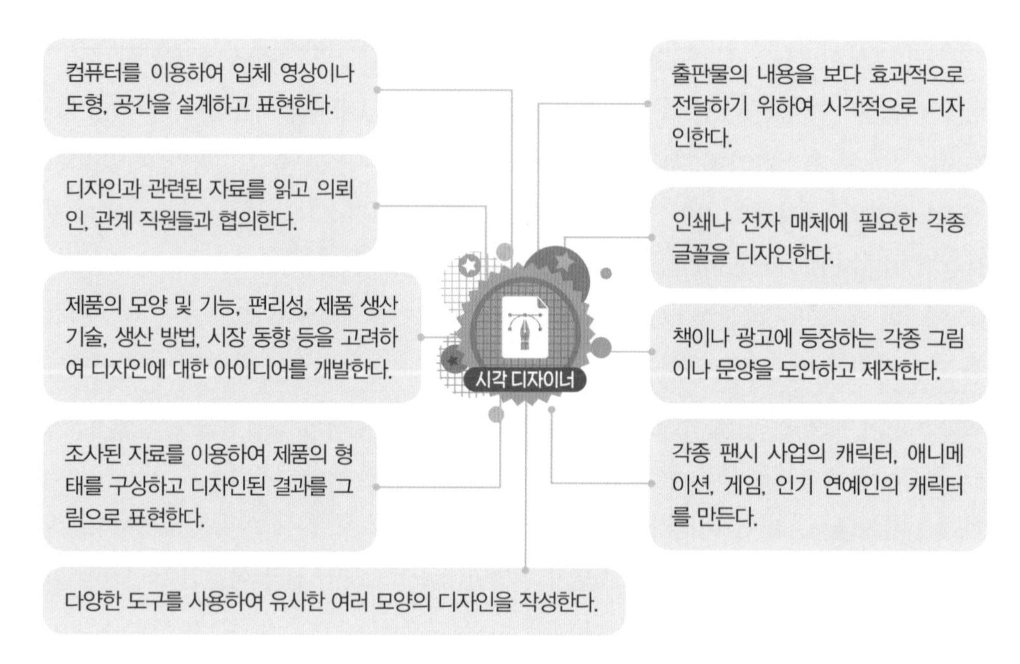

시각 디자이너는 다양한 정보를 효율적으로 표현, 전달할 수 있도록 이미지를 디자인하고 표현하는 일을 한다. 작업 의뢰가 들어오면 디자인의 기본 방향을 설정하고, 디자인 목적에 맞게 사진, 그림, 텍스트, 삽화 등을 시각적으로 배치한다.

시각 디자이너와 관련 있는 직업으로는 제품 디자이너, 가구 디자이너, 자동차 디자이너, 보석 디자이너, 팬시 및 완구 디자이너, 가방 디자이너, 신발 디자이너, 휴대폰 디자이너, 조명 디자이너, 패션 디자이너, 속옷 디자이너, 직물 디자이너, 인테리어 디자이너, 디스플레이어, 광고 디자이너, 북 디자이너, 일러스트레이터, 포장 디자이너, POP 디자이너, 웹 디자이너, 게임 그래픽 디자이너, 캐릭터 디자이너, 컬러리스트, 플로리스트, 영상 그래픽 디자이너, 캐드원 등이 있다.

일러스트레이션이 무엇일까?

일러스트레이션(Illustration)은 쉽게 표현하면 삽화라는 말과 비슷하다. 사람들에게 어떤 의미를 전달하기 위해 제작된 그림으로 디자인 작업의 한 종류로 분류하고, 간단하게 '일러스트'라고 부르기도 한다. 광고를 예로 들면, 본래의 광고가 전달하려는 상세한 내용에 사람들이 관심을 가질 수 있도록 보조적으로 삽화를 사용하는 것과 유사하다.

일러스트레이션의 표현 형식은 일반적으로 사실적인 모양 그대로 표현하는 방법, 간단한 도형으로 단순화하는 방법, 추상적인 형태로 표현하는 방법, 만화로 표현하는 방법, 스타일을 적용하여 패턴으로 표현하는 방법 등이 있다.

3. 시각 디자이너에게 필요한 능력

이미지를 디자인할 때 창의력, 색채 감각, 조형 감각 등을 갖추고 있으면 도움이 되고, 새로움을 추구하려는 창의력과 혁신성, 섬세하고 꼼꼼한 표현력이 요구된다. 다른 사람들과 협력하여 의뢰인의 요구 사항을 디자인에 반영하는 과정도 중요하므로, 의사소통 능력과 대인 관계 능력이 필요하다.

새로운 아이디어를 산출하거나 어떤 문제를 해결하기 위해 기발한 아이디어나 대안을 낼 줄 아는 능력과 끝까지 포기하지 않는 인내심이 요구된다. 자기 방식대로 일하는 것을 즐기거나 타인에게 의지하지 않는 독립적인 성격과 리더십이 강한 성격이 좋다. 디자이너는 다른 사람들의 비판과 충고를 잘 받아들이고 이를 잘 견디는 성격에 적합하다. 회화, 디자인 등과 같은 예술적 흥미가 높은 사람에게 유리하며 주변의 사물이나 사람들의 성격을 관찰하기 좋아하고, 그 관찰 내용을 글이나 그림으로 표현하기 좋아하는 사람에게 추천할 만한 직업군이다.

시각 디자이너라는 직업은 창의력과 선택적 집중력이 많이 필요하다. 주어진 주제나 상황에 대하여 독특하고 기발한 아이디어를 만들어 내고 일에 집중할 수 있어야 한다. 의뢰인의 주문 사항에 맞춰야 하기 때문에 협상력과 설득력은 업무의 기본이라고 할 수 있다. 디자이너답게 듣고 이해하여 추리하는 능력과 공간 지각력, 분석력이 좋아야 하며, 업무와 관련된 것을 모니터링하는 능력도 필요하다.

시각 디자이너는 미술, 음악, 대중문화 등과 같은 예술적 지식을 많이 필요로 한다. 시각적으로 표현된 결과물을 디자인하기 때문에 작문(문자를 써서 표현하는 일)을 잘 해야 하고 문법과 맞춤법에 해박해야 한다. 인간의 역사, 인류의 지원이나 문명의 발달 등 사회학과 인류학은 물론 사람들의 행동이나 성격을 이용할 수 있는 심리학에 대한 지식도 풍부할수록 좋다.

4. 시각 디자이너와 관련된 학과 및 자격증

- **관련 학과:** 미술학과, 산업디자인학과, 시각디자인학과, 의류 · 의상학과, 조형학과, 공업디자인학과, 디자인공학과, 제품디자인학과, 게임디자인학과, 광고콘텐츠디자인학과, 디지털아트전공, 비주얼아트학과, 생활디자인학과 등
- **관련 자격:** ACS(Adobe Certified Specialist), 시각디자인기사/산업기사, 컴퓨터그래픽스운용기능사 등이 있다. 한국시각정보디자인협회, 한국패키지디자인협회, 한국디자인진흥원 등의 관련 단체에서 자세한 내용을 알아 볼 수 있다.

5. 시각 디자이너의 직업 전망

앞으로 시각 디자이너의 채용 규모는 현재 상태를 유지할 것으로 보인다. 각종 미디어가 발달하고 대중 매체가 다양화되면서 여러 가지 시각적 이미지를 통해 정보를 효율적으로 전달해야 할 필요성이 증가하고 있다. 시각적인 효과를 중시하는 소비자들이 자연스럽게 상품 시장을 이끌어 가면서 기업 경영이나 브랜드 이미지에서 디자인의 역할이 갈수록 커지고 있다. 인터넷을 비롯한 다양한 매체를 통하여 최신 시각 디자인을 접할 기회가 많아지면서 사람들의 안목이 높아지며 디자인에 대한 기대가 커지고 있다. 이에 좀 더 전문적인 디자인 능력과 자질을 갖춘 시각 디자이너에 대한 수요가 늘어날 것으로 전망된다.

그러나 최근 들어 소규모 디자인 업체가 늘어나고 있고, 대규모 기업 위주로 합병될 가능성도 있어 시각 디자이너 일자리의 수를 장담하기는 어렵다. 직업군의 특성상 철저히 능력 위주로 평가받기 때문에 인지도가 있는 전문 디자인 업체에 채용되기 힘들다면 개인적으로 실력을 쌓으며 각종 디자인 공모전에 참여하는 등 자기 계발에 힘써야 한다.

시각 디자이너에게 필요한 지식수준은?

시각 디자이너는 사람들의 심리를 이용하여 이목을 집중시킬 수 있는 디자인을 하는 사람이다. 그러므로 디자인과 심리학을 포함하여 국어, 미디어, 사회학 등을 두루 공부해야 한다.

교육 국어 디자인 마케팅 미디어 사회 심리 예술 지리 철학

시각 디자이너

시각 디자이너로 일하려면 전문 대학 및 대학교의 시각 디자인 관련 전공을 택하거나, 사설 디자인 학원에서 디자인 관련 지식과 기술을 익히는 방법이 있다. 대학의 관련 학과에서는 색채론, 디자인론, 디자인방법론, 디자인사 등의 이론을 배우고, 그래픽 디자인, 편집 디자인, 출판 디자인, 일러스트레이션, 포장 디자인, 광고 디자인 등에 대한 실습을 한다.

대학에서 디자인 관련 전공을 하거나 학원을 통해 공부를 하고 나서 주로 광고 디자인, 편집 디자인, 일러스트레이션 등의 전문 디자인 업체, 기업체의 광고 및 홍보부서, 신문사나 잡지사의 편집부, 광고사, 방송국 등으로 진출한다. 디자인 전문 업체에서는 결원이 생기면 정기적으로 공개 전형이나 추천을 통해 인력을 채용한다. 대개 서류 전형, 면접, 디자인 실기 시험을 통하여 선발하며 디자인 관련 포트폴리오 제출을 요구하는 업체도 있다. 업체에 따라 채용 시 디자인 공모전에서 입상한 사람을 우대하기도 한다.

경력을 쌓은 후에는 디자인 업체를 창업하기도 하고 프리랜서로 활동하기도 한다. 업체의 규모와 성격에 따라 차이가 있지만 시각 디자이너는 대개 실력에 따라 승진과 보수가 결정된다.

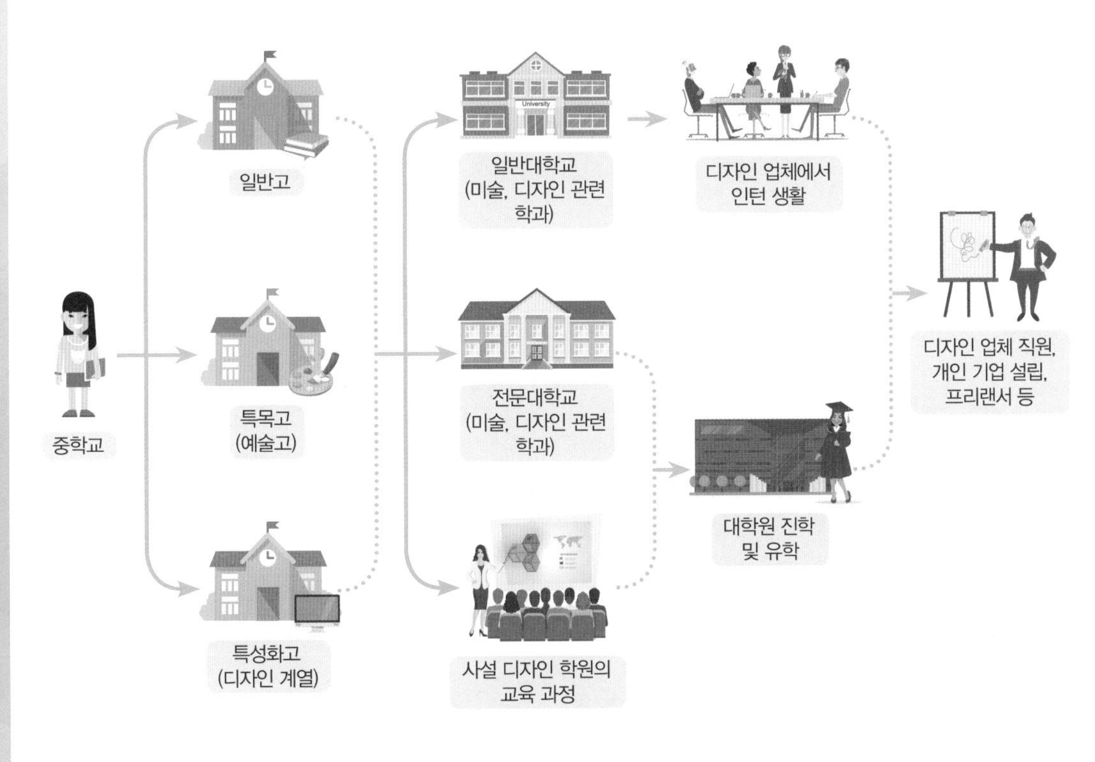

시각 디자이너의 커리어 패스

시각디자인학과

시각 디자인은 시각 언어로 메시지를 작성하고 이를 전달하여 사람들의 행동과 생각에 영향을 미치는 디자인 영역이다. 그러므로 여러 대중과의 커뮤니케이션, 즉 소통 효과를 극대화하기 위한 시각적인 실험과 조형적인 탐구를 요구한다. 과학 기술이 발달하면서 전통적인 매체인 인쇄 매체를 비롯하여 영상, 애니메이션, 컴퓨터 그래픽스, 멀티미디어, 모바일에 이르기까지 시각 디자인의 영역이 더욱 광범위해지고 있다.

가방 디자이너, 게임 그래픽 디자이너, 광고 및 홍보 사무원, 광고 디자이너, CF 감독, 디스플레이어, 디자인 강사, 모바일 콘텐츠 개발자, 북 디자이너, 시각 디자이너, 신발 디자이너, 영상 그래픽 디자이너, 예능 강사, 예체능 계열 교수, 웹 디자이너, 일러스트레이터, 제품 디자이너, 조명 디자이너, 직물 디자이너, 출판물 편집자, 캐릭터 디자이너, 컬러리스트, 팬시 및 완구 디자이너, 포장 디자이너, 휴대폰 디자이너 등

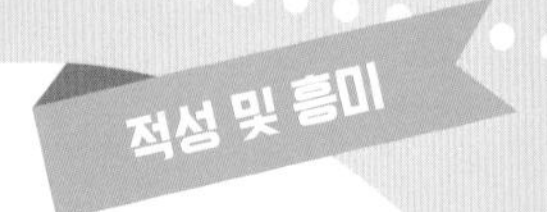

사람이나 사물, 축제나 행사 등에서 느낀 것을 이미지를 이용하여 시각적으로 표현할 수 있는 능력이 요구된다. 다른 디자인 영역에서와 마찬가지로 다양한 분야의 예술과 사상을 접하여 안목을 넓히는 것이 좋고 남다른 미적 감각과 감수성, 창의력, 표현력이 필요하다. 특히 디자인, 시각예술, 대중문화, 시대적인 유행, 새로운 상품 등에 대한 지속적인 관심과 탐구가 중요하다.

미술학과, 산업디자인학과, 시각디자인학과, 의류 · 의상학과, 조형학과, 공업디자인학과, 디자인공학과, 제품디자인학과, 게임디자인학과, 광고콘텐츠디자인학과, 디지털아트전공, 비주얼아트학과, 생활디자인학과 등

중·고등학교
학교생활 포트폴리오

★동아리 활동★

미술, 조소, 홍보, 방송 등 미술이나 방송과 관련된 동아리가 도움이 된다. 미술이 아니라면 제품을 디자인하거나 분석하는 동아리를 조직하여 활동하는 것도 좋다.

★봉사 활동★

방송이나 영상을 통해 다른 사람들에게 만족감을 주는 활동, 포스터나 광고로 홍보하는 활동, 여러 사람들과 함께 소통하는 활동을 추천한다.

★독서 활동★

예술, 철학, 역사, 사상, 디자인 등과 관련된 다독을 권하며, 더불어 유명한 광고나 예술 작품을 접하도록 한다.

★교과 공부★

폭넓은 지식이 필요한 만큼 다양한 분야를 두루 공부하며, 특히 예술과 디자인, 방송, 역사, 외국어 등에 좀 더 신경을 쓴다.

★교내 활동★

학생회를 통해 학교 행사를 기획 · 홍보하거나, 방송반을 통해 규칙적인 홍보 기회를 갖고, 예술 관련 행사의 도우미로 활동한다.

★교외 활동★

사람들과 함께 다양한 제품을 접한 경험과 활동이 중요하게 작용한다. 체력이 닿는 데까지 유명한 전시회, 공연 등은 꼭 관람하고 여행을 통해 시야를 넓힌다.

※미술을 비롯한 예술, 제품 디자인이나 홍보 등과 관련된 수상 경력이나 대외 활동 경력이 도움이 된다.

자격 및 면허

게임그래픽전문가, 게임기획전문가, 멀티미디어콘텐츠제작전문가, 시각디자인기사, 웹디자인기능사, 전자출판기능사, 제품디자인기사, 제품응용모델링기능사, 컴퓨터그래픽스운용기능사, 컬러리스트기사, 포장산업기사, ACE(Adobe Certified Expert), ACS(Adobe Certified Specialist), ACTP(Adobe Certified Training Program) 등

진출 분야

★기업체★
자동차 제조업체, 멀티미디어 업체, 이벤트 업체, 문구 · 완구 업체, 3D 업체, 게임 및 캐릭터 개발 업체, 공간 디자인 업체, 디지털제품 · 팬시 제품 · 가구 · 조명 관련 라이프스타일 디자인 업체, 방송국, 영화사, 잡지사, 조명 관련 회사, 광고 기획사 등

★학교★ 중 · 고등학교 예술 강사, 미술 교사, 대학교 교수 등

★중앙 정부와 지방 자치 단체★
정부 및 자치 단체 홍보 및 공고 관련 공무원

★자영업★
디자인 업체, 인쇄소, 프리랜서 등

ARTISTIC • 예술형 A

11 웹툰 작가

1. 웹툰 작가의 세계

'원 소스 멀티 유즈(One Source Multi-Use)'라는 말은 하나의 작품을 가지고 여러 경로나 매체로 확장하여 부가 가치를 높이는 것을 뜻하는데, 그 대표적인 사례로 조앤 롤링(Joanne Rowling)의 작품 해리포터를 들 수 있다. 원작 판타지 소설이 영화로 만들어지면서 많은 인기를 얻었고 전 세계적으로 천문학적인 수익을 올렸다. 다빈치코드, 반지의 제왕, 아가씨, 터널, 덕혜옹주 등의 작품 역시 소설이 원작이다. 그런데 최근에는 소설뿐만 아니라 웹툰도 영화나 드라마로 제작되면서 많은 인기를 얻고 있으며, 웹툰 작가 또한 유망 직업으로 떠오르고 있다. 미생, 송곳, 동네변호사 조들호, 부암동 복수자들, 신의 탑 등이 TV를 통해 다시 드라마로 제작되어 인기를 얻은 웹툰 작품들이다.

이뿐만이 아니다. 2016년에는 현실 세계의 여주인공과 만화 속 남주인공 사이의 사랑과 모험을 다룬 더블유(W)가 공중파에서 방송되기도 하였다. 현실 세계의 초보 여의사 오연주가 우연히 인기 절정 웹툰 'W'에 빨려 들어가, 주인공 강철을 만나 로맨스가 싹트면서 다양한 사건이 일어나는 드라마로서 당시 실사와 웹툰 장면을 교차 편집한 화면과 신선한 스토리로 많은 관심을 받았다.

'웹(Web)'이라는 단어와 '카툰(Cartoon)'이라는 단어가 합쳐져 탄생한 웹툰(Webtoon)은 인터넷을 통해 연재되는 만화를 의미한다. 웹툰 작가는 작품을 그리기 전에 소재와 주제를 찾아내어 작품을 구상하고, 필요하면 추가 자료를 수집한다. 그림을 그리는 작업에서는 설계도와 같은 콘티를 짜고 컷을 나누어 스케치, 채색, 편집, 대사 등을 작업한다. 이렇게 완성된 만화를 인터넷을 통해 웹 사이트에 연재하는 일을 한다.

과거에는 종이에 기본 밑그림을 그려, 스캐너로 스캔한 파일을 포토샵 프로그램으로 작업하는 경우가 많았다. 하지만 최근에는 펜으로 그림을 그릴 수 있는 태블릿이 등장하면서 종이에 작업하지 않고 바로 컴퓨터에서 작업한다.

그것이 알고 싶다 콘티와 컷은 무엇이 다를까?

콘티(Conti)란 만화를 그리기 전에 작품을 전체적으로 알아볼 수 있도록 글이나 연출 내용을 삽입하여 대략적으로 그려 놓은 그림을 의미한다. '얼개그림'이라는 순화어도 있지만 영화, 드라마, 만화, 패션쇼, 공연 등의 분야에서 콘티라는 용어를 많이 사용한다. 콘티는 작가에 따라 그 스타일이 다양한데, 예를 들면 대사와 그림을 함께 넣는 경우도 있고, 말풍선과 대사만으로 구성하기도 한다. 간단한 그림만으로 표현하는 경우도 있다.

컷(Cut)은 원래 편집과 영화에 사용되는 방송 용어이다. 방송에서는 하나의 화면에서 다른 화면으로 넘어가는 것을 의미하지만, 글과 그림의 편집에서는 글의 내용이 부족하거나 많을 때 그 내용을 함축적으로 보여 줄 수 있는 작은 삽화를 말한다. 신문이나 만화책을 보면 4컷 만화라는 것을 볼 수 있듯이 만화에서는 하나의 장면을 나타낸 그림을 가리킨다.

2000년대 초반까지만 해도 만화방에 가서 만화를 보거나 만화책을 빌려 보았으며, 만화를 좋아하는 사람들은 월간 만화잡지를 정기적으로 구독하기도 하였다. 그런데 10년도 채 지나지 않아 종이책으로 된 만화 산업은 사양길로 들어섰고, 컴퓨터나 휴대전화로 만화를 보기 시작하였다. 정보 기술과 인터넷 매체의 발달은 컴퓨터로 만화를 직접 그려 웹 사이트에 올리는 웹툰 작가가 등장하는 계기가 되었다.

만화나 애니메이션하면 먼저 떠오르는 나라가 일본이다. 일본이 종이책으로 된 만화의 중심이라면, 웹툰은 우리나라를 중심으로 활성화되었으며 세계적으로 경쟁력이 높은 편이다. 최근 영국에서 열린 도서전에서 '미생'으로 유명한 윤태호 작가의 팬 미팅에 많은 팬들이 모였다고 한다. 우리나라의 웹툰이 세계적으로 인기를 끌면서, K-POP과 한국드라마와 함께 한류의 주축으로 자리를 잡아 가고 있다.

웹툰 작가들은 주로 대형 포털 사이트에 만화를 연재하고 있다. 네이버(NAVER), 다음(DAUM), 네이트(NATE) 등과 같은 포털 사이트는 물론 레진코믹스, 파파스미디어 등과 같이 웹툰을 전문적으로 제공하는 웹 사이트도 등장하였다. 웹 사이트에 연재하는 작가도 있으나, 개인 블로그를 통해 작품 활동을 하는 경우도 있고 쇼핑몰이나 인터넷 서점을 통해 만화를 연재하기도 한다. 인터넷만 연결되는 곳이라면 언제 어디서나 웹툰을 감상할 수 있는 만큼, 웹툰 작가의 활동 무대는 무한하다고 할 수 있다.

2. 웹툰 작가가 하는 일

웹툰 작가는 재미있고 흥미로운 이야기를 구성하여 컴퓨터로 만화를 그려 웹 사이트를 통해 제공하는 일을 한다. 만화를 형식에 따라 카툰(Cartoon), 캐리커처(Caricature), 코믹스(Comics) 등으로 나누는데, 웹툰은 카툰이나 코믹스를 웹으로 제공하는 것으로 볼 수 있다. 참고로 우리가 알고 있는 일반적인 만화는 단행본이나 잡지 연재물 같은 일반 만화인 코믹스를 가리킨다.

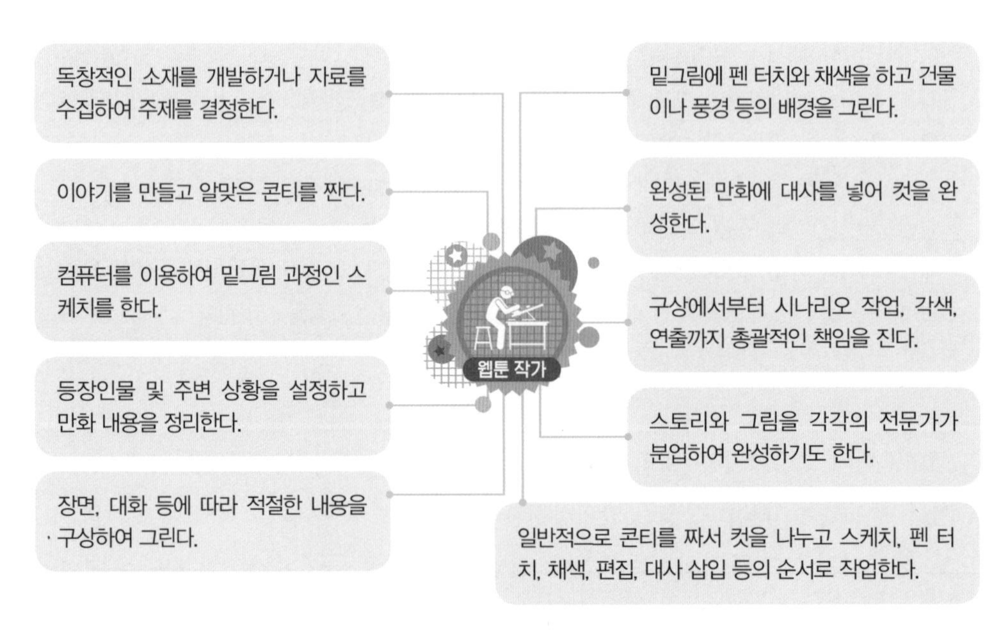

웹툰 작가와 관련 있는 직업

웹툰 작가와 관련 있는 직업으로는 만화가, 화가, 애니메이터, 콘티 작가, 방송 작가, 공예가, 조각가, 서예가, 예능인, 사진 작가 등이 있다.

웹툰이 무엇인지 설명하는 것이 오히려 이상할 정도로 웹툰은 대중적이고 일반적인 용어가 되었다. 인터넷과 스마트폰의 보급이 폭발적으로 늘어나면서 웹툰 시장도 커지고 작품 활동을 하는 웹툰 작가도 인기와 명성을 누리는 전성시대를 맞이하고 있다. 웹툰이 시작된 초창기에는 거의 대부분의 웹툰이 무료로 제공되었지만, 지금은 전문 웹 사이트를 통해 유료로 제공되는 경우가 늘고 있다.

그것이 알고 싶다 펜 터치가 무엇일까?

펜 터치(Pen Touch)란 종이책 만화의 경우 스케치한 밑그림에 연필이나 펜으로 덧칠하여 그림을 완성하는 것을 말한다. 밑그림에 진하거나 흐리게 덧칠을 하여 그림을 완성하는 작업으로 보면 된다. 컴퓨터 작업의 경우 밑그림을 확대하여 작은 픽셀별로 진하게 색을 넣거나 연하게 하여 그림을 완성하는 작업을 의미한다.

3. 웹툰 작가에게 필요한 능력

웹툰은 그림과 이야기로 구성되어 있으나 웹툰에서 차지하는 비중을 고려할 때 그림이 훨씬 중요하기 때문에 웹툰 작가가 되려면 무엇보다 그림을 잘 그려야 한다. 기본적인 그림 실력을 바탕으로 이야기를 꾸려나갈 수 있는 스토리 구성 능력이나 언어 능력, 창의력이 필요하다. 늘 새롭고 재미있는 것을 찾는 독자의 욕구를 충족시킬 수 있도록 풍부한 상상력과 창의력, 감각적인 아이디어를 갖추도록 노력해야 한다. 웹툰이 일반화되고 그림을 그리는 과정도 컴퓨터로 디지털화되면서 그래픽 관련 프로그램을 사용하여 만화를 그릴 수 있도록 프로그램 사용 능력을 갖추는 것도 중요하다.

혼자서 그림을 그려 보거나 만화를 공부하는 것도 좋지만 단시간에 실력을 향상시키려면 사설 교육 기관 등에서 도움을 받는 것이 효과적일 수 있다. 특히 작품을 창작할 때 다른 사람의 작품을 보면서 단서를 얻는 경우가 종종 있다. 완성된 작품을 보면서도 많은 영감을 얻을 수 있으므로 다양한 웹툰 작가의 작품을 감상하거나 웹툰 작가를 꿈꾸는 사람들과 소통하며 시간을 보내는 것도 도움이 될 수 있다.

하나의 독립된 이야기를 만들고 그것을 만화로 구성해야 하므로 상상력과 독창성이 무엇보다 중요하다. 시간이 날 때마다 역사, 철학, 인문학은 물론 각종 소설, 드라마, 영화 등에 대한 폭넓은 지식과 배움의 기회를 놓치지 말아야 한다. 웹툰에서는 시대적 배경과 환경도 스토리 구성에서 중요한 비중을 차지하므로 여행을 자주 다니는 것도 좋다.

작가마다 다르지만 여러 컷이 모인 한 회분의 작품을 창작하려면 상당한 시간과 노력이 필요하므로 긴 시간 동안 끝까지 해내려는 인내심이 요구된다. 태블릿과 컴퓨터를 활용한다 해도 기본적으로 손으로 그림을 그리므로 손재능이 있어야 한다. 또한 웹 사이트에 규칙적으로 연재해야 하므로 시간 약속을 잘 지키는 책임감도 필요하다. 간단하게 요약해 보면, 웹툰 작가가 되려면 그림이나 만화에 대한 흥미, 컴퓨터 작업에 대한 적성, 다양한 독서와 여행, 폭넓은 지식과 탐구 정신, 인내력과 책임감 등을 갖출 수 있도록 준비해 나가야 할 것이다.

4. 웹툰 작가와 관련된 학과 및 자격증

- **관련 학과:** 미술학과, 애니메이션학과, 영상애니메이션학과, 만화창작과, 만화예술학과, 컴퓨터애니메이션과, 캐릭터애니메이션과 등
- **관련 자격:** 만화를 잘 그릴 줄 아는 능력이 우선이며 특별한 자격은 필요하지 않다.

5. 웹툰 작가의 직업 전망

과거 만화책 시장이 일본을 중심으로 활성화되었다면, 웹툰 시장은 우리나라를 중심으로 활성화되어 있다. 2000년대 초반에는 국제만화페스티벌에 참가하는 데 의미를 두었으나, 2010년 이후에는 우리나라가 주요국으로 자리매김을 하고 있다. 전체 만화 시장에서 웹툰이 차지하는 비중이 지속적으로 증가하고 있으며, 웹툰을 원작으로 한 드라마나 영화 제작이 활발해지면서 앞으로도 웹툰 시장의 규모는 커질 것으로 전망하고 있다. 돈을 지불하는 유료 웹툰 서비스가 더욱 활성화되고, 웹툰을 비롯한 디지털 콘텐츠에 대한 정부의 정책적 지원, 웹툰을 원작으로 하는 드라마나 게임 제작 등 웹툰을 기반으로 다양한 산업 분야가 활성화되어 웹툰 작가에 대한 수요가 증가할 것으로 보인다.

웹툰 작가에게 필요한 지식수준은?

웹툰 작가는 다른 작품과 차별되는 창의적인 이야기로 만화를 창작하는 직업이다. 디자인, 국어, 심리학에 대한 지식수준이 높아야 독창적인 웹툰을 창작하는 데 도움이 된다.

국어 디자인 미디어 사회 상담 심리 역사 예술 지리 철학

웹툰 작가

웹툰 작가가 되기 위한 정규 교육 과정은 없다. 현재 활동하는 웹툰 작가들을 보면 예전부터 유명한 만화가의 문하생으로 활동하다 만화가로 데뷔한 경우, 미술을 전공하고 블로그 등에 그림이나 만화를 그리다가 작가로 데뷔한 경우, 미술과 상관없는 분야를 전공했지만 그림 그리는 것을 좋아해서 작가가 된 경우 등 다양한 경로를 거쳐 작가가 되었다. 최근에는 만화나 애니메이션 관련 학과가 대학에 많이 생겨 대학에서 충분히 역량을 기른 후 활동하기도 한다.

웹툰 작가가 되는 일반적인 방법은 크게 세 가지가 있다.

첫째, 인터넷 포털 사이트의 아마추어 게시판을 통해 데뷔하는 방법이다. 근래에 많은 작가들 중 절반 이상이 이 방법을 통해 데뷔하고 있다. 네이버(NAVER)는 베스트 도전, 다음(DAUM)은 웹툰 리그 게시판을 통해 아마추어 작가들에게 공간을 열어 주고 있다. 분량, 내용, 실력에 상관없이 아무나 웹툰을 그려 올릴 수 있으며, 조회수가 많아지고 인기를 얻으면 자연스럽게 작가로 데뷔하게 된다.

둘째, 공모전에서 수상하여 데뷔하는 방법이 있다. 인터넷 포털 사이트의 공모전, 대학만화 최강자전, 공공 기관의 공모전 등에서 수상하면 수상작을 연재할 기회가 생겨 자연스럽게 데뷔하게 된다.

셋째, 웹툰을 지속적으로 그릴 수 있는 개인이 직접 블로그에 자기 작품을 연재하여 유명해지는 경우가 있다. 예전에는 이런 경우가 간혹 있었지만 요즘은 쉽지 않은 방법이다.

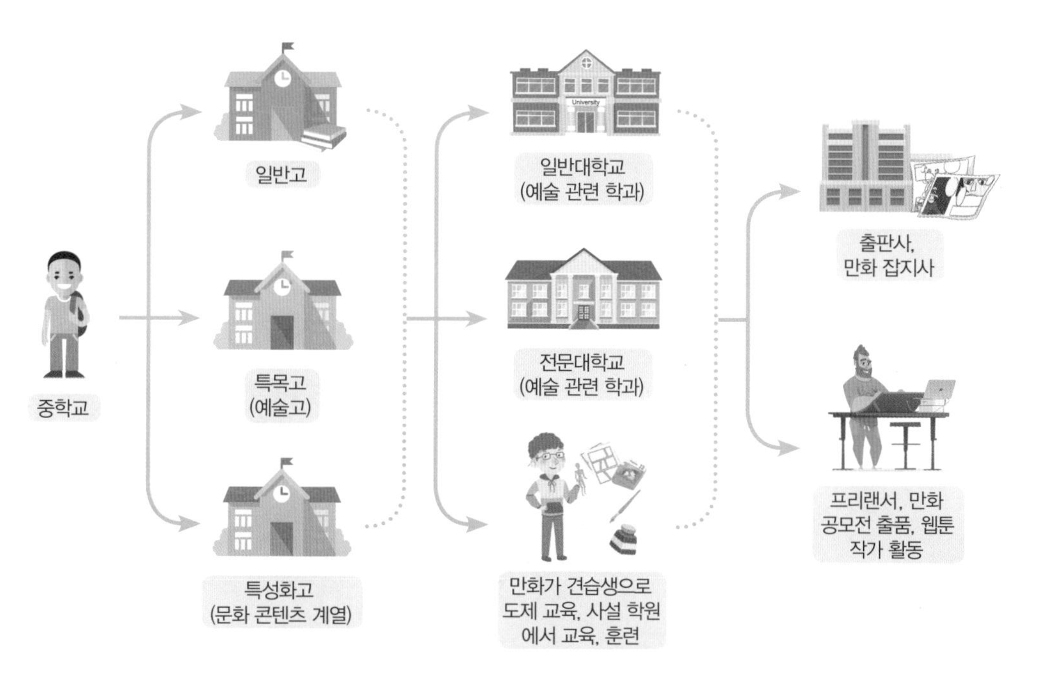

웹툰 작가의 커리어 패스

애니메이션학과

종이책 형태로 다양하게 즐기던 만화가 멀티미디어와 결합하면서 복합 예술로 변화하고 있다. 만화, 회화, 디자인, 컴퓨터 그래픽 등이 결합되어 애니메이션으로 탄생되었다. 애니메이션학과는 만화와 회화를 적절하게 혼합하여 흥미로운 이야기를 창작하는 데 필요한 내용과 기법을 익히는 수업이 주를 이룬다.

애니메이션은 회화, 디자인, 첨단 매체를 효율적으로 응용하는 종합 예술 분야이다. 그림을 그리는 기본 능력 이외에 그림을 볼 줄 아는 안목이 있어야 하며, 섬세한 그림을 그리는 작업이 많기 때문에 미적 감각과 미술에 대한 소질이 있어야 한다. 전체적인 내용을 하나의 그림으로 표현할 수 있는 분석력과 표현력이 있어야 하며, 인내심과 끈기가 많이 필요하다.

진출 직업

게임 그래픽 디자이너, 만화가, 애니메이션 기획자, 애니메이터, 영상 그래픽 디자이너, 일러스트레이터, 캐릭터 디자이너, 콘티 작가, 방송 작가, 시각 디자이너, 제품 디자이너, 북 디자이너 등

자격 및 면허

항공사진기능사,
사진기능사,
컴퓨터그래픽스운용기능사,
멀티미디어콘텐츠제작전문가,
웹디자인기능사,
시각디자인기사 등

★기업체★
애니메이션 제작사, 광고 대행사, 출판사,
멀티미디어 제작 업체, 게임 소프트웨어 개발 업체,
팬시상품 제작 업체 등

★학교★ 특성화고 교사, 방과 후 학교 강사, 대학교 교수 등

★중앙 정부와 지방 자치 단체★
정부 및 지방 자치 단체의 문화 예술 관련 공무원,
정부 홍보 분야 공무원 등

★국책 기관★ 한국콘텐츠진흥원 등

★자영업★
만화가, 웹툰 작가, 디자이너 등 프리랜서

관련 학과

출판만화전공,
애니메이션전공, 카툰코믹스전공,
만화콘텐츠전공, 만화애니메이션학과,
디자인학부, 디지털애니메이션학과,
디지털콘텐츠과, 만화예술과,
만화게임영상학과, 산업애니메이션학과,
애니메이션영상학과,
영상애니메이션학과 등

중·고등학교 학교생활 포트폴리오

★동아리 활동★

만화, 미술, 디자인 등의 동아리 활동을 통해 많은 경험을 쌓는다. 특히 만화나 애니메이션, 방송이 중심이 되는 동아리가 좋다.

★봉사 활동★

만화나 애니메이션, 회화 등의 능력을 가지고 환경 정리 활동이나 재능 기부 활동, 복지관에서 어린이를 상대로 그림을 가르치는 활동 등에 참여하여 실력을 키워 나간다.

★독서 활동★

애니메이션이나 만화는 창의적인 사고가 큰 역할을 한다. 종류를 가리지 않고 최대한 다양한 도서를 읽는 것이 좋다.

★교과 공부★

폭넓은 지식이 필요한 만큼 다양한 분야를 두루 공부하는 것이 좋다. 애니메이션이나 만화의 글감은 생활과 많이 연관되어 있다.

★교내 활동★

학생회를 통해 학교 축제, 전시회, 발표회 등에서 자신의 재능을 펼칠 수 있는 기회를 갖는 것이 좋다.

★교외 활동★

창의력과 예술적 감각이 많이 필요한 만큼 여행을 하여 다양한 경험과 기회를 갖는 것이 좋다. 특히 취미가 같은 동호회나 카페 활동도 도움이 된다.

※미술, 그림, 디자인, 방송 등의 활동과 관련된 수상 경력이나 대외 활동 경력이 도움이 된다.

12 이미지 컨설턴트

1. 이미지 컨설턴트의 세계

연예인은 팬들의 관심과 인기를 먹고 산다. 그래서 연예인마다 이미지 관리에 열심이다. 대중은 평범하고 똑같은 스타일의 연예인보다 독보적이고 신선한 매력을 지닌 연예인에 열광한다. 아이돌 연습생은 데뷔하기 전부터 이미지를 관리한다. 가수는 새 앨범을 발표하기 전에, 영화배우는 작품을 개봉하기 전에, 배우는 새로운 드라마나 작품을 시작하기 전에 특별히 더 이미지 메이킹에 신경을 쓴다.

이미지 컨설턴트로 유명한 한규리 씨는 '연예계 조물주'라고 불릴 만큼 20여 년 동안 이미지 변신이 필요한 연예인들을 성공적으로 변화시켜 톱스타로 만들어 왔다. 원래 가수로 활동하던 사람을 군 제대 후, 눈썹 모양을 바꾸고 피부 관리를 통해 이미지를 변화시켜 드라마 배우로 성장하게 하거나, 강한 인상을 지닌 한류스타를 너그러운 인상으로 변화시켜 국내와 해외에서 꾸준하게 활동할 수 있게 만드는 등의 일화를 쉽게 찾아볼 수 있다.

한 사람에게서 풍기는 이미지는 옷차림, 얼굴 생김새, 머리 모양, 말투, 몸짓과 손짓, 사소한 행동 등에 따라 다른 사람들에게 많은 영향을 준다. 그렇기 때문에 연예인뿐만 아니라 직장인, 사업가, 판매원, 학생, 취업 준비생 등의 일반인들도 자신의 이미지를 변화시키기 위해 이미지 컨설턴트를 찾는 경우가 늘고 있다.

이미지 컨설턴트는 고객의 이미지를 분석하여 상황에 적합한 옷차림, 메이크업, 대화 방법, 목소리, 매너, 태도, 몸짓 등에 대해 조언하고 이러한 이미지대로 연출하도록 도와주는 일을 한다. 호감을 갖도록 이미지를 변화시키고 그것을 계속 유지할 수 있도록 관리하는 역할을 담당하기도 한다. 전체적으로 풍기는 이미지를 관리하기도 하지만 가끔은 문제점을 분석하여 필요한 상황에 맞게 맞춤형으로 이미지를 연출하도록 조언하기도 한다.

전문적인 이미지 컨설턴트는 비교적 최근에 와서 등장하였다. 유명한 연예인, 정치인 등이 어떤 옷을 입고, 어떻게 대화하고 연설하는지를 조언하는 사람이 필요해지면서 자연스럽게 나타났다. 최근 들어 면접을 앞둔 취업 준비생이나 사람을 많이 대하는 직업을 가진 사람들은 물론 일반 직장인도 자신의 이미지를 관리하기 위해 전문 이미지 컨설턴트를 많이 찾고 있다. 단순하게 이미지 컨설팅만을 담당하기도 하지만 한 사람을 전체적으로 관리해 주는 복합적인 이미지 컨설턴트도 등장하고 있다.

그것이 알고 싶다 퍼스널 쇼퍼는 무슨 일을 할까?

퍼스널 쇼퍼(Personal Shopper)는 물건을 구매하고자 하는 고객의 직업, 나이, 체형, 구매 성향, 스타일, 경제 수준 등을 종합적으로 파악하여 고객에게 가장 적합한 상품을 추천하는 사람을 말한다. 백화점에서 좋은 상품이 나오면 우수 단골 고객에게 추천하는 것이 일반적이지만, 요즘은 온라인 매장에서도 손님의 구매 스타일을 분석하여 제품을 추천하기도 한다.

2. 이미지 컨설턴트가 하는 일

이미지 컨설턴트는 고객의 타고난 이미지를 분석하고 상황에 적합한 행동이나 표정을 나타내는 법, 옷과 복장을 선택하는 방법, 화장하는 방법, 말이나 대화하는 방법 등을 조언해 주는 일을 주로 한다. 한 사람의 이미지는 크게 눈으로 보는 시각적 이미지, 즉 외모를 중심으로 청각적 · 후각적 · 촉각적 이미지 요소가 어우러져 결정된다. 특정한 상황에 어울리면서도, 사람들이 좋아할 만한 이미지를 만들기 위해 표정, 복장, 매너, 패션, 화장, 몸짓, 대화, 목소리 등을 분석하고 조언해 주는 일을 주로 한다.

이미지 컨설팅의 목적을 파악한다.

화장, 화술, 매너, 대화 태도, 의복 등을 중심으로 고객의 현재 이미지를 분석한다.

고객의 새로운 이미지를 창조하기 위해 의상이나 표정, 몸짓 등 다양한 부분에서 고객의 문제점을 파악하고 분석한다.

고객 스스로 자신의 최적 이미지를 표현할 수 있는 능력을 기를 수 있도록 교육한다.

이미지에 대한 교육 및 강의를 한다.

사회적으로 선호되는 이미지를 분석한다.

점검된 이미지와 고객의 선호 그리고 컨설팅 목적에 맞추어 의상을 선택하는 방법, 화장하는 방법, 대화하는 방법, 자세, 표정, 패션, 매너, 화술 등에 대해 조언한다.

이미지 컨설팅은 그 사람이 갖고 있는 기본 이미지나 직업, 체형 등을 바탕으로 평소의 표정, 복장과 패션 감각, 화장, 자세, 언행 등의 현재 상태를 진단하고 문제점을 파악하는 것에서 시작된다. 이를 기본으로 그 사람에게 적합한 새로운 이미지를 만들기 위해 계획을 세우고, 표정을 짓는 방법, 옷과 복장을 고르는 방법, 화장하는 법, 대화하는 방법, 자세를 교정하는 방법 등을 교육한다. 그 사람이 가지고 있는 꿈과 가치관, 앞으로의 비전과 재능, 장단점과 매력 등을 분석하여 갖추어야 할 목표와 위치를 정하고

이미지 컨설턴트와 관련 있는 직업

이미지 컨설턴트와 관련 있는 직업으로는 이용사, 미용사, 피부 관리사, 다이어트 프로그래머, 메이크업 아티스트, 네일 아티스트, 특수 분장사, 애완동물 미용사, 목욕 관리사, 패션 어드바이저, 퍼스널 쇼퍼 등이 있다.

여기에 맞도록 전반적인 이미지를 개선해 줌으로써 그 사람의 가치를 높여 주고 관리해 주는 일을 한다.

그것이 알고 싶다 **퍼스널 브랜딩이 무엇일까?**

퍼스널 브랜딩(Personal Branding)이란 개인의 존재 자체를 브랜드화하여 다른 사람들에게 자신의 가치를 드러내는 것을 말한다. 최근 언론 매체에서 사용하면서 알려진 용어로 이미지 컨설팅과 비슷하다. 최근 1인 기업이 늘어나면서 이미지 컨설팅을 받고, 그런 개인을 브랜드화하면서 1인이 브랜드가 되는 시대를 맞게 되었다. 앞으로는 취업을 준비하는 사람이나 자신을 널리 알려야 하는 다양한 직종의 사람들이 퍼스널 브랜딩이나 이미지 컨설팅 서비스를 많이 찾을 것으로 보인다.

3. 이미지 컨설턴트에게 필요한 능력

이미지 컨설턴트는 사람들을 이끌고 사람들에게 의견을 제시하거나 방향을 설명해 주는 리더십과 새로운 아이디어로 문제를 해결할 줄 아는 능력을 지녀야 한다. 자신의 방법대로 일을 하는 독립적인 성격을 지니고 여러 사람들을 탐구하고 관찰하는 일을 좋아하면 추천할 만한 직종이다. 고객이 의미 있는 변화를 이룰 때까지 계속해서 교육하고 조언해야 하는 직업이기 때문에 어떤 일이든 진취적으로 추진할 수 있어야 한다.

남을 위해 봉사하고 심신의 여유를 가지며 자율적으로 업무를 해 나갈 수 있는 직업으로 여러 사람과 어울리기보다는 혼자 일하는 경우가 많다. 이 직종은 업무가 정형화되어 있지 않고 다양하기 때문에 항상 새로운 지식을 찾아 공부하고 경험하는 자세도 필요하다.

다른 사람의 이미지를 개선하는 역할이기 때문에 가르치는 능력이 있어야 한다. 사람의 행동을 조절하는 능력과 꼼꼼하게 관찰하고 탐구하는 능력이 탁월해야 한다. 이미지를 변화시키기 위해 계획과 전략을 짜고 실천할 수 있어야 하고 상황이나 결과에 유연하게 대처할 수 있어야 한다. 사람들의 행동, 성격, 흥미, 동기 등과 관련된 심리학이나 상담 기법 등에 대한 지식과 교육학을 지속적으로 공부해야 한다.

이미지 컨설팅은 다양한 사람들을 개별적으로 상대

하는 서비스업이기 때문에 원활한 의사소통 능력과 인적 자원을 관리하는 수준이 높아야 한다. 때에 따라서는 기업의 여러 직원이나 한 팀을 상대로 여러 명을 동시에 컨설팅하는 경우도 있기 때문에 많은 사람들을 관리하는 능력도 필요하다.

4. 이미지 컨설턴트와 관련된 학과 및 자격증

- **관련 학과:** 심리학과, 의상디자인과, 패션학과 등
- **관련 자격:** 상담사, 의상디자이너 등이 도움은 되지만 특별한 자격이 필요하지는 않다.

5. 이미지 컨설턴트의 직업 전망

앞으로 몇 년간 이미지 컨설턴트의 일자리는 다소 증가할 듯하다. 과거 이미지 컨설턴트는 개인이나 유명인 등을 상대로 이미지를 바꾸어주는 데 중심을 두었다면, 최근에는 기업이나 단체의 이미지 컨설팅까지 그 범위를 확장하고 있기 때문이다. 또한 주요 고객층도 정치인이나 연예인 등에서 벗어나 취업을 준비하는 사람이나 일반 직장인들까지 확대되고 있다.

지금까지는 기업의 인사 담당자, 비서, 아나운서, 승무원 교육 담당자 등이 자신의 경험을 토대로 이미지 컨설턴트로 활동해 왔다. 하지만 수요가 늘어나면서 전문적으로 교육하는 아카데미나 학원이 등장하였고, 이론과 실무를 체계적으로 배워 진출하는 이미지 컨설턴트가 생겨나고 있다.

이미지 컨설턴트에게 필요한 지식수준은?

이미지 컨설턴트는 심리학, 교육학 등에 대한 풍부한 지식이 필요하다. 특히 자신의 이미지를 좋게 바꾸고 싶은 사람을 대상으로 상담을 해야 하기 때문에 서비스와 관련된 지식과 경험도 매우 중요하다.

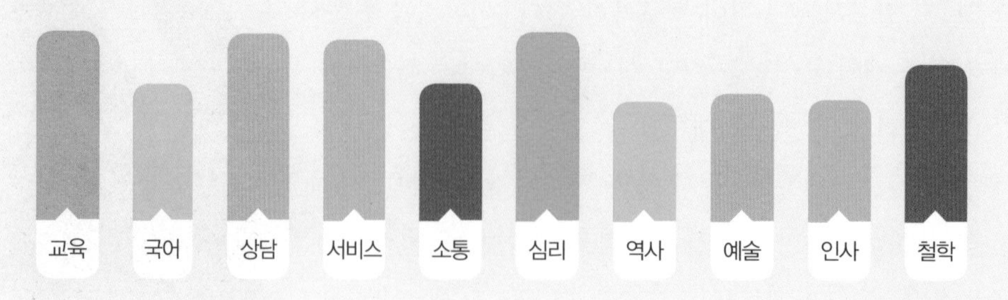

이미지 컨설턴트

이미지 컨설턴트를 위한 정규 교육 기관을 찾기는 아직 힘들다. 주로 이미지 메이킹, 이미지 컨설팅 등과 관련된 아카데미에서 개인적으로 교육을 받는다. 이 직종은 경험을 쌓는 것이 제일 중요하기 때문에 주로 항공기 승무원, 고객 매너 강사, 의상 디자이너, 메이크업 아티스트, 비서 등의 직업을 가졌던 사람들이 재교육을 받아 전직하는 경우가 많다.

한 사람에 대해 표정, 패션, 화장, 매너, 대화법 등의 이미지에 조언을 줄 수 있을 만큼의 자질을 갖추려면 디자인, 의상, 심리학, 상담, 화장법 등에 대한 지식을 익히고, 대화법이나 대인 관계 능력을 키우는 것이 필요하다. 앞서 언급했듯이 정규 교육 기관은 따로 없기 때문에 아카데미나 학원에서 6개월 정도 이미지 컨설턴트 교육과정을 수료한 후 일을 시작하게 된다.

이미지 컨설턴트가 되기 위해 반드시 요구되는 전공은 없지만 대학에서 심리학, 패션, 의상, 미술 등을 전공하면 업무에 많은 도움이 된다. 현재 많이 활동하고 있는 이미지 컨설턴트는 항공기 승무원, 예절 강사, 의상 디자이너, 메이크업 아티스트, 비서 등의 직업을 경험한 사람들이 많다. 이미지 컨설턴트는 자신이 곧 호감을 주는 이미지 모델이기 때문에 항상 외모와 몸가짐에 신경을 써야 하고 시대적인 경향과 흐름을 발 빠르게 파악하여 적용할 수 있어야 한다.

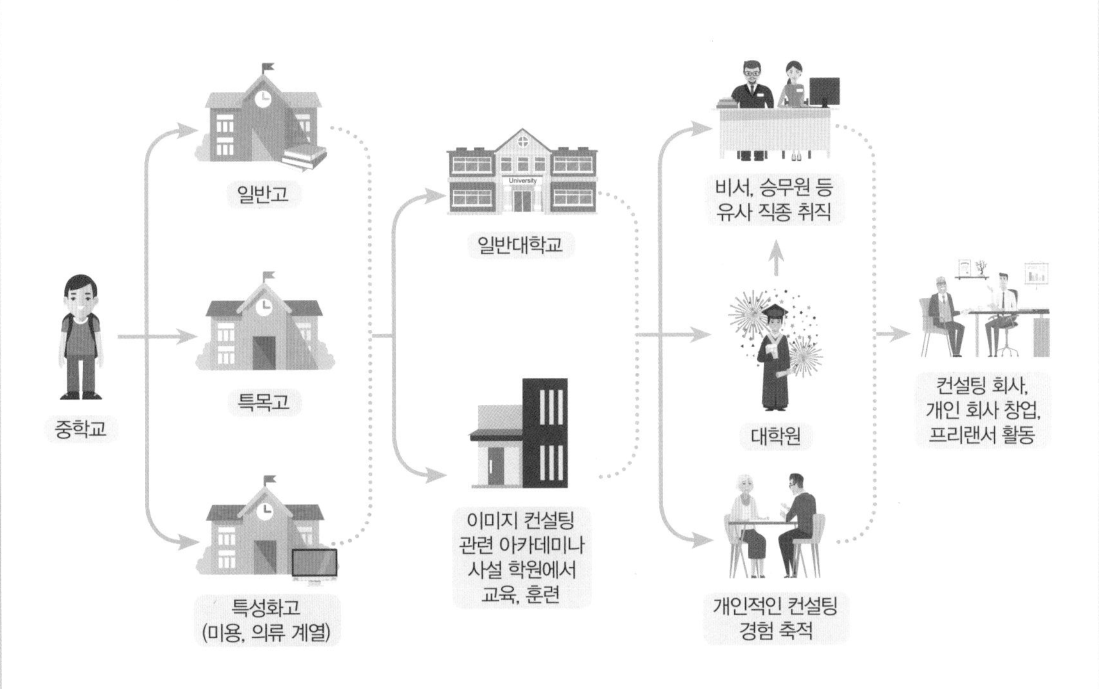

◎ 이미지 컨설턴트의 커리어 패스

대학교 관련 학과

심리학과

학과 소개

심리학은 인간의 마음과 행동을 다루는 학문이다. 눈에 보이지 않는 인간의 마음을 체계적이고 과학적인 연구 방법으로 분석한다. 사람의 행동을 연구하여 개인의 삶의 질을 높이고 보다 건강한 사회를 가꾸기 위한 목적이 크다. 인지심리학, 지각심리학, 학습심리학, 성격심리학, 생물심리학, 사회심리학, 언어심리학, 발달심리학 등의 '기초심리학'과 임상 및 상담심리학, 산업 및 조직심리학 등을 배우는 '응용심리학'으로 나눌 수 있다.

진출 직업

결혼 상담원, 놀이 치료사, 마케팅 사무원, 마케팅 조사 전문가, 미술 치료사, 상담 전문가, 심리학 연구원, 언어 치료사, 웃음 치료사, 음악 치료사, 이미지 컨설턴트, 인문 계열 교수, 인사 및 노무 사무원, 임상 심리사, 조사 자료 처리원, 중독 치료사, 직업 상담사, 취업 알선원, 취업 지원관, 커리어 코치, 향기 치료사 등

적성 및 흥미

사람에 대한 남다른 관심을 유지할 수 있고 사람들의 성격, 사고, 행동과 다양한 사회 현상에 대한 지적 호기심과 탐구 정신이 있어야 한다. 상대의 다양한 반응을 계속해서 관찰하기 때문에 집중력과 인내심이 필수이다. 또한 심리 현상에 대한 각종 조사 및 실험 결과를 논리적으로 분석할 수 있어야 하며 사소한 것도 놓치지 않는 세밀한 관찰력이 필요하다.

중·고등학교 학교생활 포트폴리오

★동아리 활동★

연극, 방송, 또래 상담 등의 동아리 활동을 통해 사람들을 상대하는 경험을 쌓는다. 패션이나 화장과 관련된 동아리 활동도 추천한다.

★봉사 활동★

친구들의 고민을 들어 주는 경험을 토대로 양로원이나 보육원 등에서 고민을 들어 주고 말벗이 되는 봉사를 하거나, 동아리 단위의 봉사 활동을 추천한다.

★독서 활동★

예술, 철학, 상담, 심리 등과 관련된 책을 권하며, 더불어 유행의 변화도 알 수 있도록 잡지도 많이 읽도록 한다.

★교과 공부★

폭넓은 지식이 필요한 만큼 다양한 분야를 두루 공부하며, 특히 예술, 심리학, 교육학, 패션 등과 관련된 공부를 해 나가야 한다.

★교내 활동★

상담실이나 위클래스 등에서 또래 상담 활동을 하는 것을 추천한다. 학급에서 갈등이 생겼을 때 중재 역할을 해 보는 것도 도움이 된다.

★교외 활동★

청소년 쉼터, 고민 상담, 사회 복지 시설 등의 기관에서 봉사를 하며 자연스럽게 상담과 컨설팅이 익숙해지도록 하는 것이 좋다.

※방송, 또래 상담, 학생회 등의 활동과 관련된 수상 경력이나 대외 활동 경력이 도움이 된다.

자격 및 면허

★국가 자격★

임상심리전문가, 정신보건임상심리사, 임상심리사, 소비자전문상담사, 전문상담교사, 직업상담사, 청소년상담사, 청소년지도사, 사회조사분석사, 경영지도사(인적 자원 관리), 평생교육사

★민간 자격★

산업심리사, 산업 및 조직심리사, 미술치료사, 놀이치료사 등

진출 분야

★기업체★

광고 대행사, 컨설팅 업체, 리서치 회사, 병원, 상담 전문 기업 등

★연구소★ 심리 검사 연구소, 심리 연구소 등

★학교★

초 · 중 · 고등학교 전문 상담 교사, 대학교 교수 등

★중앙 정부와 지방 자치 단체★

교도직 공무원, 상담 센터, 지방 자치 단체 치료 센터, 법무부 관련 공무원

★자영업★

컨설팅 사무실, 프리랜서 등

관련 학과

산업심리학과, 상담심리학과, 심리학과, 상담학과, 사회심리학과, 상담심리치료학과, 상담심리학부, 심리아동학부, 인지과학 등

13 일러스트레이터

관련 학과
미술학과
112쪽

1. 일러스트레이터의 세계

그림을 그리는 데 소질이 있고 재미를 느끼는 어린이들은 대개 화가, 만화가, 디자이너 등을 꿈꾼다. 점점 자라 교복을 입을 나이가 되면 만화가, 디자이너, 웹툰 작가 등에 더욱 매력을 느끼게 된다. 작품에 집중하는 시간이 길고 작업실이 필요한 화가와는 달리 여백이 있는 종이만 있으면 간단하게 작품을 그리고 연습하기 쉽기 때문에 만화가와 디자이너가 더 인기가 있는지도 모르겠다.

순수한 만화가도 좋지만 인터넷 시대에 걸맞게 웹툰 작가도 인기가 있고 활동 범위가 넓은 일러스트레이터도 각광받고 있다. 짬을 내어 그린 밑그림이나 도안에 색칠을 할 수 있는 작품 분야는 물론, 이야기를 듣고 그림으로 창작하는 분야에 이르기까지 꽤 광범위하게 자리를 잡고 있는 직업이 바로 일러스트레이터이다. 최근 들어 그림에 소질이 있으면서 컴퓨터를 잘 다룰 줄 아는 학생들이 호기심과 관심을 갖는 직업이기도 하다.

소설가가 자신의 생각과 가치관을 담아 이야기를 글로 표현하는 데 비해, 일러스트레이터는 글로 된 이야기를 그림으로 표현하는 일을 한다. 일러스트레이터는 원하는 콘셉트에 맞게 이미지를 구상하고 그림을 그려 표현하는 일을 주로 하는데, 그 그림들은 인쇄물, 광고, 그림책 등에 활용된다. 일반 사람들이 편하고 쉽게 이해할 수 있는 이미지를 생산하는 창작자로서 일러스트레이터가 주목받고 있다.

'일러스트레이션(Illustration)'이란 단어는 '밝게 하거나 조명을 비추다.'라는 의미를 담고 있다. 초기에 일러스트레이션은 그림이나 도표를 알아보기 쉽도록 시각적으로 표현하는 것이 주목적이었으며, 예전에는 일러스트레이터라 하면 '삽화를 그리는 사람'을 주로 가리켰다. 1980~90년대 이전까지는 주로 신문, 잡지, 단행본, 그림책, 포스터 등에 들어가는 일러스트레이션, 단행본이나 그림책에 들어가는 일러스트레이션, 공연이나 홍보를 위한 일러스트레이션 등의 지면 일러스트레이션이 주를 이루었다. 이후 컴퓨터가 발달하면서 게임 캐릭터 일러스트레이션, 방송 일러스트레이션, 광고 일러스트레이션, 애니메이션 등 멀티미디어 일러스트레이션까지 확장되고 있다. 현재 우리나라의 일러스트레이터는 학습지, 그림책, 동화, 소설, 잡지, 홍보물 등 종이 출판물 작업에서 많이 활동하고 있다.

그것이 알고 싶다 그러데이션이 무엇일까?

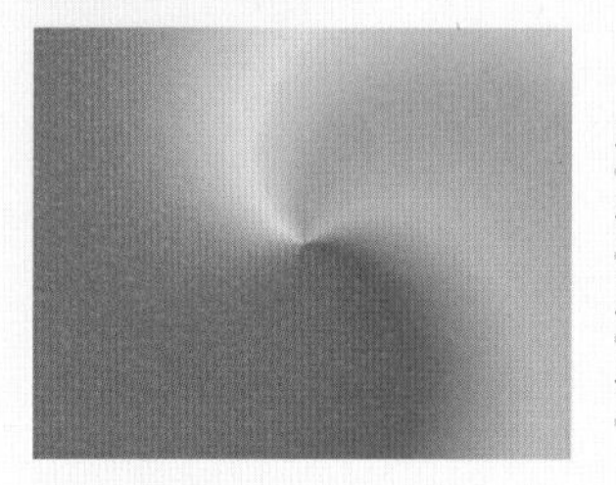

그러데이션(Gradation)이란 그래픽에서 사용되는 기법으로 흐린 색에서 진한 색으로, 밝은 값에서 어두운 값으로, 작은 모양에서 큰 모양으로, 하나의 색상에서 점점 다른 색상으로, 거친 상태에서 매끈한 상태로 등과 같이 단계적으로 색상 등이 변해 가는 기법을 말한다.

색상을 갑작스럽게 대비되도록 변화를 주어 강조하는 그래픽 기법인 콘트라스트(Contrast)와는 다르다.

2. 일러스트레이터가 하는 일

일러스트레이터는 주로 광고나 영상 매체의 그림이나 문양을 도안하고 제작하는 일을 담당한다. 고객에게 의뢰받은 업무에 대하여 어떤 방향과 주제를 갖고 일러스트레이션을 제작할 것인지 함께 의논한다. 방향과 주제가 정해지면 일러스트 대상에 대해 연구하고 관련된 시장과 주 고객들의 취향을 조사한다. 작성할 내용이나 크기가 확인되면 그림이나 문자로 스케치를 하거나 필요에 따라 제도를 담당하기도 한다.

대상의 스타일이나 주제를 연구한다.

시장의 추세 및 고객의 기호 등을 조사한다.

작성할 내용과 크기를 확인한다.

도안된 그림 혹은 문자를 내용에 부합되도록 배열, 정리하고 색상을 넣어 견본을 제작한다.

견본을 토대로 의뢰자와 협의하여 기호, 문양, 도안 등의 완성품을 제작한다.

각종 도안 도구 및 그래픽 프로그램을 사용하여 그림, 문자 등을 제도 혹은 스케치한다.

그림과 문자를 주제에 맞게 배열하고 스타일에 맞추어 정리한다. 이것에 색을 입히고 그러데이션(Gradation) 등의 그래픽 작업을 하여 견본을 제작한다. 견본을 고객에게 보여 주고, 협의하여 수정한 후 기호, 문양, 도안 등의 최종 완성품을 제작한다. 대부분의 일러스트레이터들은 최종 완성품을 다시 보여 주고 그에 대한 의견이나 검토를 받아 보충이 필요하면 다시 수정하여 완성한다.

비주얼 머천다이저가 무엇일까?

비주얼 머천다이저(VMD: Visual Merchandiser)는 마케팅 효과를 높이기 위해 특정한 제품이나 서비스를 시각적으로 연출하고 관리하는 직업을 말한다. 브랜드나 상표의 목적에 맞춰 제품을 전시하고 매장을 꾸미는 일도 한다. 새롭게 매장을 열기 전에 제품을 효율적으로 배치하고 어떤 콘셉트로 꾸밀지 판단하는 역할도 한다.

3. 일러스트레이터에게 필요한 능력

일러스트레이터는 색채와 조형미에 대한 감각이 중요하며, 세심하고 꼼꼼한 성격을

일러스트레이터와 관련 있는 직업

일러스트레이터와 관련 있는 직업으로는 제품 디자이너, 가구 디자이너, 자동차 디자이너, 주얼리 디자이너, 완구 디자이너, 패션 디자이너, 인테리어 디자이너, 디스플레이어, 비주얼 머천다이저, 시각 디자이너, 광고 디자이너, 북 디자이너, 웹 디자이너, 캐릭터 디자이너, 컬러리스트, 플로리스트, 영상 그래픽 디자이너 등이 있다.

지닌 사람에게 유리하다. 요즘은 그래픽 프로그램을 사용하기 때문에 컴퓨터와 친해야 하고 그래픽 프로그램을 잘 활용할 수 있는 능력이 필요하다. 자신이 주로 담당하는 상품에 관심이 많아야 하고 그 제품의 기능과 소비자의 취향 등을 파악하고 분석하여 일러스트레이션에 적용할 수 있는 독창적인 능력이 필요하다. 작업을 의뢰하는 손님을 자신의 콘셉트로 설득하고 스타일과 비전을 이해시키려면 의사소통 능력과 공감 능력도 갖추는 것이 좋다. 예술적인 것에 대한 흥미와 어떤 대상을 탐구하는 것을 좋아하는 사람에게 적합하고, 성취감, 독립심, 인내심과 끈기 등을 가진 사람에게 유리한 직업군이다.

예술을 하는 사람은 아이디어도 중요하지만 손과 눈이 중요한 역할을 한다. 그래픽을 하는 사람이라면 선택적 집중력과 손재능이 있어야 한다. 이와 함께 그래픽을 상대로 변화를 주는 작업이 많기 때문에 시력과 눈썰미가 좋아야 한다.

디자인과 예술에 대한 지식을 갖추고 화학이나 생명체에 관심이 많은 청소년에게 어울리며, 항상 앉아서 작업하기 때문에 체력이 좋아야 한다. 의뢰받은 작업에 대해 신속하게 작업하여 믿음을 주어야 하므로 신뢰성과 신속성도 함께 갖춰 가려고 노력하는 것이 좋다.

일러스트레이션 작업 과정은 머릿속에 있는 추상적인 것들을 실물로 표현해 내야 하므로 외롭고 힘들다고 할 수 있다. 기본적인 능력이나 솜씨가 받쳐준다면 시간 관리와 체력 관리가 가장 중요하다. 아이디어를 얻기 위해 여행을 하고 취미 활동을 고르게 갖는 것도 좋다. 손으로 정교하게 작업할 경우가 많기 때문에 평소 손 관리에도 신경을 써야 한다.

일러스트레이션은 그림과 디자인, 색감과 미적 감각이 중요하기 때문에 미술과 관련이 깊다. 일러스트레이터는 만화가, 웹툰 작가, 디자이너 등과 연관이 있으며, 생명을 불어넣는 이야기가 그림 속에 잘 녹아들어야 돋보이는 직업군이다. 그러므로 글을 많이 읽고, 글의 내용을 그림으로 표현하는 능력을 기르도록 노력해야 한다.

4. 일러스트레이터와 관련된 학과 및 자격증

- **관련 학과:** 만화 · 애니메이션학과, 미술학과, 사진 · 영상예술학과, 산업디자인학과, 시각디자인학과, 패션디자인학과 등
- **관련 자격:** ACS(Adobe Certified Specialist), 시각디자인기사/산업기사, 컴퓨터그래픽스운용기능사 등

5. 일러스트레이터의 직업 전망

앞으로 몇 년간 일러스트레이터에 대한 수요는 지금과 비슷할 것으로 보인다. 현대인에게 인터넷과 멀티미디어는 이미 일반화되어 다양한 이미지와 디자인을 접하고 있으며, 조금 더 특별한 디자인을 요구하고 있다. 평범한 동화책이나 그림책보다는 감성을 보듬을 수 있는 디자인을 원하고 있으며, 숫자만 적힌 단순한 달력이 아닌 독특한 디자인의 달력을 원하고 있다. 광고나 홍보물에서도 기억에 오래 남는 것을 원하기 때문에 창의적인 아이디어를 발휘할 수 있는 일러스트레이터가 인기를 얻을 수밖에 없다.

일러스트레이터는 프리랜서로 일하는 경우가 많은데, 불규칙한 수입으로 생계를 유지하는 데 어려움이 있기 때문에 다른 일과 병행하기도 한다. 하지만 실력을 널리 인정받는 일러스트레이터는 상상 이상의 엄청난 작업량을 소화하기도 한다. 경제 사정과 기업의 경영 상태에 따라 디자인에 대한 수요가 결정되지만, 일감이 적어지더라도 자기 계발을 계속하며 다양한 경험과 실력을 쌓는 것이 중요하다.

일러스트레이터에게 필요한 지식수준은?

다양한 분야의 상식과 경험이 중요하지만 무엇보다 예술과 디자인에 대한 깊이 있는 조예와 지식이 필요하다. 틈틈이 미디어에 대해 공부하고 컴퓨터 그래픽 프로그램 사용 능력을 키우면서 준비해야 한다.

국어 디자인 미디어 사회 생물 생산 역사 영어 예술 화학

일러스트레이터

그림에 타고난 능력과 솜씨가 있더라도 체계적으로 공부하는 것을 추천한다. 전문 대학이나 대학교의 시각 디자인 관련 학과와 학원 등을 통해 관련 지식과 기술을 쌓을 수 있다. 색채, 디자인, 디자인 방법, 디자인 역사 등과 같은 이론에서부터 그래픽 디자인, 편집 디자인, 출판 디자인, 일러스트레이션, 포장 디자인, 광고 디자인 등의 실기 분야까지 두루 공부하는 것을 추천한다.

대학에서 만화, 애니메이션, 미술, 디자인 등을 전공한 후 바로 프리랜서로 작품 활동을 하는 사람도 있다. 하지만 대개 디자인, 광고, 만화 등과 관련된 회사에서 아르바이트를 하거나 직장인으로 취업하여 실력과 경험을 쌓는다. 사람들에게 실력과 작품으로 인정받으면 작품 활동과 수입은 자연스럽게 늘어난다.

작품 활동을 꾸준하게 하면서 블로그 등을 통하여 포트폴리오를 공개하거나 창작품을 게시하여 자신의 솜씨를 널리 알리는 사람들이 많은데, 10대부터 인터넷으로 작품을 공개하고 팬 층을 확보하는 사람도 있다.

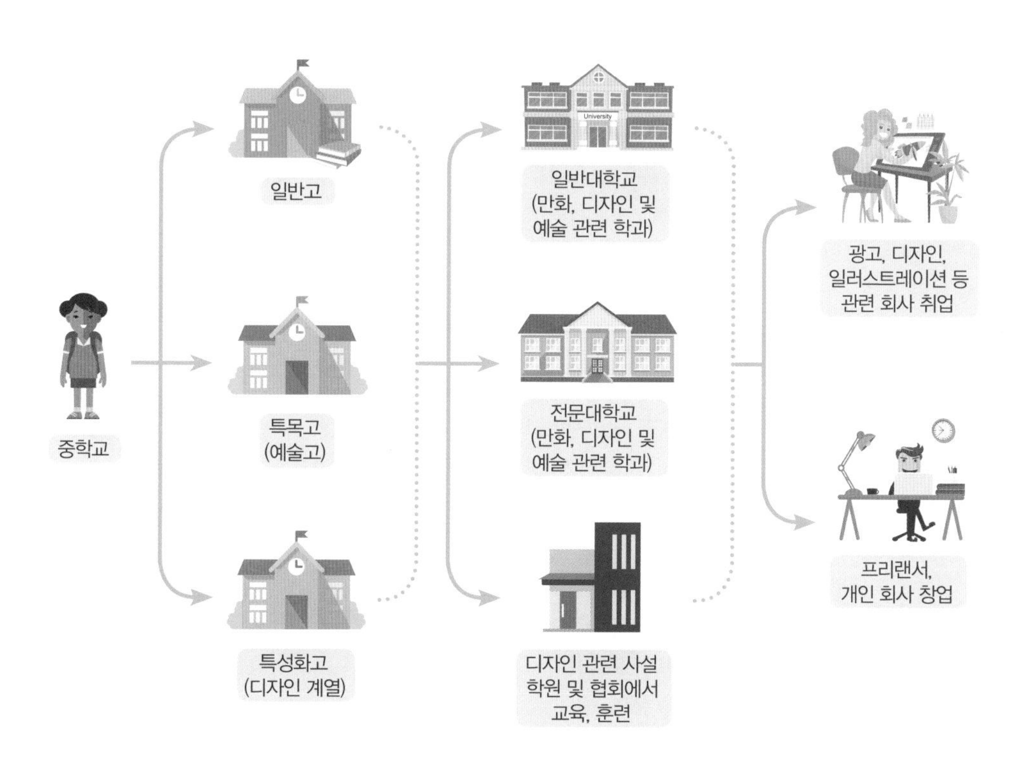

일러스트레이터의 커리어 패스

미술학과

미술학은 인간의 미적 요구에 부응하고 아름다움의 창조를 통해 삶의 질을 개선하고 생활공간을 예술화한다. 미술 전반에 관한 새롭고 심오한 이론과 실기 방법을 교육하여 지성과 창조 능력을 갖춘 전문 미술인과 미술 교육인을 배출한다. 대학에 따라 서양화, 한국화, 미술사 등의 세부 전공으로 구분하거나 별도의 학과로 개설되어 있다.

미술을 전공으로 공부한다는 것은 겉보기와는 달리 그만큼 화려하지 않다. 예술가의 길을 가기 위해서는 순수한 창작 활동과 과감하면서도 독창적인 실험을 지향하는 마음가짐이 중요하다. 개인의 독창적인 개성과 삶의 경험, 가치관과 감성 등을 토대로 예술 작업을 하기 때문에 기본적인 미술 실기 능력이 중요하다. 그만큼 오랫동안 연습을 견딜 수 있는 인내력이 필요하며 풍부한 상상력과 창의력이 요구된다.

공예원, 광고 및 홍보 사무원, 광고 기획자, 만화가, 미술관 관장, 미술 교사, 미술 치료사, 서예가, 시각 디자이너, 예능 강사, 웹 디자이너, 일러스트레이터, 제품 디자이너, 조각가, 조명 디자이너, 컬러리스트, 학예사(큐레이터), 한지 공예가, 화가, 도예가, 동양화가, 문화 보존가, 문화 예술 정책 평가 연구원, 문화 콘텐츠 기획자, 미술사학자, 미술 서적 출판 기획자, 미술 평론가, 미술품 감정사, 미술품 경매사, 미술 프로그램 기획자, 서양화가, 아트 디렉터, 아트 딜러, 잡지 기자(문화 예술 분야) 등

미술디자인학부, 미술콘텐츠전공, 미학과, 미술경영학과, 미술학과, 회화과, 동양화과, 서양화과, 한국화과, 서예디자인학과, 현대미술학과, 순수미술과, 아동미술과, 전시디자인과, 컬러리스트과 등

중·고등학교
학교생활 포트폴리오

★동아리 활동★

미술, 방송, 만화 등 애니메이션이나 만화와 관련된 동아리에서 활동하는 것을 추천한다. 시사, 역사, 과학 등 그림의 소재를 접할 수 있는 동아리 활동도 도움이 된다.

★봉사 활동★

복지 시설 등에서 환경 미화 활동을 하거나, 벽화 그리기, 캐릭터 그리기, 페이스페인팅 등의 활동에 참여하는 것을 추천한다.

★독서 활동★

예술, 철학, 역사, 과학 등 최대한 다양한 분야의 독서를 권장한다. 독서한 내용을 그림으로 표현하는 연습도 꾸준히 한다.

★교과 공부★

폭넓은 지식이 필요한 만큼 다양한 분야를 두루 공부하며, 특히 미술을 중심으로 예술, 역사, 과학 기술 등에 관심을 갖는다.

★교내 활동★

미술반 활동을 통해 학생회에 도움을 주거나 학교 축제, 전시회 등에서 적극적으로 활동하고, 교지를 편집해 보는 것도 좋다.

★교외 활동★

그림과 관련된 분야는 어떤 것이든 경험을 쌓는 것이 좋다. 특히 만화, 애니메이션, 방송, 홍보, 공연, 출판 등과 관련된 활동을 많이 하고 다양한 여행 경험도 자주 갖는다.

※미술, 방송, 만화, 편집 등의 활동과 관련된 수상 경력이나 대외 활동 경력이 도움이 된다.

자격 및 면허

★국가 자격★
실기교사, 문화예술교육사, 컬러리스트기사/산업기사 등

★민간 자격★
미술치료사, 아동미술실기교사, 미술비평가, 클레이 애니메이터, 큐레이터, 피규어원형사 등

진출 분야

★기업체★
방송국, 광고 회사, 컴퓨터 영상 제작 업체, 무대 세트 제작 업체, 미술관, 박물관, 미술학원, 문구 · 완구 업체, 공간 디자인 업체, 가구 · 조명 관련 라이프스타일 디자인 업체, 광고 기획사, 조명 관련 회사, 디스플레이 디자인 사무소, 디지털 제품, 게임 및 캐릭터 개발 업체, 멀티미디어 업체, 이벤트 업체 등

★연구소★ 미술관 부설 연구소, 콘텐츠 연구소 등

★학교★ 초 · 중 · 고등학교 미술 강사 및 교사, 대학교 교수 등

★중앙 정부와 지방 자치 단체★
문화 예술 관련 정부 부서 및 국책 연구소, 정부 산하 기관 등

★자영업★
작가, 웹툰 작가, 만화가, 화가, 캐릭터 디자이너, 일러스트레이터 등

ARTISTIC • 예술형 A

14 자동차 디자이너

1. 자동차 디자이너의 세계

우리나라와 달리 자동차 산업의 역사가 깊은 유럽이나 미국에는 자동차 디자이너를 육성하는 과정이 많다. 세계적으로 유명한 자동차 디자이너하면 이안 칼럼, 피터 슈라이어, 월터 드 실바 등을 떠올리는 사람들이 많다. 그런데 최근 들어 우리나라의 K-POP, 드라마, 영화 등의 콘텐츠가 세계적으로 많은 관심을 받으면서 자동차 디자인에도 한류 바람이 불고 있다.

세계적으로 유명한 자동차 브랜드에서 한국인 디자이너가 두각을 나타내고 있다. 현대자동차에 근무하는 이상협 씨는 제너럴모터스(GM)에서 카마로를 디자인했고, 르노디자인아시아의 수석디자이너 성주완 씨는 디자인센터에서 SM6(탈리스만)와 QM6(꼴레오스)를 디자인했다. 이정현 씨는 2017년 10월에 선보인 볼보의 XC60의 외장 디자인을 주도하기도 했다. 이 외에도 재규어의 선임 디자이너 박지영 씨, 포드 링컨의 인테리어 총괄 수석 디자이너 강수영 씨, 푸조로 유명한 PSA그룹의 신용욱 씨가 있다. BMW그룹의 디자인스튜디오에는 강원규 씨가 외관디자이너로 있으며, 메르세데스-벤츠의 북경 디자인스튜디오에는 휴버트 리가 디자이너로 일하고 있다.

자동차에 있어서 사람들의 시선을 사로잡고 판매량을 결정짓는 가장 중요한 요소는 바로 디자인이다. 사람들이 자동차를 처음 만났을 때 사람들의 감성을 자극하여 자동차를 상품 이상의 가치로 만들어 주는 것이 디자인이다. 소비자의 요구와 트렌드에 맞추어 전기 · 전자 장치를 갖춘 기계 덩어리에 감성을 넣어 예술적으로 승화시키는 사람들이 바로 자동차 디자이너이다.

자동차 디자이너는 핸들, 시트, 조명, 실내 장식, 계기판 등 자동차 내부를 디자인하는 인테리어 디자이너와 범퍼, 라디에이터 그릴, 몰, 가니시(Garnish), 마크 등의 외부를 디자인하는 익스테리어(Exterior) 디자이너로 크게 나눌 수 있다.

우리나라에서 처음으로 만든 자동차는 '시발(始發)' 자동차이다. 1955년 미군에게 받은 지프 엔진과 변속기에 드럼통을 재활용하여 만든 6인승 자동차였다. 이후 이탈리아에서 디자인을 구입하여 만든 고유 모델은 1976년에 등장한 현대자동차의 '포니'였다.

자동차 산업이 먼저 시작된 독일, 영국, 이탈리아 등의 유럽 국가와 미국에서는 자동차 디자인과 관련 산업이 20세기 이전부터 발달하였다. 세단형, 컨버터블형, 스포츠카, 쿠페, SUV 등 다양한 형태의 자동차들이 멋진 디자인을 뽐내며 막강한 산업으로 자리잡으면서, 자연스럽게 자동차 디자이너의 인기도 상승하였다.

그것이 알고 싶다 세단, 왜건, SUV의 차이는 무엇일까?

자동차는 용도에 따라 승용차, 승합차, 화물차 등으로 나누기도 하고, 크기에 따라 소형, 중형, 대형으로 구분하기도 한다. 다음은 자동차의 형태에 따라 분류한 것이다.

- **세단(Sedan)**: 자동차의 3개 공간(엔진룸, 승차 공간, 트렁크) 구분이 확실하며, 좌석은 2열이고 4도어형 자동차이다.
- **쿠페(Coupe)**: 일반적으로 2인승의 2도어인 자동차를 가리키며, 세단보다 천장이 낮아 날렵한 느낌을 주기 때문에 보통 스포츠카가 쿠페 형태를 띤다.
- **해치백(Hatchback)**: 뒷좌석 의자에 의해 트렁크와 분리되는 형태의 자동차이다.
- **왜건(Wagon)**: 차 높이가 세단과 비슷하지만 일반적으로 3열의 좌석을 트렁크 공간으로 사용할 수 있는 자동차이다.
- **SUV(Sport Utility Vehicle)**: 레저, 스포츠 활동에 적합하도록 개발된 자동차로 도심형도 있으나 원래 오프로드나 4륜 구동을 목적으로 탄생한 자동차이다.

2. 자동차 디자이너가 하는 일

자동차 디자이너가 하는 일은 새 자동차를 개발하기 위해 자동차의 외부 디자인이나 실내 모습을 연구하고 개발하는 것이다. 물론 현재 판매되고 있는 자동차를 업그레이드하기 위해, 이미 개발된 자동차의 디자인을 연구하고 개선하는 일도 함께 할 수 있다. 디자이너가 자동차를 디자인할 때 가장 중요한 작업은 스케치와 색 입히기이다. 자동차가 추구하는 트렌드와 스타일을 적극 반영하여 자동차의 종류, 크기, 목적 등에 맞게 아이디어를 스케치한 후 색을 입혀 구체적으로 표현하는 것이다. 이 과정이 끝나면 자동차 디자인의 70% 이상이 결정되었다고 볼 수 있다.

자동차 디자이너

- 회의와 시장 조사를 통해 생산할 자동차의 종류와 크기를 결정한다.
- 경쟁 회사의 차량 등을 조사하고 소비자의 욕구와 시장 상황 등을 분석하여 기초 자료를 생산한다.
- 기초 자료를 바탕으로 아이디어를 스케치하여 그림으로 나타내며, 색연필, 마커펜, 각종 그래픽 프로그램을 이용하여 구체적으로 그림을 그린다.
- 자동차의 내 · 외장에 쓰이는 섬유, 플라스틱 등의 재료에서부터 시트, 조명 등에 대해 연구 · 개발한다.
- 자동차의 원활한 판매를 위해 대량 생산 이전의 단계에서 디자인이 완성된 차량의 각종 사양과 모양을 검토한 뒤, 신차나 개량된 차가 각 국가의 규정을 준수하였는지 여부를 판단한다.
- 인체 공학, 유체 공학과 같은 각종 공학적 측면에서 적합한지 검토하여 상품화 이후에 발생할 수 있는 문제점에 대해 미리 대비한다.
- 평가단으로 구성된 품평회를 열어 최종 확정한 후 관련 자료를 기술진에게 통보한다.

스케치한 자동차에 색을 입히고 구체적으로 표현하는 과정을 랜더링(Rendering)이라고 한다. 이를 바탕으로 1:1 크기의 테이프 드로잉(Tape Drawing)을 한다. 이것은 라인테이프로 자동차 모양과 외관을 평면에 표현하는 작업이다. 컴퓨터 프로그램을 이용하여 3차원의 자동차 모형을 만들고 공기 저항 등의 가상 시험도 함께 한다. 이렇게 디

자동차 디자이너와 관련 있는 직업

자동차 디자이너와 관련 있는 직업으로는 제품 디자이너, 가구 디자이너, 보석 디자이너, 신발 디자이너, 조명 디자이너, 패션 디자이너, 인테리어 디자이너, 디스플레이어, 시각 디자이너, 광고 디자이너, 일러스트레이터, 포장 디자이너, 웹 디자이너, 게임 그래픽 디자이너, 캐릭터 디자이너, 컬러리스트, 플로리스트 등이 있다.

지털 모델링(Digital Modeling)한 것으로 가상현실(VR) 모델을 만들어 행사를 통해 디자인에 대한 다양한 의견을 수집한다. 여러 단계를 거쳐 완성된 디자인을 기초로 실제 크기의 정교한 자동차 모형을 진흙으로 만들어 디자인을 끝내게 된다.

그것이 알고 싶다 진흙으로 자동차 모형을 만들어 볼까?

자동차 디자인이 어느 정도 결정되면 1:5 또는 1:4 스케일의 축소 모형부터 품평을 위한 실제 크기의 1:1 모형까지 다양한 크기로 여러 개의 자동차 모형을 만든다. 자동차의 디자인을 쉽게 만들고 의견에 따라 변형하기 쉽도록 진흙으로 모형을 만드는데, 이를 클레이 모형(Clay Model)이라고 한다.

출처: HMG 저널

3. 자동차 디자이너에게 필요한 능력

일을 하는 방법을 찾아내고 다른 사람이 나의 일을 관리하지 않아도 스스로 일하는 방향을 정하며 타인에게 의지하지 않는 성격이 잘 어울린다. 자신의 생각대로 자동차를 디자인하더라도 다른 사람들의 비판을 받아들이고 그 의견을 반영하는 일이 잦기 때문에 스트레스를 잘 이겨내며 융통성 있게 일할 수 있어야 한다.

디자인을 하는 일이 대부분이므로 어떤 사물이나 대상에 집중하여 그것에 대해 탐구하고 분석하는 것에 예술적인 흥미를 가진 사람에게 좋다. 새로운 디자인을 개발하고 그 디자인이 반영되어 자동차가 완성되었을 때 큰 기쁨을 느끼는 디자이너가 많다. 그렇기 때문에 무엇보다 이 직업을 꿈꾸는 사람이라면 진취적인 성향을 길러야 한다.

새로운 아이디어를 만들어 내거나 어떤 문제를 해결하기 위해 다른 사람들보다 기발한 생각을 떠올릴 수 있는 혁신적인 성격의 사람에게 적합하다. 자신의 방식대로 새로운 자동차를 스케치하고 디자인하는 사람이기 때문에 창의력과 안목이 중요하다. 자신이 맡은 분야에 집중해서 디자인하는 경향이 강한 직종이기 때문에 선택적인 집중력과 공간 지각 능력이 우수해야 한다. 자신의 계획에 맞게 시간 관리도 잘하고 학습 전략을 세워 일을 추진하기 때문에 상황에 따른 판단과 의사 결정 능력도 갖추는 것이 좋다.

섬세한 부분을 디자인하고 수정해 나가는 일을 반복하므로 정교한 손재능이 있어야 발전 가능성이 있다. 스케치를 비롯한 디자인과 예술에 대한 지식을 깊이 있게 공부할 필요가 있다. 자동차 설계와 디자인 관련 지식을 쌓고 디자인을 위한 영감을 위해 지속적으로 관련 분야의 정보를 습득하고 디자인 작품을 접해야 한다.

4. 자동차 디자이너와 관련된 학과 및 자격증

- **관련 학과:** 산업디자인학과, 제품디자인공학전공, IT디자인학과, 공공디자인학과, 디자인공학과, 디자인학과, 멀티디자인학과, 융합디자인학과, 자동차공학과, 자동차디자인전공, 테크노아트학부 등
- **관련 자격:** 제품디자인산업기사, 시각디자인산업기사, 컬러리스트산업기사/기사/기술사 등

5. 자동차 디자이너의 직업 전망

자동차 디자이너의 일자리는 다소 줄어들 것으로 예상된다. 기존 디자이너들이 왕성하게 활동하고 있으며 자동차 회사들이 합병 · 통합되어 글로벌 그룹의 디자인 연구소 형태로 운영되기 때문이다. 또한 신규 취업자보다는 경력이 있는 사람을 선호하기 때문에 취업문이 좁아질 수밖에 없다.

특히 근무 환경이 좋아 모두가 선호하는 일부 대기업 디자인실이나 디자인 연구소는 해외에서 전문적으로 지식을 쌓고 경험이 많은 사람을 채용하는 경향이 있어 이 분야의 취업은 경쟁이 치열할 것으로 예상된다. 따라서 꾸준하게 디자인 경력을 쌓고, 기회가 생기면 소비자에게 인기를 끌 수 있는 디자인으로 승부해야 한다. 소비자에게 인정받은 디자이너는 기업에서 서로 영입하려고 안간힘을 쓰기 때문이다.

자동차 디자이너에게 필요한 지식수준은?

자동차를 디자인하는 것은 기계만을 디자인하는 것이 아니다. 소비자에게 주목받으려면 예술적인 가치도 있어야 하고 사용 목적에 알맞게 안전성도 고려해야 한다. 그러기 위해서는 다양한 분야의 폭넓은 지식이 필요하다.

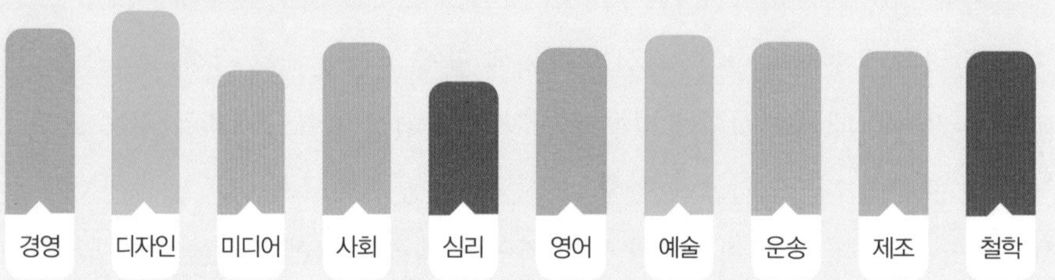

자동차 디자이너

디자인과 관련된 대학에서 체계적으로 공부하고 실력을 키우면 디자이너의 길로 들어설 수 있다. 자동차 디자이너가 희망이라고 하여 한 길만 고집하기보다는 자동차뿐만 아니라 제품 디자인, 시각 디자인 등 다양한 디자인 분야에서 고르게 경험을 쌓아 도전해 보는 것도 좋은 방법이다.

자동차 디자이너가 되려면 체계적으로 공부해야 한다. 대부분의 디자이너들은 전문 대학 이상의 학력으로 산업 디자인이나 제품 디자인 관련 학과에서 전문적으로 교육을 받아 활동하고 있다. 일부이기는 하지만 디자인 관련 학원이나 사설 교육 기관에서 공부하고 취업하는 사람도 있고, 해외에서 디자인을 좀 더 공부하고 취업하는 사람도 있다.

예술적인 디자인 센스나 감각이 우수하고 참신한 아이디어를 생각해 내는 능력이 있는 사람에게 적합한 직종이므로 자동차를 비롯하여 문화 · 예술 분야에 고르게 관심을 갖는 것이 좋다. 자동차의 내부와 외부 모양을 디자인하는 데 있어 예술적인 가치 못지않게 안전한 자동차를 만드는 것도 중요하므로, 자동차와 관련된 전문 지식과 운전에 대한 지식이 많을수록 좋다. 디자인은 혼자서 작업하기보다는 여러 명이 팀으로 작업하므로 책임감과 배려심이 있어야 하고, 국내외의 다양한 경험을 쌓고 트렌드를 잘 읽어 내는 능력을 키워야 한다.

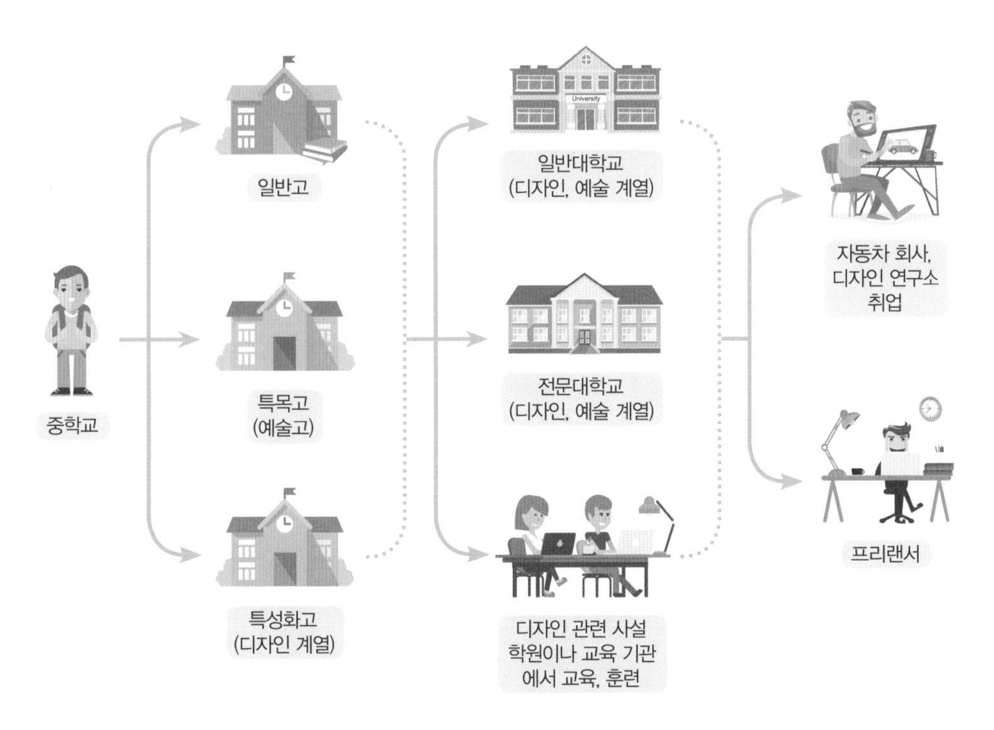

△ 자동차 디자이너의 커리어 패스

대학교 관련 학과

자동차디자인학과

학과 소개

자동차디자인학과는 자동차 공학과 디자인을 함께 공부함으로써 최고 수준의 자동차 디자이너를 길러 내는 학과다. 자동차 디자인은 자동차 공학, 제품 디자인, 운송 수단 디자인 등을 다루는 전문 분야로, 실무와 이론을 겸비한 국제적 수준의 전문적인 디자인 교육을 실시한다.

자동차를 비롯한 수송 수단의 외장 디자인, 내장 디자인, 클레이 모델, 디지털 모델, 색상, 기획 등 다양한 분야에서 실제적인 디자인 교육을 전공으로 배운다. 승용차를 중심으로 다양한 자동차를 창의적으로 디자인하고, 미래 자동차는 물론 새로운 운송 수단을 창작하는 디자이너를 배출한다.

진출 직업

자동차 디자이너, 인테리어 디자이너, 제품 디자이너, 캐릭터 디자이너, 컬러리스트, 컴퓨터 그래픽 디자이너, 시각 디자이너, 산업 디자이너, 환경 디자이너, 가구 디자이너, 일러스트레이터, 영상 그래픽 디자이너, 팬시 디자이너 등

적성 및 흥미

여러 분야의 예술을 접하고 다양한 사상이나 인문학을 예술과 융합시킬 수 있는 안목을 기르는 것이 중요하다. 남다른 미적 감각과 감수성, 표현력, 창의성 등이 많이 필요하다.

새로운 아이디어를 만들어 내기 위해 끊임없는 호기심과 관찰 능력이 중요한 역할을 한다. 마지막까지 최종 결과물을 완성해 가기 위해 끈기와 인내심, 꼼꼼한 일처리 등이 요구된다. 유행에 민감하고 최신 트렌드를 읽어내고 디자인에 적용할 수 있는 능력도 필요하다.

자격 및 면허

제품디자인기사, 컴퓨터그래픽스운용기사, 시각디자인기사, 컬러리스트산업기사, 제품응용모델링기능사, ACE(Adobe Certified Expert), ACS(Adobe Certified Specialist) 등

중·고등학교 학교생활 포트폴리오

관련 학과

자동차운송디자인학과,
공업디자인학과, 디자인공학과,
유니버설디자인공학과, 멀티디자인학과,
자동차공학과, 융합디자인학과, 산업디자인학과,
제품디자인학과, 디자인융합학과,
공공디자인학과, 디자인경영융합학부,
비주얼콘텐츠디자인학과,
아트앤디자인학과 등

진출 분야

★기업체★
자동차 생산업체, 자동차 부품 설계 및 생산업체, 각종 기계 및 장비 관련 생산업체 등

★연구소★
자동차 디자인 연구소, 기계 및 장비 관련 연구소, 제품 디자인 센터 등

★학교★
자동차, 디자인 관련 고등학교 교사, 대학교 교수 등

★중앙 정부와 지방 자치 단체★
국토교통부 및 지방 자치 단체 교통 관련 공무원, 시설안전관리사업소, 도시철도 관련 공무원 등

★자영업★
디자인 사무실, 디자인 센터 등

★동아리 활동★

미술, 회화, 방송 등 미술이나 방송과 관련된 동아리가 도움이 된다. 제품을 디자인하거나 분석하는 동아리를 조직하여 활동해 보는 것도 좋다.

★봉사 활동★

방송이나 영상을 통해 다른 사람들에게 만족감을 주는 활동, 포스터나 광고로 홍보하는 활동, 여러 사람들과 함께 소통하는 활동에 참여해 본다.

★독서 활동★

예술, 디자인, 자동차, 철학, 역사 등과 관련된 책 읽기를 권하며, 더불어 유명한 광고나 예술 작품을 자주 접할 기회를 갖도록 한다.

★교과 공부★

폭넓은 지식이 필요한 만큼 다양한 분야를 두루 공부하며, 특히 예술과 디자인, 방송, 역사, 외국어 등에 좀 더 신경을 쓴다.

★교내 활동★

학생회를 통해 학교 행사를 기획하거나, 방송반 활동을 통해 규칙적인 홍보와 예술제 참여 등의 기회를 갖도록 한다.

★교외 활동★

사람들과 함께 제품을 접하는 경험과 활동이 중요하게 작용한다. 유명한 전시회, 모터쇼 등은 꼭 관람하는 것이 좋으며, 틈틈이 여행하며 견문을 넓힌다.

※미술을 비롯한 예술, 제품 디자인이나 홍보 등과 관련된 수상 경력이나 대외 활동 경력이 도움이 된다.

15 작곡가

관련 학과 작곡과 128쪽

1. 작곡가의 세계

음악 관련 직업 중에 가수만큼이나 사람들에게 주목받는 직업이 무엇일까? 바로 곡을 만드는 작곡가가 아닐까? 최근 몇 년 전부터 한류 열풍과 K-POP의 인기에 힘입어 세계적으로 우리나라의 아이돌 가수와 음악 프로그램의 인기는 고공 행진 중이다. LP, CD 등 음반으로 제작하여 판매하던 과거와 달리 요즘은 스트리밍 서비스를 이용해 음악을 듣거나 파일을 다운받는 구조로 음원이 판매되고 있다. 그래서인지 예전에는 음반 시장으로 불리던 것이 이제는 음원 시장으로 불리고 있다.

소비자가 노래 한 곡을 유료로 다운로드받으면, 저작권료에 해당하는 금액을 작곡가, 작사가, 편곡자, 가수 등이 기준 비율에 따라 나누어 갖는다. 과거에는 음반으로 판매되었기 때문에 인기가 없는 곡을 작곡한 사람도 음반 판매로 인한 수입이 있었으나,

현재 디지털 음원 시장에서는 인기 있는 곡을 작곡한 소수의 사람에게만 수입이 집중되는 현상이 나타나고 있다. 음원 역시 대부분 디지털 싱글 음원으로 발매되고 있으며 스트리밍 서비스를 통해 음악을 감상하는 사람들이 늘면서 인기곡 위주로 곡이 알려지고 있는 실정이다.

자신이 직접 만든 곡이 인기를 끌면 꽤 지속적으로 수입을 보장해 주기 때문에 자신이 직접 작곡해서 노래까지 부르는 뮤지션이 등장하고 있다. 악기를 연주하는 연주자가 직접 곡을 써서 발표하는 경우도 자주 볼 수 있다. 우리가 잘 알고 있는 JYP 대표 작곡가 박진영, YG 대표 작곡가 테디, 에스엠(SM) 대표 작곡가 유영진, MBC대학가요제 출신 작곡가 조영수, 용감한 형제, 지드래곤, 윤일상, 김형석, 신사동호랭이, 도끼 등이 K-POP 분야의 대표적인 작곡가로 이름을 떨치고 있다. 조금 지난 일이지만 가수 이문세가 주목을 받으며 히트곡들이 계속 나오게 된 이유에는 작곡가 고(故) 이영훈이 있었기 때문이라는 견해도 있다.

이처럼 가수를 비롯한 음악인의 인기를 좌우할 수 있는 사람이 작곡가이다. 글을 쓰는 작가는 글로 자신의 생각을 표현하고, 그림을 그리는 화가는 화폭에 그린 그림으로 감성을 표현하지만, 작곡가는 멜로디와 음률로 감성과 생각을 표현한다.

작곡은 우리 인간이 존재하면서 자연스럽게 등장하였다. 자신의 생각을 음악으로 표현하는 것은 아주 오래 전에도 있었기 때문이다. 작곡은 아주 오랜 시간 동안 서서히 발전했으며 다양한 분야로 발전했다고 볼 수 있다. 대가야의 우륵이나 조선 초기의 박연, 일제 강점기의 홍난파와 같은 작곡가에서부터 베토벤, 모차르트, 하이든, 바그너, 슈베르트 등에 이르기까지 많은 작곡가들을 만나볼 수 있다. 최근 들어 지적재산권과 관련하여 음악 예술 분야에서도 저작권이 강화되면서 저작권료만으로도 많은 수입을 얻는 작곡가들을 심심치 않게 만날 수 있다. 하지만 무엇보다 음악을 좋아하고 사랑해야 좋은 곡을 쓸 수 있다는 것을 명심해야 한다.

그것이 알고 싶다 스트리밍이 무엇일까?

스트리밍(Streaming)은 인터넷 상에서 영상이나 음성 등의 파일을 하드디스크 드라이브에 다운로드받아 재생하는 절차 없이 실시간으로 재생시켜 주는 기술이다. 실시간으로 재생하려면 데이터가 인터넷으로 물 흐르듯이 전송되어야 하기 때문에 스트리밍으로 불린다. 파일을 다운받는 시간도 줄여 주고 파일을 저장하는 데 따른 용량도 차지하지 않기 때문에 최근에는 스트리밍 서비스를 전문으로 제공하는 서비스가 많은 인기를 끌고 있다.

2. 작곡가가 하는 일

작곡가는 클래식 음악, 경음악, 영화나 드라마의 배경 음악, 오페라, 교향곡 등을 만들기도 하지만, 대중적인 작곡가는 가수들이 부르는 노래의 음을 만든다. 작곡가의 목적은 하나의 곡을 완성하는 것이다. 작곡할 음악 분야가 무엇인지 구분하여 전체적인 흐름을 계획한다. 곡을 먼저 만들고 가사를 나중에 붙이기도 하고, 음악의 가사를 파악한 후 가사에 어울리는 적합한 곡을 구상하기도 한다. 멜로디, 리듬, 화음, 음악이론 등의 기초적인 지식을 이용하여 자신의 음악적 감정을 악보에 직접 그리거나 컴퓨터의 음악 프로그램을 이용하여 표현한다.

일반적으로 작곡가는 피아노나 기타로 연주해 보면서 직접 악보를 그리기도 하지만 최근 컴퓨터와 디지털 기기의 발달로 디지털피아노 등을 연주하면 악보가 자동으로 그려지는 시스템이 많이 개발되어 좀 더 손쉽게 작곡할 수 있게 되었다. 최근 들어 작곡에 쉽게 도전하는 사람들이 늘고 있는데, 디지털피아노와 컴퓨터 프로그램만 있으면 간단하게 곡을 완성할 수 있기 때문이기도 하다.

음악의 장르를 구분하여 작곡의 전체적인 흐름을 계획한다.

음악의 가사를 파악한 후 가사에 어울리는 곡을 구상한다.

멜로디, 리듬, 화음, 음악 이론 등의 기초적인 지식을 이용하여 자신의 감정을 악보에 표현하여 그리거나 컴퓨터의 음악 프로그램을 이용해 직접 작곡한다.

작사가, 편곡가 등과 곡에 대해 논의하고, 작곡한 곡을 녹음할 때 녹음 방향에 대해 조언한다.

대중가요 가수의 음반, 영화 및 드라마의 OST 음반, 가곡, 합창곡, 교향곡 등 특정 분야를 전문적으로 작곡하기도 한다.

작곡가와 관련 있는 직업

작곡가와 관련 있는 직업으로는 화가, 조각가, 서예가, 지휘자, 연주가, 성악가, 가수, 무용가, 안무가, 백댄서, 전통 예능인, 사진작가, 국악인, 만화가, 애니메이터 등이 있다.

그것이 알고 싶다 화성학이란 무엇일까?

연필로 스케치만 잘해도 그림이 완성되지만 여기에 색을 입히면 더욱 근사한 그림이 되듯이, 리듬과 멜로디만 있어도 곡은 완성되지만 음악에 화성을 입히면 더욱 풍성한 소리의 곡을 완성할 수 있다. 피아노에서 주요 건반 하나를 치면서 다른 건반을 함께 치면 화음이 이루어지는데, 이때 각 음들이 잘 어울리지 않으면 불협화음이 난다고도 한다. 이렇게 잘 어울리는 화음을 찾아내면서 하나의 곡을 더욱 감미롭게 완성해 가는 것이 화성학이다. 음악을 전공한 사람들도 화성학을 매우 어려워하는데, 곡의 성향, 멜로디, 가사, 목적 등에 따라 어울리는 화음을 찾아내는 일은 끝이 없기 때문이다.

3. 작곡가에게 필요한 능력

작곡가가 되려면 자신의 방식대로 일하는 방법을 계획하고 다른 사람이 관리하지 않아도 스스로 일할 줄 아는 독립성이 강해야 한다. 물론 다른 사람들을 리드하고 자신의 의견이나 충고를 직접 전달할 수 있는 리더십이 있어야 한다. 하나의 곡을 완성하는 데 많은 시간과 노력이 필요한 직종이다 보니 다른 사람들의 비판을 받아들이며 그 스트레스를 효과적으로 이겨낼 수 있어야 한다. 곡을 쓴다는 것은 자신이 경험하거나 느낀 감정을 새롭게 해석하여 아이디어로 탄생시키는 과정이므로 창의성이 매우 필요하다.

본인이 좋아하는 분야에 대해 집중적으로 탐구할 수 있는 성향을 지녀야 지루한 작업을 이겨낼 수 있다. 혼자 작업하는 시간이 많기 때문에 혼자 있는 시간을 즐기고 스스로 무언가에 집중하는 선택적 집중 능력이 있어야 한다. 다양한 지식을 고르게 익히는 데 보람을 느끼는 사람에게 어울리는 직종이다.

간혹 매스컴을 통해 절대 음감이란 말을 들어보았을 것이다. 가수는 목소리와 성량이 중요하지만, 작곡가는 청력이 매우 중요하다. 음정, 박자, 멜로디, 화음, 음고 등의 미세한 차이를 느낄 수 있어야 한다. 곡의 목적에 따라 곡이나 화음을 일정하게 분류할 수 있고 창의력을 발휘할 수 있다면 더할 나위 없이 좋은 직업이다.

생활 속에서 많은 경험을 바탕으로 곡을 만들어 보는 연습을 해 보는 것도 중요하다. 이는 작곡가가 이야기가 있는 감성을 곡에 담아 사람들의 마음을 사로잡는 사람이기 때문이다. 이를 위해 평소 음악으로 이야기를 표현하려는 노력이 필요하다.

4. 작곡가와 관련된 학과 및 자격증

- **관련 학과:** 작곡과, 음악학과, 실용음악과, 국악과, 기악과, 관현악과, 피아노과 등
- **관련 자격:** 별도로 자격이 필요하지 않으나, 다른 직업과 겸하려면 문화예술교육사, 무대예술전문인, 피아노실기지도사, 음악치료사 등의 자격이 도움이 된다.

5. 작곡가의 직업 전망

작곡가는 앞으로 몇 년 동안 현재의 취업 수준을 유지할 것으로 보인다. 드라마, 영화, 연극 등에 사용되는 음악을 창작하는 작업이 늘어나면서 자연스럽게 작곡 시장도 넓어졌다. 또한 삶이 여유롭게 변함에 따라 문화에 대한 대중의 욕구가 커지면서 연주회, 뮤지컬, 영화 등을 즐기는 고객들이 늘고 있다. 특히 작곡은 연극, 무용, 뮤지컬 등은 물론 드라마나 영화의 OST와 배경 음악에 이르기까지 음악이 필요한 다양한 분야에서 그 수요가 확대되고 있는 실정이다. 하지만 관현악, 성악, 기악 등 순수 음악 분야는 크게 인기를 끌지 못하면서 현 상태를 유지하는 수준에 머물 것으로 전망된다.

대중가요 시장에서 사람들에게 인기 있는 작곡가는 소수이다. 그렇기 때문에 우리가 아는 것과 달리 경제적으로 어려운 생활을 하는 작곡가가 대부분이다. 이 때문에 자신이 좋아하는 작곡을 계속하면서 다른 직업을 겸하는 사람들이 많다. 물론 음악과 관련된 직업을 겸하면서 작곡에 대한 관심을 끝까지 유지하는 사람들도 많다.

작곡이나 지휘 같은 창의성이 필요한 직업은 인공 지능이 대체하는 데 한계가 있어 미래를 준비하는 청소년들이 도전해 볼 만한 직업 분야가 될 것이다. 여러 곡이나 멜로디가 다른 콘텐츠와 융합되어 새로운 장르가 생겨나고 그것들을 서비스하고 관리하는 색다른 직업도 파생될 것으로 보여 장기적으로는 발전 가능성이 큰 직종이다.

작곡가에게 필요한 지식수준은?

작곡가는 예술 분야의 지식만 필요한 것이 아니라 국어, 심리, 철학, 교육학 등의 인문학을 비롯하여 다양한 분야의 전문적인 지식이 고루 필요한 직업이다.

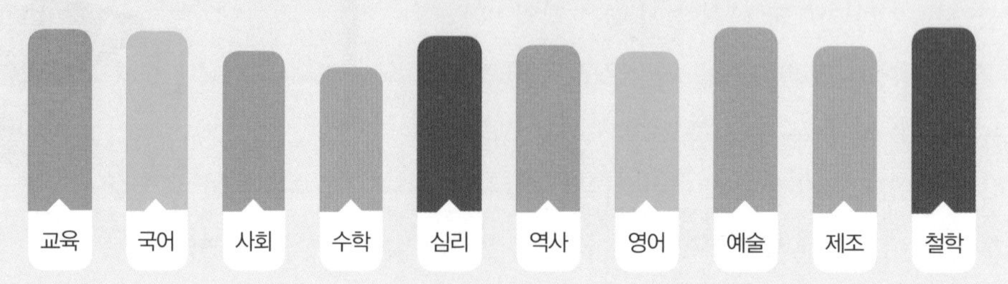

작곡가

작곡가는 작곡과, 실용음악과, 음악학과 등 음악과 관련된 곳에서 전문적으로 지식을 쌓고 시작하는 것이 좋다. 물론 음악적 재능을 타고 났다면 사설 학원이나 아카데미에서 학습하는 과정을 거쳐도 된다. 작곡가에게 별도의 자격증을 요구하는 경우는 거의 없기 때문이다.

작곡가가 되려면 전문 대학 이상에 진학하여 작곡과, 음악과, 피아노과, 관현악과, 기악과, 성악과 등을 전공하는 것이 유리하다. 이를 위해서는 청소년기 이전부터 자신의 진로와 방향을 설정하고 꾸준하게 노력하고 연습해야 한다. 재능이 있다면 예술계 중고등학교에 진학하는 것도 도움이 된다. 일반계 중고등학교에 진학한 경우에는 대부분 사설 학원이나 개인 과외를 받아 실력을 쌓기도 한다.

유명한 사람 중에는 외국에 유학하여 지휘자, 성악가 등을 겸하는 사람도 있다. 작곡가는 어려서부터 다양한 분야의 음악을 감상하고 접하면서 음악에 대한 재능과 소양을 쌓아가는 것이 좋으며 각종 콩쿠르에 참여하는 경험도 중요하다. 서양 음악이나 오페라 등은 유럽에서 발달한 분야이므로 영어, 독일어, 프랑스어, 이탈리아어 등의 외국어 실력을 꾸준하게 쌓는 것도 많은 도움이 된다.

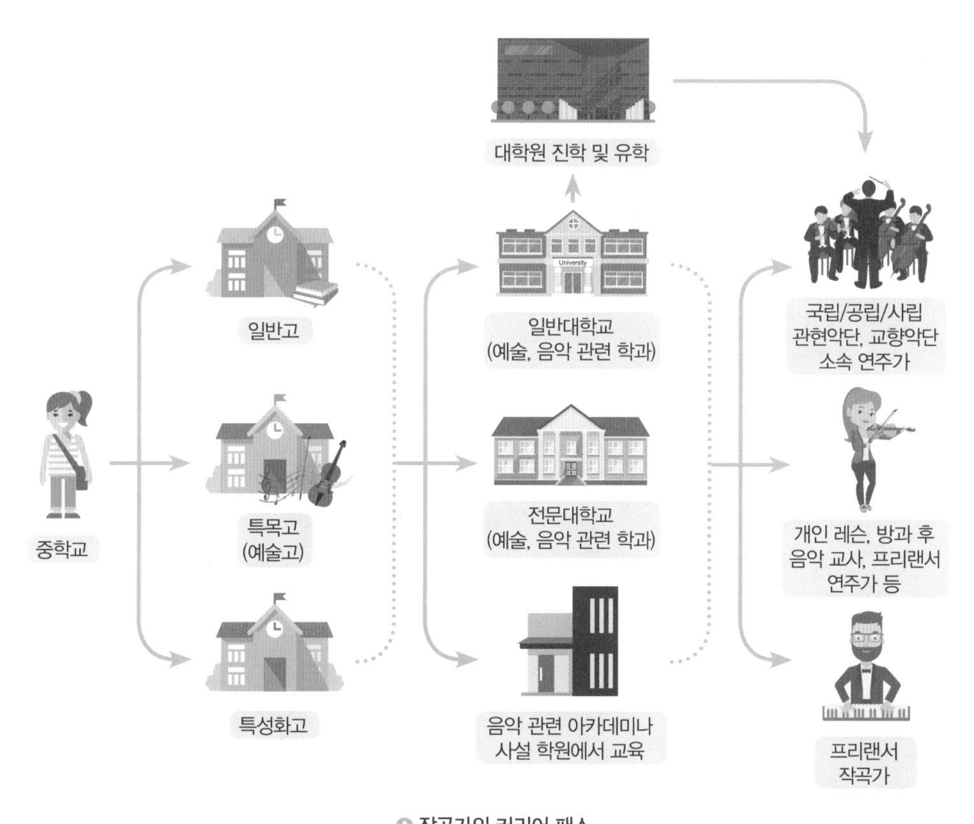

△ 작곡가의 커리어 패스

작곡과

모든 예술이 그렇겠지만 음악은 호소력 있는 예술 분야 중 하나이다. 소리를 통해 자연과 인간 본성의 결정체인 영혼의 세계를 표현하는 예술로서 음악 분야는 크게 기악, 성악, 작곡 등으로 나눌 수 있다. 또한 서양 음악뿐만 아니라 우리 전통 음악인 국악 등에 대한 이론과 연주도 함께 다룬다.

가수, 국악인, 방과 후 강사, 성악가, 악기 수리원 및 조율사, 연주가, 예능 강사, 음악 교사, 음악 치료사, 음향 및 녹음 기사, 작곡가, 전통 예능인, 지휘자 등

관련 학과

작곡과, 음악학과, 실용음악과, 예체능교육과, 국악과, 기악과, 관현악과, 피아노과, 성악과, 건반악기과, 뮤지컬학과, 한국음악작곡과, 공연음악과, 미디어음악과 등

중·고등학교
학교생활 포트폴리오

자격 및 면허

문화예술교육사,
무대예술전문인,
피아노실기지도사,
음악심리지도사, 음악치료사,
음악재활지도사 등

진출 분야

★기업체★
방송국, 엔터테인먼트,
공연 기획사, 언론사, 연예 기획사 등

★학교★
중 · 고등학교 음악 강사 및 교사, 대학교 교수 등

★중앙 정부와 지방 자치 단체★
문화 및 예술 관련 공무원

★국책 기관★ 국립극장, 시립 및 도립 공연장

★자영업★
기획사, 프리랜서 등

적성 및 흥미

음악에 타고난 재능이 있더라도 오랜 시간 동안 많은 연습을 해야만 최고의 경지에 오를 수 있다. 타고난 음악가도 엄청난 노력을 기울여야 명성을 얻을 수 있다. 음악 관련 전공자들은 풍부한 음악성과 함께 장시간의 꾸준한 연습을 이겨낼 수 있는 인내력과 성실함이 필요하다. 또한 풍부한 음악적 감수성과 창의력을 위해 평소 영화, 연극, 뮤지컬, 문학 등 다양한 문화 · 예술 장르에 관심을 가지면 도움이 된다. 피아노 등의 악기를 연주할 수 있어야 하고 외국어에 대한 관심과 흥미가 요구된다.

★동아리 활동★

연극, 음악, 성악, 뮤지컬, 방송 등을 통해 많은 경험을 쌓는 것이 중요하다. 공연에 직접 출연하지 못한다면 작품을 기획하거나 제작진으로 참여하는 경험도 도움이 된다.

★봉사 활동★

오페라하우스, 공연장 등에서 개인적인 봉사 활동을 하거나, 경로당, 어린이집 등에서 동아리 공연을 기획하여 다양한 봉사 경험을 쌓는다.

★독서 활동★

예술, 철학, 역사, 지리 등과 관련된 책을 읽기를 권하며, 더불어 유명한 뮤지컬 공연 작품도 읽도록 한다.

★교과 공부★

폭넓은 지식이 필요한 만큼 다양한 분야를 두루 공부하며, 특히 예체능, 사회, 역사, 미디어, 외국어 등을 중요하게 공부한다.

★교내 활동★

학급 활동이나 학생회 활동을 통해 학교 축제, 발표회, 뮤지컬, 연극 등을 기획하고 공연하는 경험을 쌓는 것이 좋다.

★교외 활동★

평소 음악을 많이 듣고 피아노 연주를 꾸준히 한다. 음악회, 공연 등은 꼭 관람하고 틈틈이 여행을 통해 감성을 쌓고 다양한 사람들과 함께 하는 경험을 갖도록 한다.

※뮤지컬, 연극, 음악 등의 활동과 관련된 수상 경력이나 대외 활동 경력이 도움이 된다.

ARTISTIC • 예술형 A

16 컴퓨터 그래픽 디자이너

1. 컴퓨터 그래픽 디자이너의 세계

극장을 통해 애니메이션 작품을 공개할 때마다 많은 주목을 받으며 크게 흥행하는 회사들이 있다. 일반적으로 세계 4대 애니메이션 스튜디오로 잘 알려져 있는데, 픽사 애니메이션 스튜디오, 월트 디즈니 애니메이션 스튜디오, 드림웍스 애니메이션, 스튜디오 지브리 등을 일컫는다. 그들이 제작한 영화를 살펴보면 손으로 그린 그림도 있고, 컴퓨터 그래픽을 활용하여 인간이나 동물의 움직임을 보다 더욱 정교하게 3D 애니메이션으로 구현한 것도 있다.

그래픽이나 애니메이션에 흥미가 있는 사람들은 아마도 드림웍스의 '쿵푸팬더' 시리즈를 기억할 것이다. 왜냐하면 한국계 미국인 '제니퍼 여 넬슨(Jennifer Yuh Nelson, 여인영)'이 이 작품과 관련되어 있기 때문이다. 그녀는 쿵푸팬더 1편의 스토리 총책임자

(Head of Story)를 거쳐 쿵푸팬더 2편과 3편의 감독을 맡아 영화를 크게 히트시켰다. 물론 그래픽이나 애니메이션에 관심이 많은 어른들이라면 1976년에 개봉한 '로보트 태권 V'를 떠올리겠지만, 요즘 청소년이라면 2011년에 제작되어 220만 명의 관객을 동원한 순수 한국 애니메이션 '마당을 나온 암탉'을 더 기억하고 있을지도 모르겠다.

이와 같이 애니메이션 영화에는 많은 컴퓨터 그래픽 작업이 필요한데, 컴퓨터 그래픽 프로그램을 이용하여 다양한 장면을 표현하는 직업이 바로 컴퓨터 그래픽 디자이너이다. 애니메이션뿐만 아니라 일반 영화, 드라마, 광고, 웹 사이트 등 다양한 분야에서 일반적인 장면은 물론 특수 효과에 이르기까지 많은 작업을 담당하는 전문 직업인이다.

예전에는 직접 촬영하기 힘든 장면은 여러 장의 그림을 그려 움직이는 만화로 제작하거나 특수 효과를 표현할 때 축소판으로 만들어 촬영하는 등의 기법이 사용되었다. 하지만 1990년대에 들어서면서 컴퓨터가 일반화되기 시작하였고 이와 함께 컴퓨터 그래픽 프로그램도 보급되기 시작했다. 사람들이 원하는 다양한 정보를 인터넷에서 찾을 수 있게 되면서 컴퓨터 그래픽 디자이너를 꿈꾸는 사람들이 많아지게 되었다. 이제 컴퓨터와 그래픽 프로그램이 개인용 장비가 되면서 자신의 생각에 따라 작품을 만들어 솜씨를 뽐낼 수 있는 최적의 조건이 만들어졌다.

그것이 알고 싶다 우리나라에서 제작한 애니메이션에는 무엇이 있을까?

우리나라에서도 많은 애니메이션이 제작되었는데, 극장판으로 제작한 것과 TV에 방영하기 위해 제작한 것으로 나눌 수 있다. 작품을 살펴보면 다음과 같다.

홍길동, 로보트 태권 V, 마루치 아라치, 간첩 잡는 똘이장군, 독고탁, 아기공룡 둘리, 떠돌이 까치, 달려라 하니, 2020 원더키디, 머털도사, 영심이, 날아라 슈퍼보드, 은비까비의 옛날옛적에, 장독대, 마법사의 아들 코리, 꼬비꼬비, 녹색전차 해모수, 태권왕 강태풍, 검정 고무신, 탱구와 울라숑, 뽀롱뽀롱 뽀로로, 오세암, 마법천자문, 마당을 나온 암탉, 와라 편의점, 안녕 자두야, 라바, 터닝메카드, 놓지마 정신줄 등

2. 컴퓨터 그래픽 디자이너가 하는 일

컴퓨터 그래픽 디자이너는 광고, 영화, 드라마, 애니메이션에 사용되는 특수 효과 등의 입체적인 동영상 작업을 담당하며, 도형, 공간, 자막, 그림 등 정지 영상을 설계하고 표현하는 일을 맡기도 한다. 또한 인터넷 홈페이지의 여러 가지 이미지를 개발하고 제작한다. 방송이나 영화에서 이야기의 내용대로 입체 영상이나 특수 효과, 그림, 자막 등을 영상 속에서 표현하기도 한다. 이외에 게임을 개발할 때는 시나리오에 따라 영상으로 표현하기도 한다. 지금 우리 주변에서 표현되는 대부분의 글과 그림은 컴퓨터 그래픽 디자이너의 손을 거치지 않은 것이 없다고 해도 과언이 아니다. 우리가 가장 많이 접하는 방송국, 인터넷, 게임 등의 분야에서 컴퓨터 그래픽 디자이너가 하는 일을 살펴보면 다음과 같다.

컴퓨터 그래픽 디자이너

뉴스, 일기 예보, 다큐멘터리 등 방송국 제작팀의 프로듀서(연출가) 또는 보조 연출가 등으로부터 그래픽으로 표현될 방송 자막이나 그림의 내용을 받는다.

글이나 문장에 적합한 글꼴, 크기, 디자인, 색채 등을 결정하며 관계자와 협의하여 최종 결정한다.

최종 결정한 내용대로 글과 그림의 그래픽 작업을 한다.

작업한 내용을 컴퓨터에 저장하여 포트폴리오로 관리하고, 각 제작팀의 요구 조건에 적합한 글, 그림, 디자인 등을 작업하여 데이터베이스에 구축한다.

인터넷에 사용되는 여러 가지 이미지를 개발하고 제작하기 위해 스케치 작업을 거쳐 색을 입힌다(컬러링 작업). 작업 계획을 세운다. 그런 다음 그래픽 소프트웨어를 이용해 캐릭터의 모습과 주요 움직임, 아이템, 배경 화면을 구성하여 모니터에 그려 넣는다.

게임 상에 보이는 메뉴, 창, 설정 창 등의 인터페이스*를 제작하고, 원화가가 그린 캐릭터나 배경을 3D 프로그램을 이용하여 만든다. 모델러가 만들어 놓은 입체물에 색감이나 질감을 입힌다.

*인터페이스(interface): 서로 다른 시스템을 연결해 주는 부분

컴퓨터 그래픽 디자이너는 그림이나 디자인 업무와 매우 친해야 한다. 또한 디자인

컴퓨터 그래픽 디자이너와 관련 있는 직업

컴퓨터 그래픽 디자이너는 무엇을 디자인하느냐에 따라 게임과 관련된 게임 그래픽 디자이너, 영상물을 주로 다루는 영상 그래픽 디자이너, 인터넷 웹 사이트를 전문으로 하는 웹 디자이너, 이런 것들을 다양하게 포괄하는 멀티미디어 디자이너 등으로 나뉠 수 있다.

이 외에도 컴퓨터 그래픽 디자이너와 관련 있는 직업으로는 제품 디자이너, 가구 디자이너, 자동차 디자이너, 패션 디자이너, 인테리어 디자이너, 디스플레이어, 시각 디자이너, 광고 디자이너, 일러스트레이터, 캐릭터 디자이너, 컬러리스트, 플로리스트, 캐드원 등이 있다.

작업이 모두 컴퓨터 그래픽 프로그램을 사용하여 이루어지므로 그래픽 프로그램을 능숙하게 다룰 줄 알아야 한다. 자신이 맡은 디자인에 대해 작업이 반복되고 아주 정교한 부분을 다룰 때가 많다. 때에 따라 몇 초도 안 되는 장면을 위해 몇 시간 이상의 긴 시간을 들여 작업하는 경우도 있다.

그것이 알고 싶다 **다양한 분야의 그래픽 디자이너에 대해 알아볼까?**

- **웹 디자이너:** 웹 사이트의 목적에 맞는 이미지, 사이즈, 동영상, 애니메이션, 서체, 레이아웃 등을 구성하고 디자인한다.
- **게임 그래픽 디자이너:** 컴퓨터 게임에 등장하는 각종 캐릭터, 배경, 아이템 등을 디자인한다.
- **영상 그래픽 디자이너:** 방송의 일기 예보, 뉴스, 속도 등에 사용되는 자막, 그림, 데이터 등을 디자인하며, 영화나 드라마의 특수 효과를 담당하여 제작하기도 한다.
- **멀티미디어 디자이너:** 인터넷이나 방송에서 사용하는 그래픽을 디자인하며, 게임 그래픽 디자이너와 영상 그래픽 디자이너도 일종의 멀티미디어 디자이너라고 볼 수 있다.

3. 컴퓨터 그래픽 디자이너에게 필요한 능력

컴퓨터 그래픽 디자이너는 그래픽과 관련된 프로그램을 잘 다룰 수 있고, 디자인에 대한 지식과 예술적 감각이 있는 사람에게 유리한 직업이다. 이 직업은 자신의 방식대로 일을 계획하고 처리하는 독립적인 성격을 지닌 사람에게 좋다. 또한 컴퓨터 그래픽은 새로운 아이디어를 필요로 할 때가 많기 때문에 혁신적인 면이 있어야 한다. 오랜 시간 의자에 앉아 작업해야 하기 때문에 스트레스를 잘 견딜 줄 알아야 한다.

사람이나 동물, 사물 등을 명확하게 보고 표현할 줄 알고 주변의 대상을 현실적으로 느낄 수 있는 사람에게 유리하다. 하나의 목표가 정해지면 물리적이든 생물학적이든 호기심을 가지고 오랜 시간 동안 관찰하는 것을 좋아하는 유형의 사람에게 추천할 만한 직종이다. 물론 여기에는 그림이나 디자인에 대한 예술적인 감각과 능력이 우선되어야 한다. 창의력과 디자인 감각을 갖추고 있다면 이미지를 입체적으로 표현할 때 많이 도움이 되며, 새로운 것을 추구하는 혁신적인 성격과 섬세한 표현력이 필요하다. 함께 작업하는 사람들과 협력도 해야 하고 의뢰한 사람의 요구도 반영해야 하므로 원활한 의사소통 능력과 대인 관계 능력이 요구된다.

무엇보다 가장 중요한 능력은 미적 감각과 그래픽 능력이다. 이런 예술 감각을 가지고 컴퓨터로 작업하여 하나의 작품을 완성하는 직종이므로, 평소 그림 그리기와 디자인 능력을 키울 수 있도록 노력해야 한다.

4. 컴퓨터 그래픽 디자이너와 관련된 학과 및 자격증

- **관련 학과:** 만화 · 애니메이션학과, 사진 · 영상예술학과, 산업디자인학과, 시각디자인학과, 게임공학과, 웹디자인학과, 멀티미디어디자인학과, 게임그래픽디자인학과, 컴퓨터그래픽디자인학과 등
- **관련 자격:** 시각디자인기사/산업기사, 컴퓨터그래픽스운용기능사, 게임그래픽전문가, 웹디자인기능사, 멀티미디어 콘텐츠제작전문가, GTQ(Graphic Technology Qualification)) 등

5. 컴퓨터 그래픽 디자이너의 직업 전망

앞으로 몇 년 동안 컴퓨터 그래픽 디자이너의 고용은 다소 증가할 것으로 예상된다. 우리나라는 세계 최고의 스마트폰 보급률을 자랑하고 있으며, 모바일 웹 사이트의 개발, 모바일 게임의 성장, 미디어를 통한 영상 광고의 증가 등이 컴퓨터 그래픽 디자이너의 고용에 긍정적인 영향을 끼치고 있다. 컴퓨터 그래픽과 관련된 기술이 발전하면서 자연스럽게 획기적이고 경쟁력 있는 그래픽과 배경, 디자인, 캐릭터 등이 요구되고 있다.

또한 가상 현실, 증강 현실, 사물 인터넷, 각종 기기의 디지털화 등으로 컴퓨터 그래픽 디자인에 대한 수요는 증가될 것으로 예측된다. 모바일 기기에 최적화된 영상 콘텐츠 제작이 증가하고, 컴퓨터 게임뿐만 아니라 직접 경험하는 가상 현실, 증강 현실 게임이 늘어나면서 그래픽 디자인 시장이 확대될 것으로 전망된다. 스마트폰으로 즐기는 게임 개발이 증가하고, 게임 사용자가 모든 연령층으로 늘어나는 점은 게임과 관련된 그래픽 디자이너의 일자리에 긍정적인 영향을 끼칠 것으로 기대된다.

컴퓨터 그래픽 디자이너에게 필요한 지식수준은?

컴퓨터 그래픽 디자이너는 다양한 분야의 지식과 경험이 필요하다. 컴퓨터 그래픽으로 표현하는 대상과 이미지가 무궁무진하므로 틈나는 대로 지식과 경험 축적에 힘써야 한다.

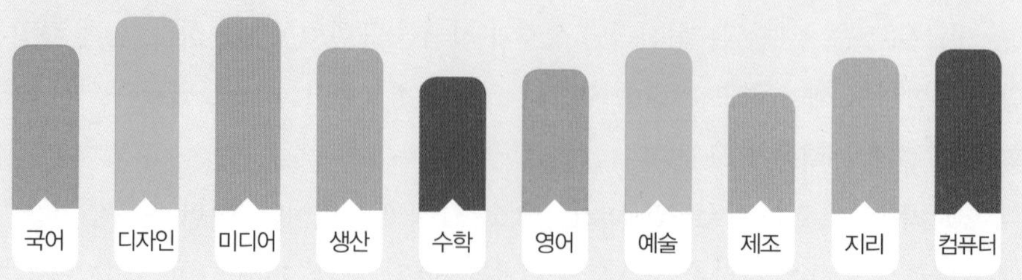

컴퓨터 그래픽 디자이너

컴퓨터 그래픽 디자이너가 되기 위해서는 대학에서 시각 디자인을 전공하는 것이 유리하다. 물론 디자인, 멀티미디어, 컴퓨터 그래픽 관련 학과에서 공부하는 것도 좋다. 디자인에 재능이 있다면 학창 시절부터 컴퓨터 프로그램을 통한 그래픽 처리 기술을 연습하는 것도 필요하다. 최근에는 대학을 가지 않더라도 관련 아카데미나 학원 등에서 그래픽 디자인과 관련된 과정을 배울 수 있다.

취업할 때는 학력이나 자격증 보유 여부보다는 실제 업무 경험이 중요하므로 본인이 직접 디자인한 작품집이나 포트폴리오가 많은 도움이 된다. 창의적인 디자인 작품을 지속적으로 만들기 위해서는 최신 그래픽 프로그램을 능숙하게 다룰 수 있도록 노력해야 한다. 디자인에 대한 전문적인 지식을 쌓을 수 있도록 공부하고 예술적인 감각을 컴퓨터를 이용해 그래픽적으로 표현하고 처리하는 다양한 프로그램이나 기술을 꾸준히 익혀 가는 것이 좋다.

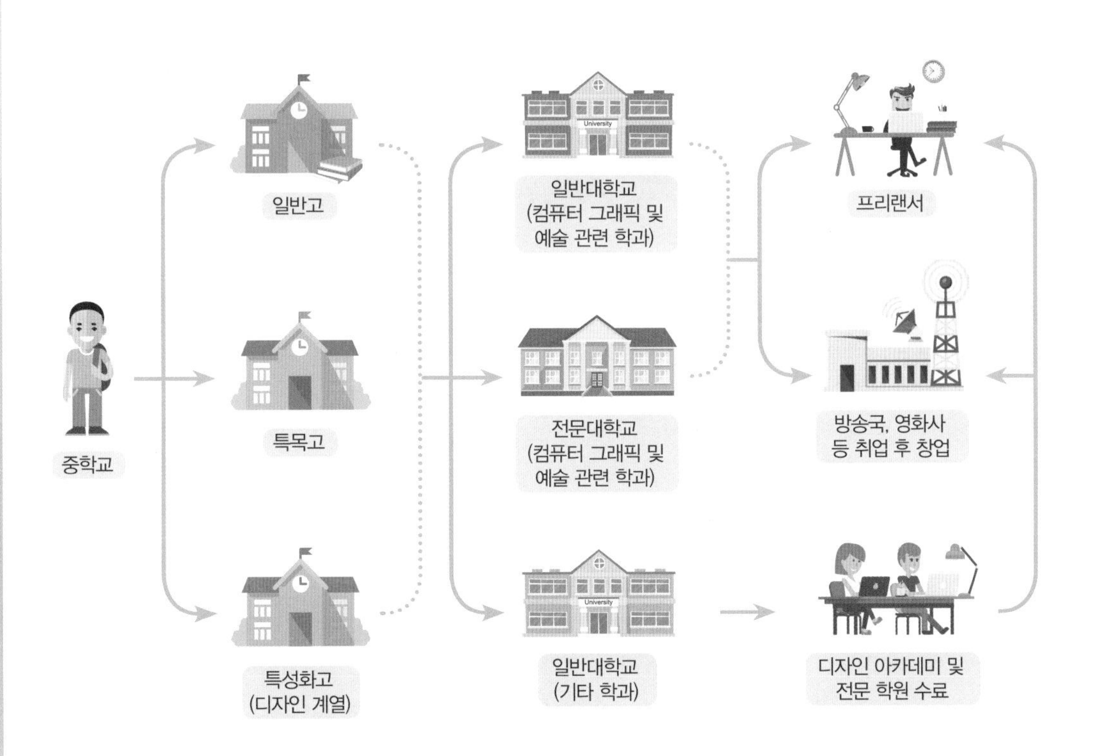

△ 컴퓨터 그래픽 디자이너의 커리어 패스

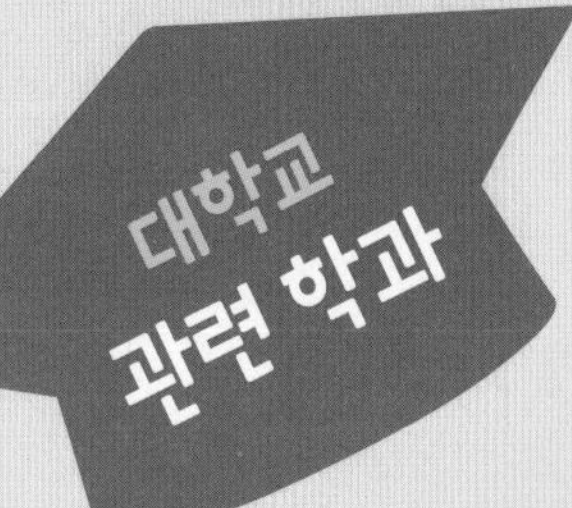

컴퓨터그래픽과

학과 소개

컴퓨터그래픽과에서는 컴퓨터 그래픽, 프로그래밍, 시각 디자인, 영상 디자인, 음향 등 컴퓨터 그래픽 분야의 기본적인 이론과 기술을 배운다. 다양한 매체의 정보를 통합할 수 있는 능력을 기르고 컴퓨터 그래픽 전문가와 기술 인력을 양성하는 것이 목적이다. 컴퓨터 활용 능력과 디자인 교육을 통해 창의력과 숙련된 제작 기술을 갖춘 21세기형 새로운 시각 정보 분야의 우수 인력 양성을 목표로 한다.

적성 및 흥미

자신이 느낀 것을 컴퓨터 그래픽을 이용하여 이미지와 디자인으로 표현할 수 있는 능력이 요구된다. 다른 디자인 영역과 마찬가지로 다양한 분야의 예술과 사상을 접하여 안목을 넓히는 것이 좋고 남다른 미적 감각과 감수성, 창의력, 표현력이 필요하다. 특히 컴퓨터 활용 능력, 웹 디자인, 대중문화, 특수 효과, 게임, 영상 편집 등에 대한 지속적인 관심과 탐구가 중요하다.

진출 직업

컴퓨터 그래픽 디자이너, 멀티미디어 디자이너, 영상 그래픽 디자이너, 게임 그래픽 디자이너, 제품 디자이너, 가구 디자이너, 자동차 디자이너, 보석 디자이너, 팬시 및 완구 디자이너, 가방 디자이너, 신발 디자이너, 휴대폰 디자이너, 조명 디자이너, 패션 디자이너, 속옷 디자이너, 직물 디자이너, 인테리어 디자이너, 디스플레이어, 비주얼 머천다이저(VMD), 시각 디자이너, 광고 디자이너, 북 디자이너, 일러스트레이터, 포장 디자이너, POP 디자이너, 웹 디자이너, 캐릭터 디자이너, 컬러리스트, 플로리스트, 캐드원 등

관련 학과

미술학과, 만화 · 애니메이션학과, 사진 · 영상예술학과, 산업디자인학과, 시각디자인학과, 게임공학과, 웹디자인학과, 멀티미디어디자인학과, 게임그래픽디자인학과, 컴퓨터그래픽디자인학과, 의류 · 의상학과, 조형학과, 공업디자인학과, 디자인공학과, 제품디자인학과, 게임디자인학과, 광고콘텐츠디자인학과, 디지털아트전공, 비주얼아트학과, 생활디자인학과 등

중·고등학교
학교생활 포트폴리오

자격 및 면허

게임그래픽전문가,
게임기획전문가,
멀티미디어콘텐츠제작전문가,
시각디자인기사/산업기사,
웹디자인기능사, 전자출판기능사,
제품디자인기사, 제품응용모델링기능사,
컴퓨터그래픽스운용기능사,
컬러리스트기사, 포장산업기사,
GTQ(Graphic Technology
Qualification) 등

진출 분야

★기업체★
방송국, 영화사, 컴퓨터 그래픽
디자인 업체, 자동차 제조업체, 멀티미디어
업체, 이벤트 업체, 문구 · 완구 업체, 3D 업체,
게임 및 캐릭터 개발 업체, 공간 디자인 업체, 디지털
제품 · 팬시제품 · 가구 · 조명 관련 라이프스타일 디자인 업체,
건설업체, 조명 관련 회사, 광고 기획사 등

★학교★
중 · 고등학교 방과 후 학교 강사, 특성화고 교사, 대학교 교수 등

★중앙 정부와 지방 자치 단체★
정부 및 자치 단체 홍보 및 광고 관련 공무원 등

★자영업★
그래픽 디자인 업체, 인쇄소,
프리랜서 등

★동아리 활동★

미술, 컴퓨터, 홍보, 방송 등 미술이나 방송과 관련된 동아리가 도움이 된다. 영상을 제작하거나 편집하는 동아리를 조직하여 활동해 보는 것도 좋다.

★봉사 활동★

방송이나 영상을 통해 다른 사람들에게 만족감을 주는 활동, 포스터나 광고로 홍보하는 활동, 여러 사람들과 함께 소통하는 활동이라면 모두 좋다.

★독서 활동★

디자인, 컴퓨터, 미디어, 예술 등과 관련된 독서를 권하며, 유명한 광고나 그래픽 편집을 접할 수 있도록 한다.

★교과 공부★

폭넓은 지식이 필요한 만큼 다양한 분야를 두루 공부하며, 특히 예술과 디자인, 방송, 컴퓨터, 국어 등에 좀 더 신경을 쓴다.

★교내 활동★

학생회를 통해 학교 행사를 기획 및 홍보하는 활동을 하거나, 방송반을 통해 규칙적으로 영상을 제작하고, 홍보하는 기회를 가지면 좋다.

★교외 활동★

사람들과 함께 다양한 제품을 접한 경험과 활동이 중요하게 작용한다. 시간이 날 때마다 컴퓨터 그래픽 프로그램을 익히도록 한다.

※미술을 비롯한 예술, 영상 제작 편집, 홍보, 컴퓨터 그래픽 등과 관련된 수상 경력이나 대외 활동 경력이 도움이 된다.

17 큐레이터

1. 큐레이터의 세계

1972년 프랑스 파리에서 '세계 도서의 해 기념 도서 전시회'가 열렸다. 이 전시회에서 전 세계 학계를 발칵 뒤집어 놓는 책자가 전시되었는데, '직지심체요절'이라는 책이었다. 이 책은 일제강점기에 서울에서 태어나 프랑스 국립도서관에서 근무하던 박병선 박사에 의해 발견되어 세상에 알려지게 되었다. 그녀는 1955년 프랑스로 유학을 떠나면서 유학 비자를 받은 최초의 여성이기도 했다. 종교학 박사학위를 받고 1967년부터 프랑스국립도서관에 근무하면서 수많은 도서관 소장품 중에 발견한 책이 바로 직지심체요절이다.

병인양요: 흥선 대원군의 가톨릭 탄압으로 고종 3년(1866)에 프랑스 함대가 강화도를 침범한 사건

또한 그녀는 병인양요 때 프랑스가 약탈해 간 '외규장각 의궤'를 1975년에 프랑스국립도서관 베르사유 별관 창고에서 발견하였다. 물론 프랑스국립도서관에는 비밀을 누설

한 잘못으로 계속 근무할 수 없었다. 하지만 이후에도 10여 년간 개인 자격으로 도서관을 드나들며 외규장각 의궤 내용을 정리하여 반환 운동의 기반을 튼튼하게 닦아 나갔다. 이후 2011년 6월에 프랑스로부터 297권을 대여 형태로 돌려받게 되었다.

도서관이나 박물관 또는 미술관에는 오래된 물건들이 많이 있으며, 이것들이 어떤 가치를 지니고, 어떻게 사용되었으며, 무슨 내용을 담고 있는지 연구하고 새로 밝혀내는 일은 무궁무진하다. 큐레이터(Curator)는 박물관이나 미술관 등에서 소장 자료에 관한 모든 일들을 처리하고 관리하는 사람을 말한다. 라틴어로 '보살피다', '관리하다'라는 뜻의 'cura'에서 유래한 말로 영어의 'care'와 비슷하다. 미술관이나 박물관의 자료에 대해 최종적으로 관리 책임을 맡은 사람을 의미하는데, 맡은 업무에 따라 연구를 담당하는 사람, 교육이나 홍보를 담당하는 사람, 전시 업무를 담당하는 사람 등으로 다시 나누어진다. 물론 기술적으로 업무를 처리하기도 하며, 작품을 수집, 보존, 전시하거나 문헌이나 도서를 바탕으로 조사, 구입하기도 한다. 또한 상황에 따라 교환, 제작, 기증 등과 같은 과정을 거쳐 최종적인 전시, 복원, 보존하는 일을 처리한다.

큐레이터는 학예사 또는 학예연구사라고도 불리는데 우리나라는 '박물관 및 미술관 진흥법' 제6조에 의해 박물관과 미술관에 사업을 담당하는 학예사를 둘 수 있도록 규정하고 있다. 1984년에 박물관법이 제정되면서 큐레이터라는 직업이 등장하였다고 볼 수 있다. 큐레이터는 근무처에 따라 미술관 큐레이터, 박물관 큐레이터, 독립 큐레이터로 나눌 수 있다. 해외에서는 어떤 업무를 담당하느냐에 따라 아키비스트, 컨서베이터, 레지스트라, 에듀케이터 등으로 나누기도 한다. 하지만 우리나라의 경우 전시기획팀, 교육팀, 작품관리팀, 보존과학팀 등의 팀 단위로 업무를 분류하여 운영하는 경우가 많다.

그것이 알고 싶다 큐레이터마다 호칭이 어떻게 다를까?

박물관이나 미술관의 규모가 작았던 초창기에 큐레이터는 우두머리 관리자를 의미했지만, 규모가 커지면서 전문적으로 맡은 업무에 따라 그 호칭을 달리 하였다. 특히 외국에서는 업무와 역할에 따라 다음과 같이 세분화되어 있는 경우가 많다.

- **큐레이터(Curator)**: 작품과 전시에 대한 총괄 전문가
- **아키비스트(Archivist)**: 기록 연구사
- **컨서베이터(Conservator)**: 소장품을 보존하고 처리하는 역할
- **레지스트라(Registrar)**: 소장품이나 작품을 대여하고 구입하는 역할
- **에듀케이터(Educator)**: 전시장이나 소장품과 관련된 교육을 진행하는 역할
- **컬렉션 매니저(Collection Manager)**: 레지스트라와 큐레이터의 보조자 역할
- **전시 디자이너(Exhibit Designer)**: 전시장을 디자인하고 작품을 설치하는 역할

2. 큐레이터가 하는 일

미술관, 박물관 등에서 전시나 보관 중인 소장품을 관리, 전시, 연구하는 일이 큐레이터의 주된 업무이다. 찾아오는 관람객을 위해 어떻게 전시할지 기획하고, 가지고 있는 소장품이 잘 보존되도록 관리하고 연구하는 일을 담당한다. 맡은 일에 따라 과학 지식과 기술을 이용하여 문화재의 원형을 복원하거나 보존하는 업무를 담당하기도 한다.

큐레이터가 수행하는 가장 중요하고 핵심적인 일은 어떻게 전시를 할지 기획하는 것이며, 이와 더불어 소장품의 조사 및 연구, 수집 및 관리, 교육 및 홍보 등을 맡기도 한다. 근무하는 장소나 전시 대상품에 따라 구체적으로 해야 할 일에 차이가 있다. 일반적으로 새로운 전시를 기획할 때는 작품이나 유물을 찾아 직접 섭외하거나 대여해 오기도 하고, 전시장의 전체적인 관리나 관람객을 위한 교육 프로그램 등을 담당하기도 한다. 특별한 전시회, 자료전, 작품전 등을 기획하게 되면 개막식이나 리셉션, 리허설 등은 물론 예산이나 행정 업무까지 총괄하기도 한다.

큐레이터와 관련 있는 직업

큐레이터와 관련 있는 직업으로는 문화재 보존원, 아트 컨설턴트, 사서, 기록물 관리사, 미술관 관장, 박물관 관장, 방송 기자, 방송 연출가, 사회 교사, 신문 기자, 평론가 등이 있다.

그것이 알고 싶다 리셉션과 리허설은 무엇일까?

리셉션(Reception)은 어떤 사람을 환영하거나 그 행사를 축하하기 위하여 베푸는 공식적인 모임을 말한다. '축하 연회'라고 할 수 있다. 전시회 등의 안내 데스크에서 방문객들에게 안내해 주는 사람을 가리키기도 한다.

리허설(Rehearsal)은 방송, 연극, 공연 등에서 본 행사에 앞서 실제처럼 하는 연습으로 '예행 연습'과 같은 뜻이다.

3. 큐레이터에게 필요한 능력

큐레이터는 음악, 미술 등으로 대표되는 예술 분야에 흥미가 있는 사람들이 관심을 가질 만한 직종이다. 예술적인 형태를 잘 만들어 내고 예술 행사나 공연을 직접 기획하고 관리하며 스스로 그 일을 즐기는 스타일에 알맞다. 이 직업은 자기가 맡은 분야의 업무에 대해 깊이 있게 알아야 한다. 그러므로 자기가 좋아하는 한 가지 분야에 대해 선택적으로 탐구하는 걸 좋아하는 사람에게 추천할 수 있다. 박물관이나 미술관에서 전체적으로 관리하는 업무이므로 다른 사람들을 이끌 수 있는 리더십도 있어야 한다. 물론 전시를 기획할 때에는 새로운 아이디어를 제시할 줄 아는 창의력도 필요하다.

미술관을 예로 들어 설명하면, 이곳에 전시되는 작품들은 그 시대를 살아가는 예술가들이 많은 고민과 시간을 들여 완성한 작품이다. 이 작품들을 한 곳에 모아 전시하는 일을 총괄하려면 작품을 둘러싼 여러 분야의 지식과 능력을 필요로 한다. 세계사는 물론 개별 역사에 대한 풍부한 지식, 철학에 대한 이해, 작품이나 소장품에 대해 해석하는 능력 등을 갖추도록 노력해야 한다. 그래야만 전시의 주제를 뚜렷하게 제시할 수 있고 관람객이 많아져서 사람들의 관심을 받아 풍성한 전시가 될 수 있다. 하나의 작품이나 특정 유물에 대한 단편적인 지식만으로는 유능한 큐레이터가 될 수 없다. 어린 시절부터 인류 문화와 문명, 역사와 고고학, 미술과 음악 등에 대한 공부와 풍부한 독서를 필요로 한다.

예술에 대한 흥미가 있는 사람은 역사와 세계사, 고고학 등을 많이 접하도록 노력해야 한다. 큐레이터에게

특정 주제와 이야기가 있는 전시회를 책임지고 맡아 처리할 능력이 필요한 만큼 다방면의 지식을 쌓는 것은 물론 발표 능력을 키워 가는 것도 좋은 방법이다.

4. 큐레이터와 관련된 학과 및 자격증

- **관련 학과:** 공예학과, 문화 · 민속 · 미술사학과, 미술학과, 산업디자인학과, 언어학과, 역사 · 고고학과, 조형학과 등
- **관련 자격:** 박물관 및 미술관 정학예사1~3급, 박물관 및 미술관 준학예사, 문화재수리기술자, 문화재수리기능자 등

5. 큐레이터의 직업 전망

앞으로 몇 년 동안은 큐레이터의 고용이 약간 늘어나거나 현재 상태를 유지할 것으로 예상된다. 박물관, 갤러리, 미술관 등은 생활수준이 높아지고 삶에 여유가 생길 때 많이 찾는 장소이기 때문이다. 또한 전시장을 관람하고 자녀의 체험활동을 함께 하는 등 여가 문화에 대한 수요가 지속적으로 증가하고 있으며, 문화, 체육, 관광 등의 문화 시설이 꾸준하게 정비되고 있다.

2016년 정부의 통계 자료에 따르면 문화 기반 시설이 2,595개이고, 전년과 비교하여 박물관과 미술관이 17개씩 증가한 것으로 나타났다. 선진국에 비해 부족한 문화 시설을 늘리기 위한 노력으로 보인다. 하지만 국공립 시설을 제외하고는 대부분 소수의 큐레이터만 고용하고 있기 때문에 일자리가 대폭 확대되기는 어려울 것으로 예상된다.

큐레이터에게 필요한 지식수준은?

큐레이터는 역사와 예술 관련 지식이 풍부해야 한다. 이 밖에도 인류의 기원이나 문화와 관련된 영역(사회와 인류, 종교와 철학), 의사소통과 미디어, 국어 등에서 깊이 있는 지식과 통찰을 필요로 한다.

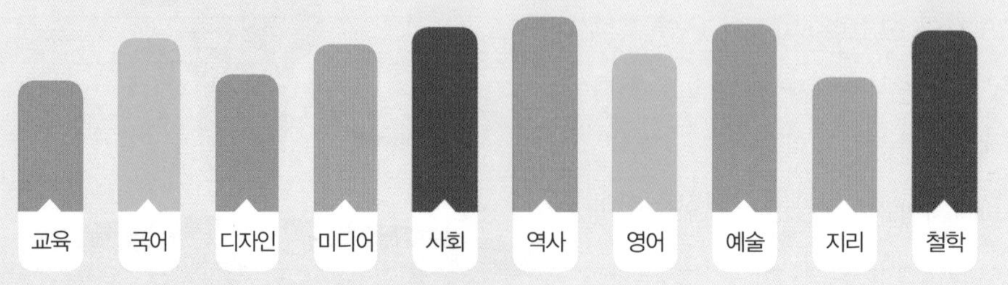

큐레이터

큐레이터가 되려면 대학에서 사학, 고고학, 민속학, 예술학, 미술사학 등을 공부하는 것이 좋다. 미술관, 박물관, 화랑 등에서 채용할 때 관련 전공자를 우대하는 경우가 많으며 석사 이상의 학력을 요구하기도 한다. 대학에 큐레이터학과가 있기도 하고, 대학원에 예술기획전공, 예술경영학과, 박물관학과, 미술관학과, 문화관리학과 등이 개설되어 있어 전문적으로 교육받을 기회는 많아졌다.

우리나라에서 학예사가 되기 위해서는 대학이나 대학원에서 미술사학, 민속학, 고고학 등을 전공하는 것이 유리하다. 공개 채용에서 관련 전공자로 제한하는 경우도 있고 석 · 박사 학위를 우대하는 경우도 있다. 미술관이나 화랑에서 근무하는 경우 서양화, 조각, 동양화 등을 직접 전공한 사람도 많다. 관련 학과에서 전문적으로 교육을 받는 것이 유리하며 필요에 따라 해외에서 공부하고 해외로 취업하는 경우도 간혹 있다.

국공립 박물관이나 미술관은 학예연구사를 선발한다. 학예연구사로 입사하여 경력을 쌓으면 5년 내외로 학예연구관으로 승진할 수 있다. 물론 오랜 기간 동안 경력을 쌓고 나서 그 경험을 바탕으로 능력을 인정받아 단독 큐레이터로 활동하기도 한다. 사립 미술관, 화랑, 갤러리 등은 학교의 추천을 받아 고용하기도 한다. 대부분의 기업처럼 인턴 사원을 공개 채용하고 그 능력을 평가하여 정규 직원으로 채용하기도 한다. 공무원 시험을 통해 문화재 관련 기관에 진출하는 경우도 있다.

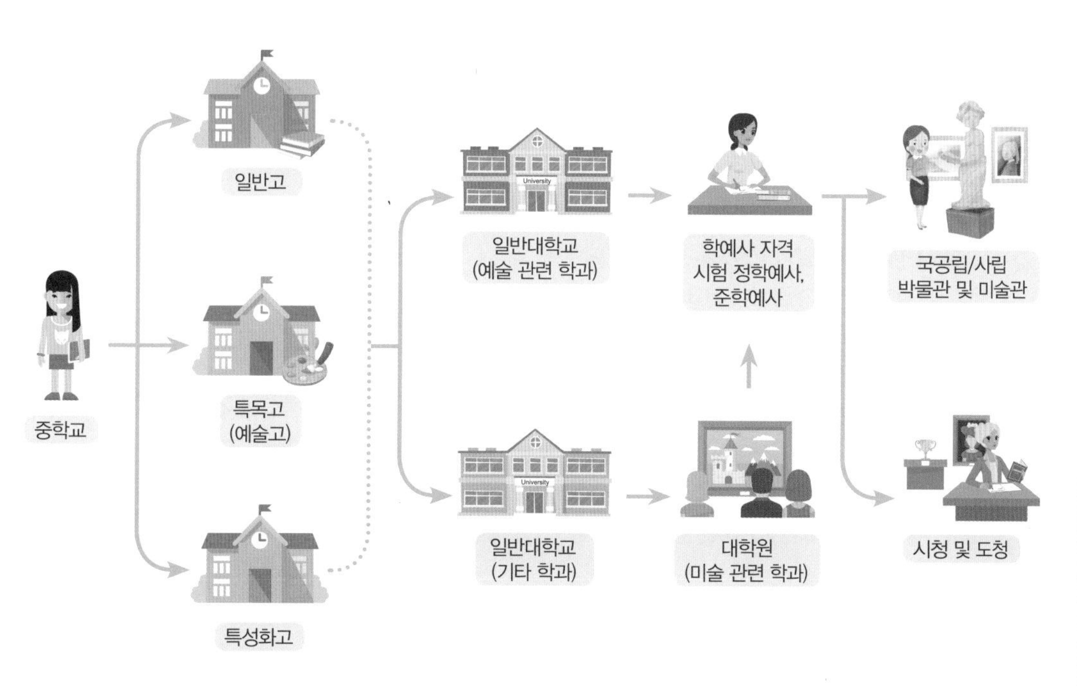

큐레이터의 커리어 패스

미술사학과

학과 소개

문화인류학에서는 지구상에 인간이 출현했을 때부터 현재까지 인류에 대한 시대별 문화 및 사회를 연구하고, 미술사학에서는 미술품을 통해 당시의 시대와 지역에 따른 미술 활동의 변화와 역사적인 의미를 연구한다. 문화재학에서는 문화유산의 가치를 이해하고, 문화재의 조사, 발굴, 복원, 보존과 관련된 지식을 통해 문화재를 관리하는 전문가를 양성한다.

진출 직업

기록물 관리사, 문화재 보존원, 미술관 관장, 박물관 관장, 도서관 관장, 방송 기자, 방송 연출가, 사회 교사, 미술 교사, 신문 기자, 잡지 기자, 평론가, 학예사(큐레이터), 아트 컨설턴트, 사서, 신문 제작 관리자, 방송 제작 관리자, 공연 제작 관리자, 영화 제작자, 카피라이터, 출판물 편집자, 번역가 등

적성 및 흥미

역사, 예술, 생활양식, 언어 등 문화 전반에 대해 다양한 문화권의 관심이 필요하고 새로운 문화에 흥미가 있어야 한다. 남들이 쉽게 지나칠 수 있는 사소한 부분까지도 주의 깊게 관찰하고 탐구하는 성향의 사람에게 적합하다. 미술과 관련된 역사, 철학, 사상 등에 관심을 가지고 작품을 감상할 줄 아는 것이 더욱 중요하다. 문화재 보존 기술과 관련하여 화학, 물리, 생물 등의 교과목도 소홀히 하지 말아야 한다.

관련 학과

고고미술사학과, 국제문화학과, 문화인류학과, 문화재보존학과, 문화콘텐츠학과, 다문화학과, 문화재학과, 미디어문화학과, 미술학과, 민속학과, 예술학과, 인류학과, 전통문화학과, 큐레이터학과, 문화재관리과, 민족문화학과, 융합예술과 등

중·고등학교
학교생활 포트폴리오

★동아리 활동★

동아리를 조직하여 다양한 경험을 쌓도록 한다. 미술의 역사, 미술품에 대한 감상, 사회학과 역사 등과 관련된 활동을 하는 것이 좋다.

★봉사 활동★

미술관, 박물관, 전시장 등에서 개인적인 봉사 활동을 하거나, 공공 문화 시설에서 문화 해설이나 관리와 관련된 봉사 활동을 하는 것을 추천한다.

★독서 활동★

미술, 예술, 역사 등 다양한 분야에 걸쳐 풍부한 지식이 필요하다. 관련 도서를 읽기를 권하며, 유명한 전시회 해설집을 읽어 본다.

★교과 공부★

미술, 예술, 역사, 철학 등이 중요한 교과이다. 이 과목을 중심으로 공부하며, 특히 외국어도 게을리하지 않는다.

★교내 활동★

학생회 활동을 통해 학교 축제, 전시회, 발표회 등을 경험하고, 미술반 활동을 통해 꾸준하게 관련 경험을 쌓도록 한다.

★교외 활동★

미술과 역사에 대한 지식을 쌓는 데 있어 다양한 경험과 경력은 양념처럼 많은 도움이 된다. 미술관, 박물관, 전시장 등에서 청소년 대상 활동에 주도적으로 참여해 본다.

※미술, 예술, 방송 등의 활동과 관련된 수상 경력이나 대외 활동 경력이 도움이 된다.

자격 및 면허

박물관 및 미술관 준학예사,
문화예술교육사, 민속놀이지도사,
아동미술사지도사, 임상미술사,
재활미술사, 문화재감정평가사,
문화재지킴이지도사 등

진출 분야

★기업체★
미술관, 갤러리, 화랑, 박물관, 전시관, 방송국,
언론사, 신문사, 콘텐츠 제작회사, 출판사 등

★연구소★
문화재 연구소, 지역 문화 사업 연구소, 문화재 감정 평가원 등

★학교★ 중 · 고등학교 방과 후 학교 강사, 대학교 교수 등

★중앙 정부와 지방 자치 단체★
문화재청, 문화재 관련 공무원, 문화 및 미술 관련 공무원 등

★자영업★
개인 화랑, 문화 해설사, 작가, 개인 박물관,
체험 센터, 프리랜서 등

ARTISTIC • 예술형 A

18 패션 코디네이터

1. 패션 코디네이터의 세계

정치인이나 유명인에게는 그들만의 특별한 옷차림이 있다. 그들은 대중에게 특별하면서도 좋은 인상을 남기기 위해 전문가를 고용하거나 이미지 컨설팅을 받아 대중 앞에 나서곤 한다. 이들은 옷차림만 준비하는 차원을 넘어 대중에게 어필하고 싶은 특정한 이미지를 연출한다. 미국의 트럼프 대통령하면 붉은색 넥타이를 떠올리는데 이는 어떤 정책이든 자기주장을 굽히지 않으려는 강렬한 이미지를 주기 위한 전략이라고 알려져 있다.

2017년 우리나라에서 '도깨비'라는 드라마가 많은 인기를 얻었다. 이에 힘입어 주인공이 입고 나온 오버사이즈 코트가 유행을 탔다. 특정 가수나 연예인이 개성 있는 옷을 입고 방송에 출연하여 그 옷이 유행하는 경우가 종종 있다. 방송이 된 이후 실시간 검색어에 연예인 이름과 함께 트레이닝 복이나 특정한 옷이 오르는 날도 많다.

정치인, 유명인, 연예인 등의 이미지와 특정한 상황, 역할 등에 맞추어 옷차림을 코디하는 사람을 패션 코디네이터라고 한다. 요즘은 옷차림뿐만 아니라 장신구, 신발, 가방, 미용까지 포괄하여 담당 분야를 넓혀가고 있다. 이 직업은 패션 트렌드에 민감해야 하고 그 시대의 유행을 선도해 나가는 역할도 한다.

패션 스타일리스트라고도 불리는 이 직업은 외국으로부터 유래되었다. 1867년에 하퍼스 & 브라더스 회사가 'Harper's Bazar'를 창간하면서 패션 에디터란 직업이 탄생하였다. 패션 잡지가 유행하면서 패션 에디터의 역할이 커졌고 그들은 패션 트렌드와 유행을 선도하였다. 이들이 다양한 역할을 맡으면서 전문적으로 패션과 옷차림을 담당하는 코디네이터가 등장하였다. 우리나라에는 개인이 운영하는 양장점, 살롱, 부티크 등이 나타나면서 자연스럽게 패션 코디네이터가 자리를 잡아 갔다.

그것이 알고 싶다

살롱과 부티크란 무엇일까?

살롱(Salon)은 전시회, 다과점, 미용실 등을 의미하지만, 살롱(Salons)은 사교계를 뜻하기도 한다. 역사적으로 17~18세기 프랑스의 상류층에서 정기적으로 가졌던 문인이나 예술가와의 사교 모임을 가리킨다.

부티크(Boutique)는 자그만 점포나 가게를 의미하지만 개성적인 의류를 취급하는 옷가게를 뜻하기도 한다. 프랑스 파리의 고급 의상실에서 의류나 화장품 등을 판매하는 작은 패션 매장을 부르는 데서 유래했다.

2. 패션 코디네이터가 하는 일

패션 코디네이터는 유명인, 연예인 등의 방송 출연이나 행사의 성격에 따라 그 특징과 분위기를 고려하여 적합한 의상과 액세서리를 준비하고, 그것들이 서로 잘 어울릴 수 있도록 연출하는 일을 한다. 패션 코디네이터의 뜻을 해석하면 패션 조정자(Fashion Coordinator)라고 말할 수 있다. 하지만 단순히 조정만 하는 것은 아니고 좀 더 적극적인 일을 담당하는 의미로 사용된다. 패션에 대한 조언을 넘어 그 시대의 흐름에 맞춰 패션의 유행을 이끌고 개척하는 역할까지 담당한다고 하여 패션 컨설턴트라고도 불린다.

일반적으로 패션의 동향과 유행의 흐름과 같은 최신 정보를 수집하여 분석하고, 고객의 희망 스타일을 조정하여 컨설팅하는 것이 주요 업무이다. 상황에 따라 조언뿐만 아니라 직접 의상을 선택하여 연출하기도 한다.

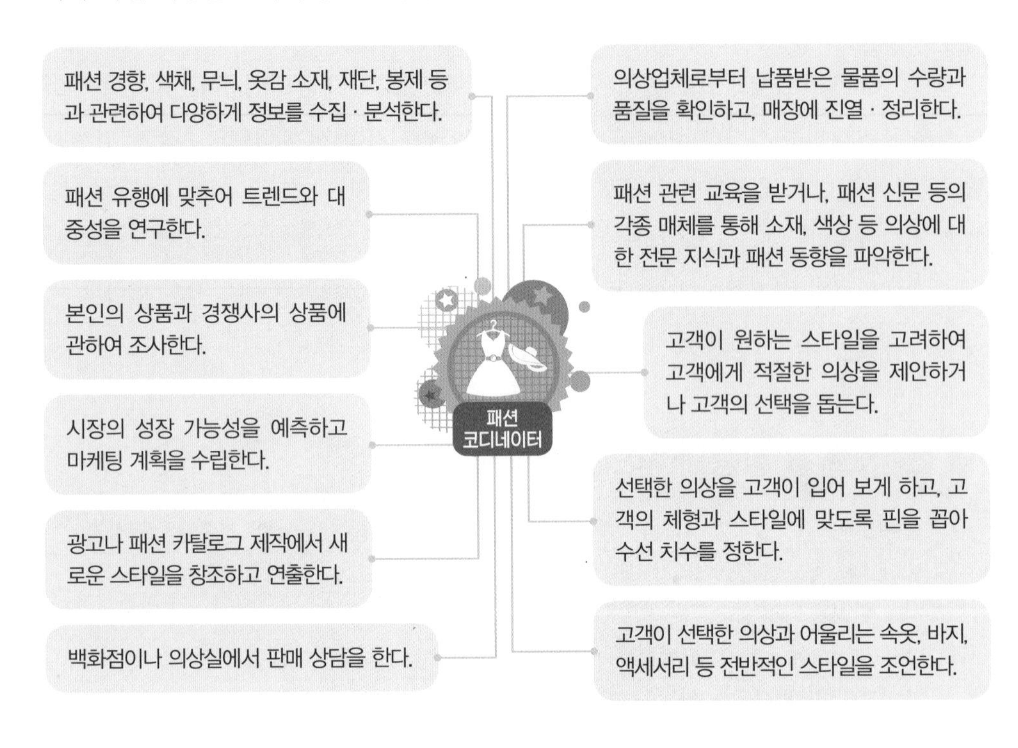

간혹 의상실이나 매장을 운영하면서 패션 코디네이터를 겸하는 경우도 많다. 매장을 운영할 경우에는 주기적으로 방문하는 단골 고객을 관리하는 것은 물론 매장 경영도 함께 담당한다. 매장을 방문한 고객을 상담하고 가장 잘 어울리는 패션 스타일을 제안하여 선택을 돕는 일도 한다. 고객이 선택한 의상에 어울리는 속옷, 장신구, 가방 등에 대해서도 조언하고 의상을 판매하는 일도 해야 한다.

3. 패션 코디네이터에게 필요한 능력

패션 코디네이터가 되려면 사소한 부분까지도 주의 깊게 처리하는 꼼꼼함과 함께 비

패션 코디네이터와 관련 있는 직업으로는 스타일리스트, 이미지 컨설턴트, 연예인 매니저, 동물 조련사, 마술사, 소품 관리원, 분장사, 아쿠아리스트 등이 있다.

판을 받아들이고 효과적으로 대처할 수 있는 인내력이 우선되어야 한다. 자신이 선호하는 패션 스타일을 주변에서 비판하더라도 스트레스를 받지 말아야 한다. 시대의 흐름이나 변화를 재빨리 잡아내어 패션에 반영하는 융통성과 적응력이 있는 청소년에게 좋은 직종이다.

혼자 일하기보다는 여러 사람과 함께 일하는 편이므로 사람들과 유대관계를 형성할 수 있는 사회성과 타인에 대한 배려심이 있어야 한다. 자신의 신념에 따라 고객의 패션에 대해 조언할 수 있어야 하므로, 창의적이고 혁신적인 아이디어를 낼 줄 아는 사람에게 추천할 만하다. 이 직업은 특정한 사람에게 어울리는 최적의 스타일을 찾아내야 하므로 예술적인 흥미가 있어야 한다.

유행에 민감한 분야이므로 패션 동향을 파악하고 분석하는 능력이 필요하다. 색에 대한 감각, 자신만의 독창적인 기획력 등이 있어야겠지만, 직접 옷이나 장신구를 만들 수 있는 능력도 기르는 것이 좋다. 의류 업체로부터 협찬을 받아내고 고객과 협의하여 패션을 완성해 나가는 직업이라서 협상 능력이 필요하다.

패션 코디네이터는 같은 옷이라도 어떻게 스타일링하느냐에 따라 그 사람을 더욱 돋보이게 만들어 주기 때문에 패션의 마법사라고 한다. 코디네이터 자신이 좋아하는 스타일은 어느 정도 정해져 있지만, 유행과 패션 동향을 잘 파악하여 고객에 맞게 적용하고 패션에 대한 다른 관점과 스타일도 받아들일 수 있는 수용적 태도도 필요하다.

또한 고객에게 자신이 계획한 대로 패션에 대해 조언하고 스타일링이 완성되었을 때 그 결과가 하나의 예술 작품이라는 자긍심과 직업에 대한 성취감을 느낄 수 있다면 더욱 좋다.

4. 패션 코디네이터와 관련된 학과 및 자격증

- **관련 학과:** 뷰티아트과, 의류학과, 의류산업학과, 의상학과, 패션디자인학과, 패션의류학과, 패션마케팅과 등
- **관련 자격:** 특별한 자격이 필요하지는 않지만, 의류기사, 패션디자인산업기사, 패션머천다이징산업기사, 양복산업기사, 섬유디자인산업기사, 컬러리스트기사/산업기사 등의 자격을 취득하면 도움이 된다.

5. 패션 코디네이터의 직업 전망

앞으로 패션 코디네이터의 일자리는 약간 늘어나거나 현 상태를 유지할 것으로 예상된다. 방송사에서는 프로그램별로 담당 코디네이터가 정해져 있으므로 드라마나 예능 프로그램 등의 제작 여부가 코디네이터의 일자리에 영향을 준다. 몇 년 전부터 각종 케이블 방송국이나 종합편성채널 등에서 프로그램 제작이 늘어나고 있는 것은 좋은 징조이다.

방송이나 홍보가 기업의 수익에 많은 영향을 미치기 때문에 방송 현장뿐만 아니라 언론사, 잡지사, 광고대행사, 프로덕션, 기획사, 웨딩업체 등 많은 분야에서 코디네이터에 대한 수요가 증가되고 있다. 이 직업은 패션과 문화 관련 산업에 영향을 많이 받지만 꾸준하게 자신의 실력을 향상시키고 준비하면 치열한 직업 현장에서 살아남을 수 있을 것으로 전망된다.

패션 코디네이터에게 필요한 지식수준은?

패션 코디네이터는 음악, 무용, 미술, 드라마 등 전반적인 예술 분야에 대한 지식이 요구되며, 디자인과 의류 생산과 관련하여 특히 높은 수준의 지식이 필요하다. 의류와 장신구를 직접 제작하고 그것을 활용하려면 화학 관련 지식도 도움이 된다.

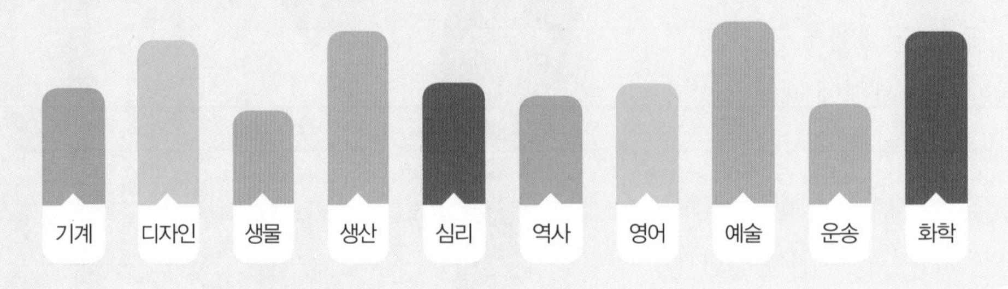

패션 코디네이터

패션 코디네이터가 되기 위해서는 대학의 의상 관련 학과에서 기본 이론과 현장 실무를 배우는 것이 유리하다. 패션 코디네이션의 기초, 패션 드로잉 색채 실습, 메이크업, 패션 디자인, 액세서리 등을 함께 배우는 것이 좋다.

대학에서 의상학이나 의류학, 또는 이와 관련된 디자인학 등을 전공하거나 패션 디자인 학원을 통해 패션 디자인과 의류 제작을 교육받아 이 직종으로 진출하는 사람들이 많다. 민간 자격 중에 숍마스터를 취득하여 고객에게 패션 정보나 스타일 등과 관련된 상품 정보를 제공하는 경우도 있다.

관련 학원에서 공부하여 패션 코디네이터가 되기 전에 아르바이트를 하는 경우도 있고, 디자인을 전공하고 방송사나 잡지사의 코디네이터 아르바이트를 시작하기도 한다. 또는 연예기획사에서 연예인 코디네이터 보조로 시작하는 사람들도 있다. 다양한 방법으로 경력을 쌓고 스스로 의상을 디자인하고 제작하는 능력을 배워 가면서 전문 패션 코디네이터로 성장하는 사람들이 많다. 유행이나 분위기에 민감하고 순발력이나 재치가 있으며, 낯가림 없이 사람들과 잘 어울리고, 의류업체와 협상하여 협찬을 잘 받을 수 있는 사람에게 적합하며, 자신의 능력과 성격 계발을 위해 꾸준히 노력해 나가야 한다.

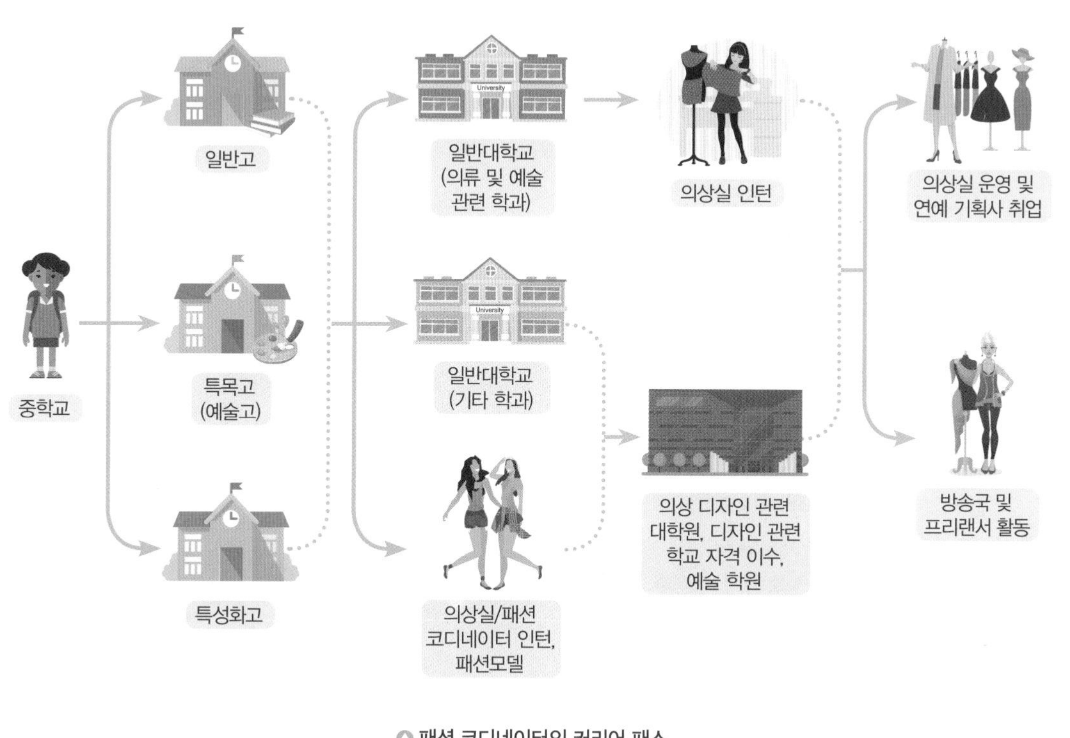

△ 패션 코디네이터의 커리어 패스

대학교 관련 학과

의상학과

학과 소개

의생활 분야는 각양각색의 사람들의 욕구를 반영하고 개성을 표출하는 분야이다. 사람의 머리부터 발끝까지 몸에 걸치는 모든 것을 의류라고 하며, 의상학과에서는 의생활 환경의 형성 및 의류에 관한 전반적인 사항을 연구한다. 의류 제품이 만들어지고 착용되기까지의 모든 분야를 연구하며, 의복의 소재나 제품, 의복 구성과 관련된 자연 과학 분야, 의류 역사나 의상 심리, 마케팅 등의 인문 사회 분야, 상품 기획, 디자인 등의 예술 분야까지 다양한 영역을 공부한다.

진출 직업

가방 디자이너, 디스플레이어, 무대 의상 관리원, 비주얼 머천다이저(VMD), 섬유 공학 기술자, 속옷 디자이너, 시각 디자이너, 신발 디자이너, 이미지 컨설턴트, 잡지 기자, 직물 디자이너, 패션 디자이너, 패션 코디네이터 등

적성 및 흥미

옷이나 섬유의 소재, 패션의 흐름, 유행과 트렌드에 관심이 있는 청소년에게 적합하다. 미적 감각과 창의력, 색감이나 조화미 등에 안목이 있어야 하므로 예술적인 감각이 중요하다. 또한 디자인의 많은 부분이 그림 작업이나 컴퓨터 작업으로 이루어지므로, 디자인을 그림으로 표현할 줄 알고 컴퓨터 프로그램을 능숙하게 다룰 수 있어야 한다.

중·고등학교
학교생활 포트폴리오

★동아리 활동★

장신구, 뜨개질, 의류, 패션 등과 관련된 동아리 활동을 통해 경험을 쌓는 것이 중요하다. 직접 만든 장신구나 의류를 전시하고 작품 발표회를 해 보는 경험도 추천한다.

★봉사 활동★

옷, 모자, 장갑, 간단한 장신구 등을 직접 제작하여 양로원이나 보육원 등에 기부하는 활동을 통해 자신의 능력을 기른다.

★독서 활동★

예술, 의류, 의상학, 방송 등과 관련된 도서를 다양하게 읽어 보고 패션 잡지를 구독하는 것도 도움이 된다.

★교과 공부★

가정, 의류, 디자인 등의 교과를 중심으로 공부하는 것이 좋다. 영어, 프랑스어 등 외국어 공부도 꾸준히 하도록 한다.

★교내 활동★

학교 축제, 전시회, 발표회, 뮤지컬, 연극 등을 기획하고 무대 의상을 관리하는 일 등 관련 경험을 많이 해 보는 것이 좋다.

★교외 활동★

패션쇼 등을 자주 보아 최신 유행을 빨리 알아내는 능력을 꾸준하게 쌓는 것이 좋다. 의상실, 의류업체 등과 교류하는 것도 좋은 방법이다.

※연극, 뮤지컬 등의 스텝으로 활동하여 각 배역에 맞는 의상을 준비한 경험이 도움이 된다.

자격 및 면허

의류기사,
패션디자인산업기사,
패션머천다이징산업기사,
양복산업기사,
섬유디자인산업기사,
컬러리스트기사/산업기사
등

진출 분야

★기업체★
방송사, 언론사, 잡지사, 의상실,
웨딩업체, 연예 기획사, 영화 제작사, 방송 제작사,
컨설팅 회사 등

★연구소★
섬유 기술 연구소, 섬유 개발 연구원, 패션 산업 연구원,
전통 복식 연구소 등

★학교★ 중 · 고등학교 방과 후 학교 강사, 대학교 교수 등

★중앙 정부와 지방 자치 단체★
섬유 관련 공무원, 섬유 산업 특화 지방 자치 단체 공무원 등

★자영업★
의상실, 패션 코디네이션,
프리랜서 등

관련 학과

의류학과, 의류산업학과,
의류패션학과, 패션의류학과,
패션산업학과, 패션마케팅과,
생활과학과, 의류상품학과, 의류학전공,
패션비즈니스학과, 한국복식과학학과,
의상과, 패션메이킹과,
패션브랜드매니저과,
패션소재과 등

ARTISTIC • 예술형 A

19 푸드 스타일리스트

1. 푸드 스타일리스트의 세계

음식을 골고루 먹지 않는 어린 자녀를 둔 부모라면 식사할 때마다 고민이 끊이지 않을 것이다. 이런 고민을 재치 있게 해결하는 과정에서 자연스럽게 능력을 개발하여 푸드 스타일리스트가 된 주부들이 있다.

호주에 사는 레에(Laleh Mohmedi)는 3살짜리 아들이 야채를 유독 싫어하며 먹지 않자, 아들이 좋아하는 애니메이션 캐릭터 모양으로 야채를 곁들여 식사를 준비했다. 당근, 호박, 브로콜리 등을 가지고 스폰지밥, 슈렉, 미키마우스 캐릭터를 만들어 주자, 아들은 자연스럽게 채소도 잘 먹는 아이로 변해갔다. 그녀는 자신이 만든 캐릭터 요리를 소셜미디어 계정에 연재하면서 세계적인 요리사 제이미 올리버(Jamie Oliver)도 즐겨 찾아보는 유명인이 되었다.

이런 사례는 말레이시아에서도 찾아볼 수 있다. 사만다(Samantha Lee)는 딸의 편식 습관을 고쳐 주려고 아이가 좋아하는 캐릭터 모양으로 요리를 하면서 인스타그램에 그 사진들을 올리기 시작했다. 그녀의 작품이 점차 유명해지면서 몇몇 기업과 단체에서 함께 일하자는 제안이 들어왔고 그녀는 푸드 스타일리스트로 성장할 수 있었다. 배트맨, 토토로, 미니언즈, 미피 등의 캐릭터는 물론 스타워즈나 '강남스타일'로 유명한 싸이(PSY)에 이르기까지 다양한 형태의 요리를 만들어 냈다. 유니레버, 터키항공, 마스터카드 등 유명 기업과 협업하면서 평범한 주부에서 세계적인 푸드 스타일리스트로 변신했다.

푸드 스타일리스트는 음식이 예쁘고 먹음직스럽게 보이도록 테이블, 그릇, 소품 등을 목적에 맞게 디자인하고 연출하는 일을 한다. 요리의 특징에 따라 어울리는 그릇에 보기 좋게 담아 차려내고, 음식들이 식탁에서 전체적으로 조화를 이루는지 살핀다. 특히 친목을 위한 모임이나 손님을 대접하는 행사 등에서는 음식의 모양이나 맛, 주변 공간과의 어울림, 식사 장소 또는 연회 장소와의 자연스러운 조화에 따라 분위기가 좌우된다. 푸드 스타일리스트는 이런 모임에서 음식과 관련된 전체 공간을 디자인하고 어울리는 소품으로 꾸며냄으로써 음식이 제 역할을 다할 수 있도록 한다.

TV에서 음식이나 요리 관련 프로그램을 어렵지 않게 찾아볼 수 있다. 교육방송에서도 정규 프로그램으로 방영하고 있고, 각종 케이블 방송이나 종합 편성 채널에서도 다양한 요리 관련 프로그램이 방영되고 있다. 그만큼 요리나 외식 관련 콘텐츠가 활성화되고 있으며 음식을 아름답게 디자인하는 전문가가 필요하게 되었다.

그것이 알고 싶다 영양사와 조리사는 무슨 차이가 있을까?

영양사는 건강하게 생활하거나 질병을 치료할 목적으로 개인이나 단체에 균형 잡힌 음식을 공급하는 일을 한다. 이를 위해 식단을 짜고 조리 과정이나 식재료의 신선도를 관리하며, 영양 상담이나 교육도 함께 담당한다. 대학에서 관련 학과를 졸업하고 자격시험에 합격해야 한다.

조리사는 식재료를 가공하여 음식을 만드는 사람을 말한다. 조리사 자격증이 없어도 식당에서 일할 수 있지만, 어떤 경우에는 자격증을 요구하기도 한다. 한식, 중식, 일식 등 요리의 종류에 따라 조리사를 분류하기도 한다.

푸드 스타일리스트는 음식의 맛을 낼 뿐만 아니라 음식과 관련하여 시각, 청각, 촉각 등을 모두 만족시키는 음식 전문 디자이너라고 할 수 있다. 음식 관련 잡지에서 사진 촬영을 할 때 최대한 맛있고 예쁜 모습으로 연출하기 위해서도 푸드 스타일리스트가 필요하다. 이뿐만 아니라 최근에는 호텔, 대기업 외식 사업부, 레스토랑, 즉석식품 생산 기업, 요리 연구소 등에도 진출하는 등 다양한 분야에서 주목을 받고 있다.

2. 푸드 스타일리스트가 하는 일

푸드 스타일리스트가 주로 활동하는 분야 중 하나는 방송이다. 방송에서 활동하는 푸드 스타일리스트는 영화, 드라마, 광고 등에 나올 음식 소품을 기획하고 음식이 등장하는 화면의 전체 분위기를 계획한다. 특히 광고 촬영은 음식이 클로즈업되는 경우가 많고, 짧은 시간 안에 맛있다는 느낌과 강한 인상을 줘야 하기 때문에 많은 경험과 테크닉이 필요하다. 완성도 높은 디자인을 위해 고춧가루 조각부터 참깨 한 알에 이르기까지 재료를 일일이 핀셋으로 올려놓는 일도 많다고 한다.

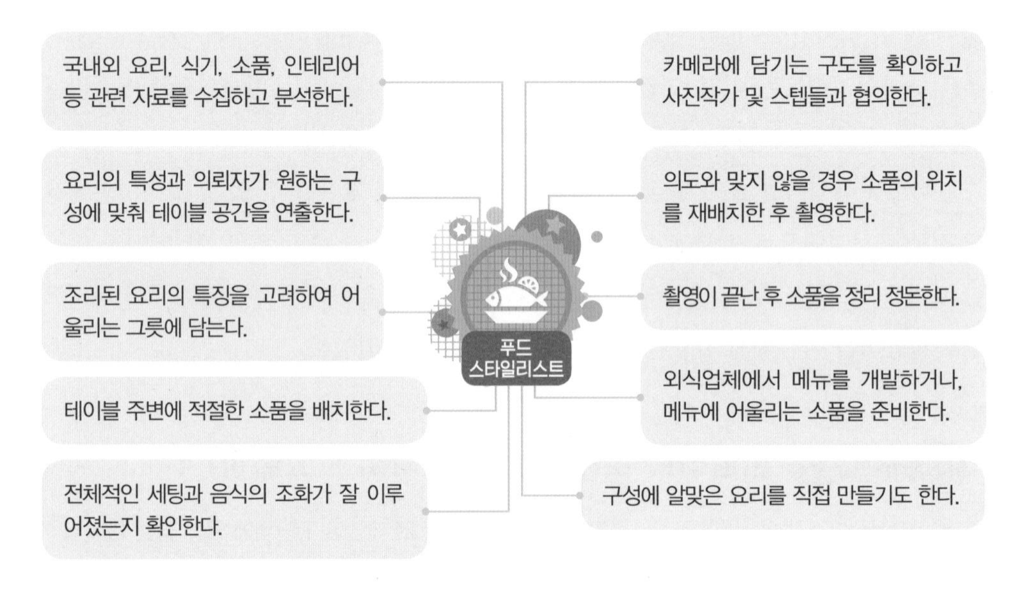

카메라 앞에서 음식이 맛있어 보이도록 갖가지 재료를 첨가하여 연출하기도 하지만 새로운 메뉴를 개발하기도 한다. 대형 외식업체나 즉석요리 개발 업체 등에서는 새로운

푸드 스타일리스트와 관련 있는 직업

푸드 스타일리스트와 관련 있는 직업으로는 한식 조리사, 중식 조리사, 양식 조리사, 일식 조리사, 단체 급식 조리사, 바리스타, 조주사, 패스트푸드원, 주방 보조원, 소믈리에, 제빵원 및 제과원, 떡 제조원, 한과 제조원 등이 있다.

메뉴를 선보일 때 푸드 스타일리스트와 협의하기도 한다. 식재료의 특성에 대해 전문적인 지식을 지닌 요리사나 조리사라면 푸드 스타일리스트까지 겸하기도 한다. 또한 규모가 작으면 푸드 스타일리스트가 조리를 담당하기도 하지만, 규모가 크면 별도의 조리사를 두기도 한다.

그것이 알고 싶다 **푸드 스타일리스트와 비슷한 직업에는 뭐가 있을까?**

푸드 스타일리스트와 가장 비슷한 직업으로 푸드 코디네이터가 있다. 푸드 코디네이터는 메뉴 개발, 요리 교실 운영, 시장 조사 등 음식과 관련된 전반적인 일을 담당하는 사람을 말한다. 이밖에도 요리 연구가, 테이블 코디네이터, 테이블 아티스트, 테이블 데코레이터, 다이어트 컨설팅, 레스토랑 프로듀서, 푸드 저널리스트, 플라워 코디네이터 등도 있다.

3. 푸드 스타일리스트에게 필요한 능력

푸드 스타일리스트는 음식에 알맞은 조리 기구와 조리법을 사용하여 영양 손실을 최소화하면서도 맛있는 음식을 만들고, 이를 먹음직스럽고 보기 좋게 담아내야 한다. 그러므로 창의적이고 혁신적인 아이디어를 낼 줄 아는 예술적인 성향의 청소년에게 어울리는 직업이다. 정교한 손동작은 물론 식재료의 품질 관리 능력도 필요하며, 서비스 정신이 투철한 사람에게 어울린다. 푸드 스타일링은 밤샘 작업도 많고 갖가지 소품을 가지고 다니기 때문에 체력도 함께 갖추어야 한다.

음식을 보기 좋고 예쁘게만 꾸미는 것이 아니라 요리의 목적이나 특성, 식재료의 성질, 재료들 간의 궁합, 영양소 등까지 고려하여 건강한 음식으로 연출해야 한다. 이를 위해 요리에 대한 열정이 있어야 하고 끊임없이 노력하고 배우는 자세와 인내심이 필요한 직업이다.

푸드 스타일리스트는 음식을 얼마나 먹음직스럽고 세련되게 연출하느냐에 따라 능력을 평가받는다. 위에서 언급한 것처럼 요리와 식재료에 대한 폭넓은 능력 이외에도 요리와 잘 어울리는 그릇이나 소품을 찾아내는 능력도 필요하다. 물론 그 요리가 어떤 식품 문화를 바탕으로 등장하게 되었고, 또 어떤 역사적 배경을 가지고 있는지도 이해하고 있으면 좋다. 그러므로 그릇이나 요리도구, 꽃 장식, 인테리어 소품 등과 관련된 다양한 지식도 쌓도록 노력해야 한다. 세계사나 역사, 문화와 패션 경향에 대한 배움도 게을리 하지 말아야 한다.

4. 푸드 스타일리스트와 관련된 학과 및 자격증

- **관련 학과:** 식품영양학과, 식품조리학과, 식품공학과, 식품생명공학과, 식품생명과학과, 호텔외식조리과, 호텔조리과, 조리과학과, 외식조리과 등
- **관련 자격:** 영양사, 조리기능사, 조리기능장, 조리산업기사, 식품산업기사 등이 도움이 되지만 반드시 자격이 필요하지는 않다.

5. 푸드 스타일리스트의 직업 전망

앞으로 몇 년간 푸드 스타일리스트의 고용은 약간 감소하거나 현재 상태를 유지할 것으로 보인다. 방송 촬영이나 전문 잡지 촬영, 새로운 메뉴 개발, 음식 품평회나 파티 연출 등 다양한 분야에서 필요로 하고 있는 직업이다. 더군다나 음식이나 요리를 좋아하는 사람들이 늘어나면서 매력적인 직업으로 많은 사람들의 관심을 받고 있다.

그러나 이 직업은 경제 상황에 따라 많은 영향을 받는다. 경제가 불황이면 외식 업계도 자연스럽게 어려움을 겪고, 광고 촬영이나 잡지 발간 등도 위축되기 마련이다. 하지만 건강에 대한 관심이 늘고 있고, 우리 삶에서 식품의 가치를 중요하게 다루고 있는 만큼 꾸준하게 실력을 쌓아가면서 준비한다면 푸드 스타일리스트라는 목표를 이룰 수 있을 것이다.

푸드 스타일리스트에게 필요한 지식수준은?

푸드 스타일리스트는 식품을 조리할 줄 알고 식재료가 어떻게 생산되는지 잘 알아야 한다. 디자인과 예술 관련 지식이 풍부해야 하고 사람들에게 서비스를 제공하는 마음가짐이 중요한 직업이다. 심리학 지식과 마케팅 능력도 많이 필요하다.

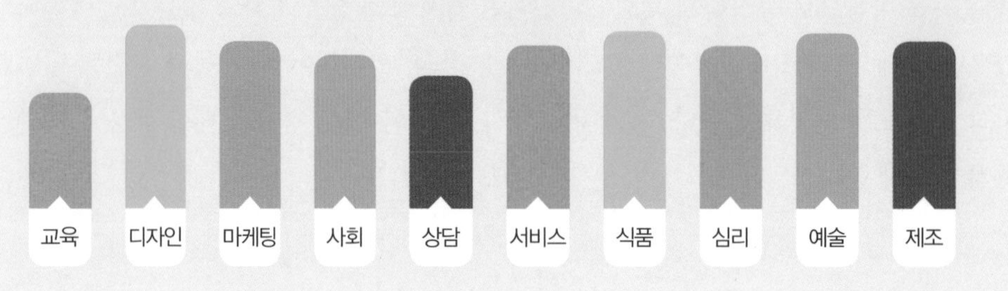

푸드 스타일리스트

음식을 먹는 사람들의 눈과 입을 사로잡기 위해서는 음식을 조리할 줄 아는 조리 실력을 갖추는 것이 가장 기본이지만 디자인과 예술 감각 또한 필요하다. 요리에 대한 관심과 흥미가 있다면 대학에서 식품영양학, 외식경영학 등을 전공하거나 사설 전문 학원에서 음식과 조리 관련 자격을 취득하는 것이 많은 도움이 된다.

푸드 스타일리스트가 되기 위해서는 대학에서 미술학, 식품영양학 등을 공부하면 취업에 도움이 될 수 있다. 하지만 반드시 대학에서 관련 분야를 전공해야 하는 건 아니다. 사설 요리 학원, 대학 부설 기관 등에서 교육을 받고 조리기능사나 푸드 코디네이터 자격을 취득할 수도 있다. 음식에 대한 전문적 지식과 요리 능력이 가장 중요하다.

다만 다양한 음식에 대해 알고 창의성과 색채 감각, 이벤트 연출 감각, 인테리어 감각 등도 갖추고 있다면 매우 유리하다. 여기에 새로운 콘텐츠를 개발하는 창의력과 기획력, 카메라로 촬영하고 영상을 다룰 수 있는 능력, 글 쓰는 능력 등을 함께 갖추도록 노력한다면 유능한 푸드 스타일리스트가 될 수 있다.

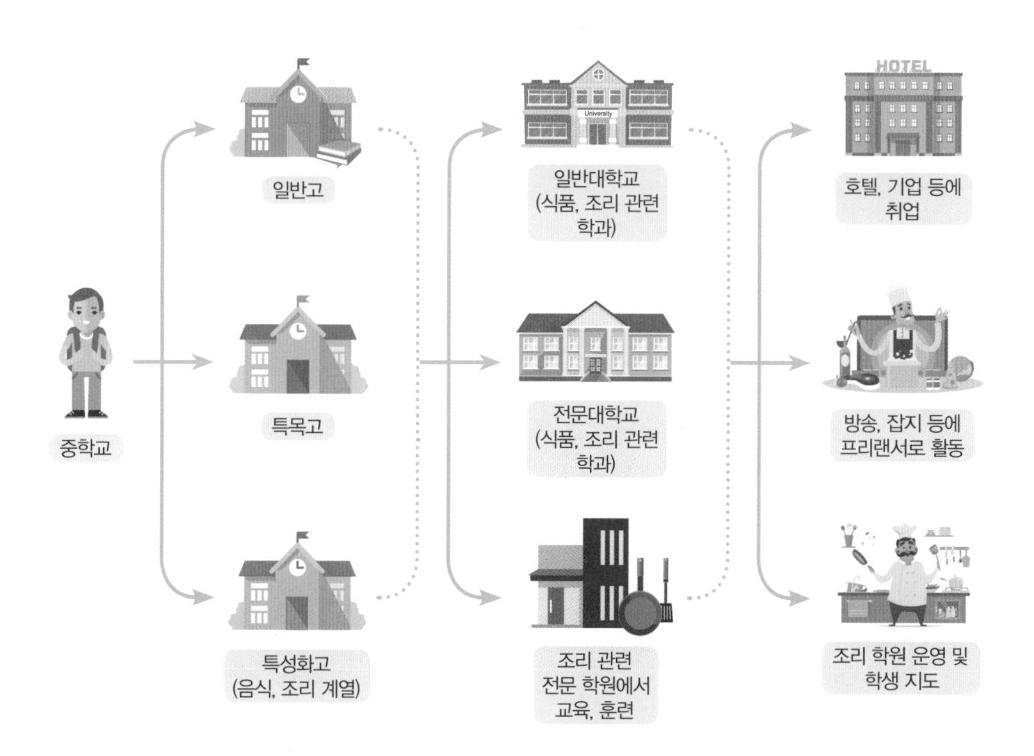

○ 푸드 스타일리스트의 커리어 패스

식품영양학과

식품영양학과에서는 사람들의 영양 상태를 개선하고, 건강을 유지하고 관리하기 위해 식품과 영양에 대한 지식을 공부한다. 식품영양학을 세분하여 외식영양학, 한방식품영양학, 호텔조리영양학 등 다양한 전공으로 나누기도 하고, 학교에 따라 식품과학부, 식품생명과학부, 식품생명공학부 등의 학부로 개설하기도 한다. 미생물학, 영양학, 생화학 등 식품학의 기초 과목을 배운 후 식품의 저장 및 가공, 위생, 품질 관리 등을 깊이 있게 학습한다.

고객 상담원, 단체 급식 조리사, 소믈리에, 식품 공학 기술자, 식품 시험원, 식품학 연구원, 양식 조리사, 영양사, 영양 교사, 요리 강사, 위생사, 음식료품 감정사, 일식 조리사, 제빵원 및 제과원, 조향사, 푸드 스타일리스트, 품질 관리 사무원, 한식 조리사 등

적성 및 흥미

무엇보다 식품이나 영양에 대해 흥미와 관심을 갖고 있어야 하며, 다른 분야의 첨단 기술을 식품에 응용할 수 있는 창의력이나 응용 능력도 필요하다. 다양한 식품의 특성과 식품이 인체에 미치는 영향에 대해 공부하려면 기본적으로 생물이나 화학 등 자연계 기초 과목에 대한 이해가 뒷받침되어야 한다. 또한 요리하는 것을 좋아하면 많은 도움이 된다.

농화학식품공학과, 바이오기능성식품과, 바이오식품공학과, 식품공학과, 식품생명공학과, 식품생명과학과, 시스템생명공학과, 식물식품공학과, 식품가공유통학과, 식품과학부, 식품발효학과, 식품영양과학부, 영양식품학과, 농식품자원과, 미래식품산업과, 식의약품분석과, 식품영양조리과, 호텔조리식품영양계열 등

중·고등학교
학교생활 포트폴리오

★동아리 활동★

요리와 관련된 동아리 활동을 통해 실제 경험을 쌓는 것이 좋다. 식품 위생과 관련된 주제로 활동하는 것도 도움이 된다.

★봉사 활동★

동아리 활동과 연계하여 음식을 만들어 이웃에게 배달하거나 무료 급식소나 복지 시설에서 음식을 제공하는 봉사 활동을 한다.

★독서 활동★

과학, 가정, 보건, 농업 등 식품이나 식재료와 관련된 책을 읽는다. 특히 요리와 식품에 관련된 책은 정기적으로 읽는 것이 좋다.

★교과 공부★

식재료의 생산과 관리, 식품과 음식에 대해 공부할 수 있는 교과에 중점을 둔다. 어떤 일을 계획하고 관리하는 과제도 추천한다.

★교내 활동★

학교 축제, 요리 경연 대회, 식품 위생 점검 등을 경험한다. 야영이나 체험 활동 시 식단을 짜거나 점검하는 경험도 좋다.

★교외 활동★

복지 시설, 식품 위생 관련 시설, 영양과 건강에 연관된 단체 등과 인연을 맺어 청소년 시절부터 꾸준하게 활동하면 많은 도움이 된다.

※요리, 식품 위생, 봉사 등의 활동과 관련된 수상 경력이나 대외 활동 경력이 도움이 된다.

자격 및 면허

영양사, 위생사, 조리사, 영양교사, 식품산업기사, 조리산업기사, 주류제조관리사, 수산제조기사 등

진출 분야

★기업체★
호텔, 병원, 학교, 방송국, 잡지사, 언론사, 신문사, 식품회사, 제과회사, 제약회사 등

★연구소★
식품 산업 협회, 식품 안전 정보원, 식품 개발 연구소 등

★학교★ 초 · 중 · 고등학교 영양 교사 및 방과 후 학교 강사, 대학교 교수 등

★중앙 정부와 지방 자치 단체★
농림축산식품부, 식품의약품안전처 등의 정부 부처 공무원, 지방 자치 단체의 식품 및 위생 관련 공무원 등

★자영업★
소믈리에, 요리 학원 운영, 푸드 스타일리스트 등

20 플로리스트

1. 플로리스트의 세계

누군가에게는 사랑을 고백하는 수단이 되고, 또 누군가에게는 상처받은 사람의 마음을 보듬고 행복을 주는 것이 꽃이다. 결혼식에서는 신부가 부케를 들고, 행사장에서는 손님들이 가슴에 꽃을 꽂는다. 어버이날에는 부모님께 꽃을 달아드리고, 심지어 누군가가 생을 마감했을 때도 꽃이 사용된다.

세계적으로 이름이 알려진 플로리스트로 영국의 제인 패커(Jane Packer, 1959~2011)를 들 수 있다. 그녀는 학창시절 동네 꽃집에서 토요일마다 아르바이트를 하면서 꽃과 인연을 맺기 시작했다. 그녀의 작품은 간결한 꽃 컬러 선택과 세련된 디자인으로 유명한데 영국의 전 왕세자 결혼식을 연출하면서 전 세계에 자신의 이름을 알리기 시작했다. 최고급 부티크, 호텔, 영화사, 디자이너 등이 그녀와 함께 일하고 싶어 했고, 그녀만의 우아한 작품이 패션, 화장품, 연회장, 행사장 등에서 사용되었다. 그녀에게는 '꽃은 예술, 패션, 인테리어에서 매우 중요한 부분이고 그 자체가 예술'이라는 신념이 있었다고 한다.

플로리스트는 꽃이나 식물이 시들지 않도록 온도와 습도를 적절하게 맞춰 보관하고 손님의 요구에 따라 꽃을 포장하여 판매하거나 행사 등에서 화초 장식을 하는 사람이다. 한마디로 화초를 이용하여 꽃의 부가 가치를 만들어 내는 예술가라고 할 수 있다.

유럽에서 꽃은 역사적으로 아름다운 식물 이상의 의미로 사용되어 왔다. 꽃을 이용해 집과 가게를 꾸미고, 꽃을 심어 정원을 아름답게 가꾸는 문화가 일찍부터 발달하면서 자연스럽게 꽃을 관리하고 판매하는 직업이 등장하였다. 물론 영국을 중심으로 왕실을 꽃으로 꾸미는 전문가에서 플로리스트가 유래하였다고 보는 의견이 많다.

우리나라에서 플로리스트라는 명칭은 1995년경에 알려졌으나, 일상적으로 자주 쓰이지는 않았다. 최근 들어 꽃집, 화원 같은 단순한 상호 대신 플로리스트라는 단어를 사용하여 꽃과 관련된 전문성을 드러내는 경우가 늘고 있다. 삶의 질이 향상되고 방송, 잡지, 행사, 패션, 각종 문화 활동 등에서 꽃을 장식하는 수요가 늘어나면서 자연스럽게 플로리스트라는 직업도 각광받고 있다.

그것이 알고 싶다 플로리스트란 단어는 어떻게 만들어졌을까?

'플로리스트(Florist)'라는 단어는 꽃을 의미하는 '플로스(flos)'에 전문가를 나타내는 '이스트(ist)'가 합쳐져 만들어진 단어이다. 물론 '플라워(flower)'와 '아티스트(artist)'가 합쳐진 단어라고 주장하는 사람도 있다.

2. 플로리스트가 하는 일

일반적으로 플로리스트는 꽃 전문점을 직접 운영하거나, 꽃 전문점의 직원으로 일하는 경우가 많다. 꽃으로 단순하게 꾸미는 일에서 한 발짝 더 나아가 주변 환경과 목적에 맞게 독창적인 디자인으로 아름답게 만든 작품을 고객에게 제공하므로 꽃을 이용해 좀 더 높은 부가 가치를 창출하는 직업인이라고 할 수 있다.

사전적인 의미를 찾아보면 꽃장수나 화초 재배자로 나오기도 하지만 우리나라에서는 꽃을 재배하는 생산자를 플로리스트라고 하지는 않는다. 플로리스트는 꽃의 최종 소비 단계에서 꽃을 용도에 맞게 디자인하고 연출하는 일을 주로 한다.

꽃을 직접 가꾸는 사람도 있긴 하지만 대부분 화원이나 도매업체로부터 구입한 꽃들을 시들지 않도록 잘 관리하고, 고객의 요구가 있을 때 목적에 알맞게 꽃다발이나 꽃바

구니, 꽃 장식 등을 만들어 판매한다. 그리고 행사장의 분위기에 맞춰 예쁘게 장식하는 일과 그것들을 관리하는 일도 담당한다.

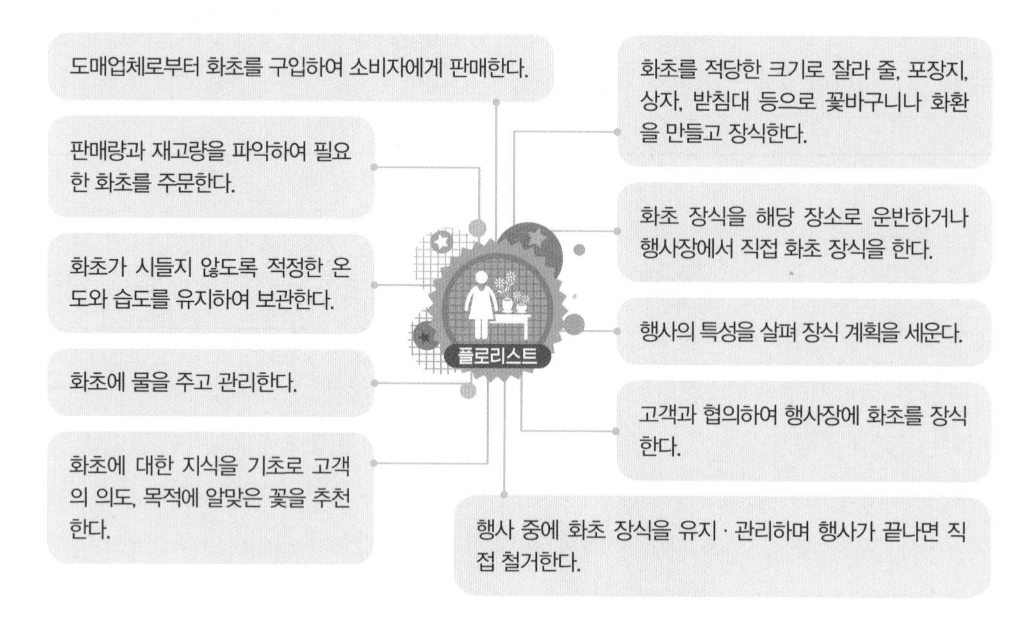

그것이 알고 싶다 플로리스트는 꽃만 잘 다루면 될까?

플로리스트는 작품을 만들 때 꽃 이외에도 다양한 소재를 활용한다. 꽃을 판매하는 일만 하는 플로리스트보다는 다양한 장식을 함께하는 사람이 많다. 꽃다발을 만들거나 꽃으로 장식을 할 때, 들판의 잡초나 마른 식물, 자그만 돌이나 바위, 산에서 자라는 식물 등을 함께 활용하는 경우가 많다. 그뿐만 아니라 포장지, 철사, 액세서리, 장신구 등도 사용할 줄 알아야 하는 등 다양한 재료를 특성에 따라 조화롭게 사용하는 능력이 요구된다.

3. 플로리스트에게 필요한 능력

플로리스트는 새로운 아이디어를 만들어 내는 창의성과 예술성을 지닌 사람에게 적

플로리스트와 관련 있는 직업

플로리스트와 관련 있는 직업으로는 제품 디자이너, 가구 디자이너, 자동차 디자이너, 보석 디자이너, 완구 디자이너, 가방 디자이너, 신발 디자이너, 조명 디자이너, 패션 디자이너, 직물 디자이너, 인테리어 디자이너, 디스플레이어, 시각 디자이너, 광고 디자이너, 일러스트레이터, 웹 디자이너, 게임 그래픽 디자이너, 캐릭터 디자이너, 컬러리스트, 영상 그래픽 디자이너 등이 있다.

합한 직업이다. 자신의 방식대로 일하고 스스로를 관리하며 타인에게 의지하지 않는 독립적인 성격에 어울린다. 고객의 요청에 따라 온전하게 마음에 드는 작품을 제공하려면 성실하고 꼼꼼해야 한다.

꽃을 비롯하여 여러 가지 재료를 가지고 아름답게 장식하고 디자인하는 직업인 만큼 꾸밈과 디자인을 좋아하고 예술적인 것에 흥미를 지녀야 한다. 선택과 집중을 통해 하나의 사물에 대해 탐구하고, 어떤 목표를 위해 진취적으로 추진하는 성향의 사람에게 적절하다. 다른 사람과 일하기보다는 혼자 작업하는 경우가 많고 작업을 하면서 심신에 여유를 가질 수 있는 직종 중 하나다.

시력과 창의력이 좋아야 하고 신체적으로 유연하며 건강해야 한다. 정교한 손동작을 필요로 하는 일이 많으며 작품 활동에서 균형과 조화가 중요한 변수에 해당한다. 평소 디자인과 예술, 생물과 화초 등과 관련된 지식을 쌓기 위해 배움을 게을리하지 말아야 하고, 완성된 상품을 필요한 장소에 배달하는 것도 중요하므로 운송에 대해서도 꾸준히 배워 나가야 한다.

플로리스트는 작은 꽃다발을 만드는 경우부터 주어진 공간 전체를 연출해야 하는 경우까지 그 업무가 매우 다양하다. 몇몇 플로리스트는 좁은 공간을 장식하는 일로 경험을 쌓은 후에 공원이나 행사장, 공공시설 등 대규모 공간을 장기간 장식하는 역할을 맡기도 한다. 이런 대규모 공간을 장기간 장식하려면 시간과 공간을 잘 계획하는 능력을 길러야 한다. 주제에 맞게 주기적으로 색다르게 장식하고 사람들의 감성을 일깨울 수 있는 장식을 창작하여 연출하는 능력을 끊임없이 계발해 나가야 한다.

4. 플로리스트와 관련된 학과 및 자격증

- **관련 학과:** 원예*학과, 원예생명과학과, 환경원예학과, 원예디자인과, 화훼*원예과, 산림자원학과, 산림과학과, 목재응용과학과, 임산공학과 등
- **관련 자격:** 특별한 자격은 필요하지 않지만, 화훼장식기능사, 화훼장식기사 등의 자격이 도움이 된다.

*원예: 채소, 과일, 화초 따위를 심어서 가꾸는 일이나 기술
*화훼: =화초(꽃이 피는 풀과 나무 또는 관상용이 되는 모든 식물)

5. 플로리스트의 직업 전망

앞으로 플로리스트의 고용은 현 상태를 유지하거나 약간 감소할 것으로 예상된다. 꽃의 소비량은 경제 상황과 사회 분위기에 영향을 많이 받으며, 예전에 비해 결혼식이나 축하연 등이 감소하고 있어 꽃 소비량이 늘지 않고 있다. 플로리스트는 경기 불황에 매우 민감한 편이며 최근 활동 영역이 위축되고 있다.

하지만 전시장, 갤러리, 사무실 등에서 꽃이나 식물을 키우는 문화가 자리를 잡아 가면서 플로리스트의 수요에 긍정적인 영향을 끼치고 있다. 플로리스트는 꽃을 다루고 장식하는 일을 담당하기 때문에 손재주가 많은 여성이 소자본으로 창업하는 경우가 많다. 또한 이 직업은 파티 플래너, 푸드 스타일리스트, 이벤트 업체 등과 함께 협업하는 일이 많으므로 유행이나 트렌드에 맞는 감각을 꾸준히 익히고, 준비해 나가는 것이 필요하다.

플로리스트에게 필요한 지식수준은?

플로리스트는 디자인과 예술 분야에 폭넓은 지식이 요구된다. 이 밖에도 생물, 서비스, 철학, 운송 등의 지식도 뒷받침되어야 전문적인 플로리스트로서 실력을 발휘할 수 있다.

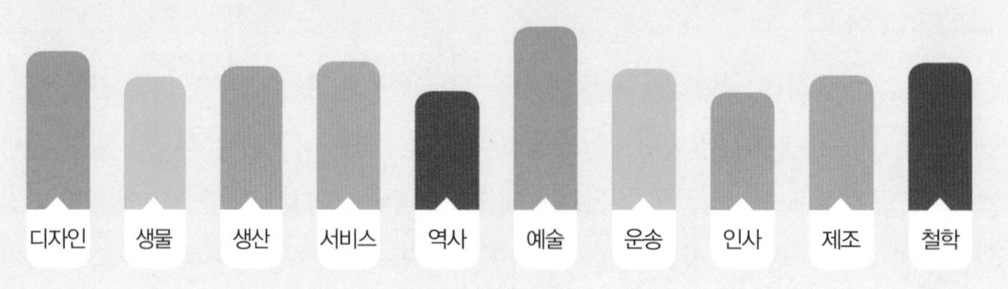

플로리스트

플로리스트가 되기 위해서는 농업고등학교나 대학의 화초 관련 학과에서 공부하는 것이 좋다. 물론 다른 일을 하다가도 꽃집에서 일을 하거나 문화센터 등에서 꽃을 자연스럽게 접하면서 플로리스트로 방향을 정하는 경우도 있다. 관련 국가 자격을 취득해도 되고 화초 장식을 공부하는 방법도 있다. 꽃과 식물을 좋아하면서 미술적인 감각이 있는 청소년이라면 충분히 도전해 볼 수 있다.

몸을 써서 일하는 직업이므로 체력을 길러야 하며 패션과 마찬가지로 꽃도 유행이 변하고 신품종도 자주 등장하기 때문에 지속적으로 공부하고, 외국의 트렌드에 대한 정보를 찾아 익혀야 한다. 꽃집이나 식물원을 직접 경영하기도 하고 다른 사람과 협업하여 플로리스트로 활동하기도 한다.

최근 들어 플로리스트라는 직업이 실내 장식, 디자인, 공간 연출 등의 분야까지 확장되고 있는 추세이다. 그러므로 공간 플라워*, 플라워 디자인*, 라이프 스타일리스트*, 다이닝 인테리어*, 가드닝 프로젝트* 등 공간 장식과 관련된 분야를 병행하여 배우고 경험하는 것도 도움이 된다.

*공간 플라워: 주어진 공간을 꽃이나 식물 등으로 예쁘게 장식하는 것
*플라워 디자인: 식물이나 다른 재료를 이용하여 꽃으로 장식하고 디자인하는 것
*라이프 스타일리스트: 고객의 삶과 생활을 지속적으로 관리해 주고 도움을 주는 사람
*다이닝 인테리어: 가정집이나 식당 등의 식사 공간을 예쁘게 꾸미는 일
*가드닝 프로젝트: 주택 화단, 공원 등을 여러 재료와 화초로 꾸미는 일

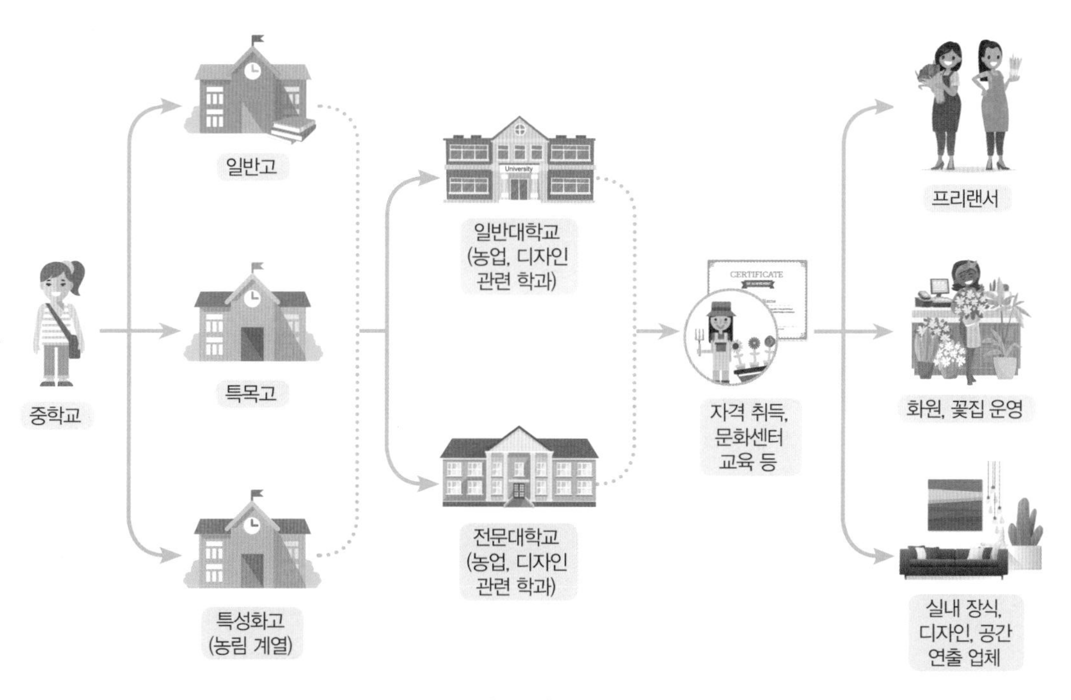

△ 플로리스트의 커리어 패스

산림원예학과

산림원예학과에서는 산림 자원과 산림 생태계를 분석하고, 쾌적한 환경을 조성할 수 있는 원예 작물 재배에 대하여 연구함으로써 점점 훼손되고 있는 자연환경을 관리 · 이용할 수 있는 이론과 기술을 배운다. 산림원예학과는 산림 자원을 효율적으로 조성하고 관리 · 이용할 수 있는 기술을 개발하는 산림학과와 채소, 화훼, 과수 등의 유전육종, 생산, 수확 후 관리, 유통과 관련된 이론과 기술을 연구하고 교육하는 원예학과로 구분할 수 있다.

플로리스트, 생명 과학 시험원, 임업 기술자, 임학 연구원, 조경 기술자, 조경원, 원예사, 조림 · 영림 및 벌목원, 측량 및 지리 정보 기술자, 농업계 교사, 원목 평가사, 공항 검역관, 정밀 농업 기술자, 농산물 품질 관리원, 스마트팜 구축가, 귀농 귀촌 플래너, 테마파크 디자이너, 원예 치료사 등

산을 좋아하고 나무와 꽃, 식물 등에 관심이 있는 학생으로 지구 온난화, 친환경, 무공해를 실천하는 삶 등의 자연 및 생활환경 문제에도 관심을 갖고 있다면 산림원예학과 진학을 고려해 볼 만하다. 산림 자원 및 원예 작물도 자연 과학에 기초하기 때문에 생물, 화학, 물리 등의 과목에 흥미가 있어야 하고, 공학 및 예술에 대한 관심이 있다면 학문을 이해하는 데 도움이 된다. 주로 영어 원서로 공부하기 때문에 영어를 잘하면 좋다.

원예학과, 원예생명과학과, 환경원예학과, 원예디자인과, 화훼원예과, 산림자원학과, 산림과학과, 목재응용과학과, 임산공학과, 녹색기술융합학과, 목재종이과학과, 사회원예학전공, 산림경영학전공, 산림비즈니스학과, 산림자원 및 조경학과, 산림조경학과, 산림학과, 원예과학과, 원예육종학과, 환경산림과학부, 산림복지학과, 친환경원예계열, 특용작물과, 화훼디자인과, 화훼학과 등

자격 및 면허

임업종묘기사,
임산가공기사, 산림기사,
시설원예기사, 식물보호기사,
종자기사, 화훼장식기사, 조경기사,
산림경영기술자,
산림공학기술자 등

진출 분야

★기업체★
종묘 회사, 화원, 농장, 박물관, 전시장,
백화점, 놀이공원, 건설업체, 방송국, 언론사 등

★연구소★
산림 연구소, 농업 산림 연구 센터, 난대 산림 연구소 등

★학교★
중 · 고등학교 방과 후 학교 강사, 특성화고 교사, 대학교 교수 등

★중앙 정부와 지방 자치 단체★
산업통상자원부 및 산림청 공무원, 지방 자치 단체 공무원,
국립 도립 공원 공무원 등

★국책 기관★ 국립원예특작과학원, 국립산림과학원 등

★자영업★
화원 및 농장 경영, 조경업체 운영,
플로리스트, 프리랜서 등

중·고등학교 학교생활 포트폴리오

★동아리 활동★

화초 재배, 수목 관리, 화단 가꾸기 등과 관련된 동아리에서 활동하는 것이 좋다. 수목이나 화훼를 가꾸면서 자연과 생명의 소중함을 느껴 본다.

★봉사 활동★

텃밭에서 채소를 재배하여 복지 시설에 기부하는 것도 좋고, 등산을 하면서 자연 보호 활동을 하는 것도 도움이 된다.

★독서 활동★

식물 재배, 화초, 원예 등과 관련된 도서를 꾸준하게 읽는 것이 중요하다. 생물학과 관련된 책도 함께 읽도록 한다.

★교과 공부★

과학, 농업, 예술 등과 관련된 교과 공부를 꾸준히 하고, 외국어나 기술 관련 공부도 빼놓지 않는 것이 좋다.

★교내 활동★

텃밭 관리, 화단 관리, 화분 관리 등을 통해 자연스럽게 식물을 재배하고 보살피는 경험을 쌓도록 한다.

★교외 활동★

작물 재배와 함께 조경이나 디자인과 관련된 단체와 연계하여 활동하는 경험을 해 본다. 특히 유명한 전시회나 예술 관련 행사는 꼭 참가하도록 한다.

※봉사나 동아리 활동과 관련된 수상 경력이나 대외 활동 경력이 도움이 된다.

참고 문헌

- 김대선 외, 나의 진로를 위하여 알아야 할 대학의 모든 것, 키다리, 2014.
- 김상호, 유망 직업 백과, 노란우산, 2015.
- 박영숙 외, 일자리 혁명 2030, 비즈니스북스, 2017.
- 알렉 로스, 알렉 로스의 미래 산업 보고서, 사회평론, 2016.
- 이랑, 십대를 위한 직업 백과, 꿈결, 2013.
- 이랑, 십대를 위한 직업 콘서트, 꿈결, 2012.
- 최진규, 학과 보고 대학 가자(일반대 편), 미래엔, 2017.
- 최진규, 학과 보고 대학 가자(전문대 편), 미래엔, 2017.
- 한승배, 10대를 위한 직업 백과, 꿈꾸는달팽이, 2015.

참고 사이트

- 워크넷 | www.work.go.kr
- 전문대학포털-프로칼리지 | www.procollege.kr
- 조인스 | www.joins.com
- 진로상담블로그 | blog.daum.net/counsellor
- 진로정보망 커리어넷 | www.career.go.kr

이미지 출처

- 게티이미지뱅크 | www.gettyimagesbank.com
- 이미지포털 아이클릭아트 | www.iclickart.co.kr
- 10쪽 | 난타 공연 사진 | PMC 프러덕션 www.i-pmc.co.kr
- 18쪽 | 선사유적공원 이정표 | 이제석 광고연구소 www.jeski.org
- 117쪽 | 클레이 모형 | news.hmgjournal.com

홀랜드 유형별 유망 직업 사전

03 예술형(A)

초판 1쇄 발행 2019년 6월 25일
2쇄 발행 2024년 1월 15일

저 자 | 오규찬, 강서희, 오지연, 이영석, 한승배, 현선주
발 행 인 | 신재석
발 행 처 | (주) 삼양미디어
등록번호 | 제10-2285호
주 소 | 서울시 마포구 양화로 6길 9-28
전 화 | 02-335-3030
팩 스 | 02-335-2070
홈페이지 | www.samyangm.com
I S B N | 978-89-5897-376-8(44300)
978-89-5897-373-7(44300)(6권 세트)